CONTRAINFORMACIÓN

Natalia Vinelli y Carlos Rodríguez Esperón
(Compiladores)

CONTRAINFORMACIÓN

Medios alternativos para la acción política

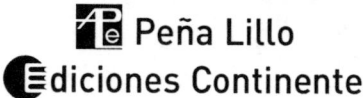

Peña Lillo
Ediciones Continente

Corrección: Cristina Cambareri

Diseño de tapa: Estudio Tango

Diseño de interior: txt ediciones

070.1	Vinelli, Natalia
VIN	Contrainformación. Medios alternativos para la acción política / Natalia Vinelli y Carlos Rodríguez Esperón 1ª ed. – Buenos Aires
	Ediciones Continente, 2004 256 p.; 16x23 cm.
	ISBN 950-754-113-6
	I. Rodríguez Esperón, Carlos. II. Título - 1. Medios de información

© de la presente edición: **E**diciones **Continente**
Pavón 2229 (C1248AAE) Buenos Aires, Argentina
Tels.: (54-11) 4308-3535 Fax: (5411) 4308-4800
e-mail: ventas@edicontinente.com.ar

IMPRESO EN LA ARGENTINA
PRINTED IN ARGENTINA

Se terminó de imprimir en el mes de marzo de 2004,
en los Talleres Gráficos Color Efe, Paso 192,
Avellaneda, Buenos Aires, Argentina

Índice

Palabras iniciales

A nuestros compañeros de prensa
de las organizaciones populares

Cuando empezamos a imaginar este libro, en los últimos meses de 2001, la rebelión popular del 19 y 20 de diciembre ya estaba en gestación. Las elecciones legislativas de octubre de ese año anunciaban una gran disconformidad social y un evidente descreimiento en las instituciones, representado en millones de votos nulos, en blanco y en un ausentismo muy superior al 20 por ciento. Dentro de este marco, la conflictividad social se mostraba en las rutas de manera organizada, con los trabajadores desocupados, los piqueteros, a la vanguardia de la lucha. Y, junto a ellos, compartiendo la trinchera, se movía un puñado de militantes de las áreas de prensa, videastas y periodistas de medios alternativos convencidos de la necesidad de contar la historia desde la voz y la experiencia de sus verdaderos protagonistas.

El 19 y el 20 nos encontró en la calle. En el sitio a la Plaza de Mayo, en las barricadas de Diagonal Norte o Avenida de Mayo, en las barriadas populares, la denuncia hacia los grandes medios de desinformación fue creciendo. Como contrapartida, las prácticas de comunicación alternativa que ya venían trabajando pegaron un salto cuanti-cualitativo; al mismo tiempo, nacieron otras nuevas: experiencias contrainformacionales, militantes, alternativas, de base y mil denominaciones distintas. El fenómeno se extendió rápido, con diferente suerte y posicionamientos políticos dispares y hasta contradictorios, pero con el común denominador de dar la batalla, desigual, en el terreno de la comunicación, la cultura y la política. Vimos, entonces, que las condiciones estaban dadas, que podíamos comenzar a reflexionar de manera colectiva y que el esfuerzo de intentarlo valía la pena.

Así nació este libro. Queríamos intervenir en el debate sobre el rol de los llamados medios alternativos y contrainformativos en la Argentina, pero también plantear nuevos acercamientos que, desde una indagación crítica, echaran un poco de luz sobre las eternas discusiones acerca de los alcances de términos tan ambiguos como contrainformación y alternatividad. La idea era abrir un espacio que abonara la reflexión y representara un amplio abanico de experiencias, posibilitando una discusión hacia dentro y hacia fuera del texto; una compilación de artículos donde estuvieran presentes por lo menos algunas de las voces del campo aparecía como una de las vías más interesantes para lograrlo.

Tenemos que decir, sin embargo, que no fue fácil. Los dos años transcurridos desde el comienzo del trabajo hasta su publicación son prueba de ello. Las dificultades para el financiamiento del proyecto, problema constante para cualquier producción que se aleje de los imperativos del mercado académico o mediático, limitaron nuestras posibilidades de llegar con la propuesta a todo el país. Así, las prácticas que desfilan en estas páginas quedaron reducidas a aquellas a las que teníamos acceso, en una selección arbitraria que, pese a una mayoría porteña, intentó acercarse a Jujuy, Rosario, La Pampa y Río Negro. De todos modos, pensamos que éste es un primer paso: las reflexiones aquí volcadas, dada su diversidad, pueden servir de piso para una polémica que contenga a otras experiencias.

En este sentido, el lector sabrá reconocer en estas notas muchas de las tensiones que cruzan el campo de la alternatividad: entre otras, la distancia o la vinculación orgánica con los movimientos sociales y políticos; los interrogantes acerca de las formas de gestión; la relación entre emisión y recepción; el testimonio o el protagonismo del periodista militante; la participación popular; las tensiones entre la alternatividad y la masividad, la legalidad y la ilegalidad, la política y la estética y la información y la contrainformación; el uso instrumental de los medios y su participación en coyunturas específicas, como la cobertura de la represión en el Puente Pueyrredón el 26 de junio de 2002, o los medios como vehículos de múltiples discursos.

Obviamente, los temas retratados y las formas de encararlos encuentran en cada artículo resoluciones diferentes y un desarrollo argumentativo basado en distintas tradiciones teóricas y políticas. Evitamos la uniformidad no sólo porque ello atentaría contra el espíritu colectivo del libro (lo cual produciría al final una sensación de hipocresía política o de insipidez académica), sino porque entendemos que el resultado de este trabajo refleja en parte el estado de situación del campo de la comunicación alternativa en nuestro país.

El lector que imaginamos es el activista de la comunicación, el militante de prensa de los movimientos sociales y políticos. Queremos con estas páginas aportar a su búsqueda y nutrirnos de ella. Si perdemos el control sobre la circulación y estos textos sirven, de alguna forma, para abonar el trabajo cotidiano, nuestro objetivo entonces estará cumplido. Por eso sostenemos que la idea de este libro es instrumental.

Queremos agradecer, finalmente, a todos los que confiaron en este proyecto. A las compañeras y compañeros que participaron desinteresadamente, aportando artículos o haciendo sugerencias. A los que soportaron nuestra ansiedad y después nos comprendieron cuando el tiempo pasaba y la publicación se alargaba. Pero, fundamentalmente, queremos agradecer a todos aquellos que ponen el cuerpo en la lucha, porque son ellos quienes garantizan, con su acción cotidiana, la construcción de la otra comunicación: la comunicación alternativa.

N.V. / C.R.E.

PRIMERA PARTE

Reflexiones

Desarmando espejismos

CARLOS RODRÍGUEZ ESPERÓN Y NATALIA VINELLI[1]

Durante una clase sobre comunicación alternativa organizada por la Cátedra Libre de Derechos Humanos de la UBA, la periodista Patricia Rojas propuso una serie de ejercicios que actuaron como disparadores de un debate acerca del trabajo periodístico. El primero de dichos ejercicios planteaba el siguiente problema:

> Los periodistas que iban a bordo de la nave insignia de la flota inglesa durante la guerra de Malvinas fueron citados, en nombre del comandante John "Sandy" Woodward, a una reunión en la que se les pidió, como cooperación patriótica, la difusión de noticias que tenían por objeto confundir a los argentinos. Se trataba de servir a los nobles propósitos de acortar la guerra, de salvar vidas humanas en los dos bandos y de mantener intacto el derecho de la patria a las islas del Atlántico Sur. Puestos ante estas motivaciones y ante esta propuesta, los periodistas contemplaron varias alternativas:
>
> a) Aceptar la propuesta del comandante Woodward y contribuir profesionalmente al bien de la patria.
>
> b) Ignorar la propuesta y continuar informando con lealtad por la verdad pero expuestos a las represalias que podría tomar la institución armada, principal fuente informativa para los corresponsales.
>
> c) Rechazar la propuesta y anunciar al comandante Woodward que el caso sería presentado ante un comité parlamentario y enfrentar la acusación de antipatriotas.

Los presentes debían elegir una de las opciones, justificar su elección y explicar por qué se rechazaban las otras. Dejando de lado el desarrollo del debate surgido y las alternativas propuestas, el ejercicio nos sirve aquí porque presenta con claridad una serie de cuestiones que hacen al trabajo periodísti-

---

1 Carlos Rodríguez Esperón es licenciado en Ciencias de la Comunicación. Es docente en la UBA y participó en la Universidad Popular Madres de Plaza de Mayo. Dictó el Seminario Optativo de Comunicación Alternativa en la UBA. Publicó numerosos artículos sobre alternatividad en diferentes espacios. Natalia Vinelli es licenciada en Ciencias de la Comunicación y periodista. Es docente en la UBA y participó en la UPMPM. Publicó *Ancla. Una experiencia de comunicación clandestina*, editorial La Rosa Blindada. Escribe para medios alternativos y desde hace varios años milita la prensa de diferentes organizaciones populares.

co y que, obviamente, no aparecen de manera explícita en los medios de comunicación. Tres problemas surgen inmediatamente: 1) ¿Cuál es el grado real de independencia del periodista en su trabajo? 2) ¿Existen valores extraperiodísticos que condicionan el trabajo de la prensa? De ser así, ¿cuáles son aceptables, cuáles no y por qué? 3) ¿Qué grado de validez tiene una perspectiva instrumental de los medios de comunicación que plantea relaciones de manipulación puestas al servicio de objetivos que no son del orden de lo periodístico?

Las respuestas que demos a estas preguntas nos ubicarán en un lugar dentro del complejo mapa de articulaciones entre el trabajo periodístico, los intereses económicos y políticos de las empresas (des)informativas y la academia como sitio privilegiado del análisis comunicacional. Situación que, como veremos a lo largo de este artículo, no escapa a las experiencias de comunicación alternativa: por el contrario, su justificación se encuentra en hacer constantemente explícitas sus respuestas para, a partir de allí, desmontar la estructura comunicacional de una sociedad y abrir las puertas a la construcción de otra nueva.

Pero ¿de qué hablamos cuando hablamos de comunicación alternativa? Noción imprecisa si las hay, es ya casi un lugar común el plantear la falta de consenso en torno a una única definición que explique lo alternativo, hecho que ha derivado en una utilización demasiado flexible del término, capaz de contener en su seno prácticas comunicacionales de los más diversos tipos, a veces incluso contradictorias entre sí. En este sentido, conviene aclarar que las diferencias entre las posiciones obedecen a los distintos proyectos político culturales que las prácticas encarnan. Lo contrainformativo, lo popular, lo comunitario, lo participativo, las concepciones instrumentales o aquellas basadas en la gestión del medio; en fin, las diferentes formas de entender lo alternativo están asociadas a un proyecto más amplio del cual la práctica forma parte y sin el cual es imposible comprenderla.

Teniendo esto en cuenta, nos proponemos entonces trazar un recorrido en torno a algunas reflexiones sobre comunicación alternativa y contrainformación[2], planteando una lectura dialéctica en relación a ambos términos que nos permita, después, asentar tres premisas básicas a partir de las cuales volver sobre lo contrainformacional desde una nueva perspectiva.

Primer acercamiento

En una entrevista realizada por Justicia y Paz, el periodista belga Thierry Deronne explica que el objetivo de la televisora comunitaria venezolana Teletambores —donde participa activamente— es "hacer televisión como un me-

---

2   No es nuestra pretensión delinear aquí un mapa que contenga las diferentes posiciones dentro del campo de lo alternativo —tarea que, por otra parte, excede los límites de este trabajo—, sino solamente tomar aquellas que, a partir de la polémica, sirvan a nuestro análisis.

dio, no como un fin. Como medio de organización social, cultural y política, hacemos de la televisión una herramienta de transformación en manos de la mayoría social"[3]. Con estas palabras, lo que Deronne está destacando es la voluntad instrumental de ciertas experiencias de comunicación alternativa que, como escribe la investigadora argentina Margarita Graziano, remiten a una "praxis transformadora de la estructura social en tanto totalidad"[4].

En estas concepciones, el carácter de lo alternativo no se define por los rasgos que adquiere la práctica en su desarrollo: aunque los tiene en cuenta, el elemento determinante aparece en su dependencia de un proyecto de cambio radical de la sociedad; es decir, en su inserción en un lugar y en una perspectiva de enfrentamiento a lo dominante. Opción que, por otra parte, se traducirá en dichos rasgos: la estructura del medio, sus formas de gestión, el tipo de relación con los protagonistas/destinatarios, los contenidos, las formas de propiedad y de financiamiento, etcétera. De modo que lo alternativo se levanta aquí "frente a otra concepción no sólo de la comunicación sino de las relaciones de poder, y de la transmisión de signos e imposición de códigos que esas relaciones permiten vehicular"[5].

Al reinstalar el tema del poder en el debate, esta propuesta nos permite también pensar la comunicación alternativa en sus dos dimensiones, material y discursiva. Y es con este planteo que, para nosotros, entra en juego lo contrainformacional: la alternatividad es un proceso que abarca desde el discurso hasta la organización del medio y las formas sociales en que éste se utiliza, siendo el discurso contrainformacional el elemento que, ya sea como intervención política de urgencia o como reflexión más profunda, manifiesta las necesidades de la coyuntura política y los objetivos de la organización político social encarnados a su vez en la práctica misma del medio. De manera que existe una relación dialéctica entre comunicación alternativa y contrainformación que no puede ser dejada de lado.

Ahora bien, conviene que nos detengamos un poco más en este punto. Más allá de los esfuerzos desplegados (que por el momento no son tantos), la contrainformación sigue padeciendo el mismo síndrome de la indefinición que afecta a la comunicación alternativa. De hecho, para el chileno Armando Cassigoli ambos conceptos pertenecen a mundos diferentes: "La contrainformación —sostiene— tiende a criticar y dar vuelta la información oficial y, con la óptica de la clase trabajadora, ponerla a su servicio, sin necesidad de crear otros medios paralelos o alternativos"[6]. Es que, según este autor, los medios

---

3   Justicia y Paz, "Teletambores: una televisora comunitaria. Entrevista a Thierry Deronne". En Red Eco Alternativo (www.redeco.netfirms.com), 4 de marzo 2003. Trad. de Gil Lahout.
4   Graziano, Margarita, "Para una definición alternativa de la comunicación". ININCO Nº 1, Venezuela, 1980.
5   Ídem.
6   Cassigoli Perea, Armando, "Sobre la contrainformación y los así llamados medios alternativos". En Simpson Grinberg, Máximo, Comunicación alternativa y cambio social, México, Premia, 1989, págs. 63-71.

alternativos no son sino espacios de información/difusión de pequeña escala y escasa eficacia: apenas constituirían un "ruido" frente al discurso dominante[7].

En este sentido y basándose en la diferencia entre comunicación (en tanto relación dialógica) e información (en tanto difusión unilateral de imágenes y signos), Cassigoli recuerda que "para (Antonio) Pasquali, el transmisor de la relación informativa (los llamados medios masivos) siempre es institucional, pues en general sólo las instituciones del sistema tienen la solvencia económica y el aval político para poder operar. De esta suerte, la contrainformación se relacionará siempre con este concepto de información, que implica un transmisor institucionalizado"[8]. Por lo tanto, la contrainformación no se relaciona dialécticamente con lo alternativo sino que corre por otro carril, refiriendo a "una interpretación política del mensaje oficial" capaz de provocar relaciones y formas comunicativas y no meramente informativas.

De esta forma, para Cassigoli, la contrainformación "no pertenece al mundo de los medios alternativos" ni hace —por ejemplo— un cine alternativo: podría hacerlo, pero antes que nada analiza con criterio de clase el cine oficial. La contrainformación es, desde este punto de vista, lectura crítica de medios: usa el sistema y lo da vuelta, analiza los mensajes de los medios masivos desde la perspectiva de los trabajadores, le "chupa la sangre" al discurso dominante. Y aunque en ocasiones pueda echar mano de los medios alternativos, incluso en este caso y más allá de la presencia informativa del medio, lo aprovechable no sería la proyección sino las relaciones comunicativas que se establecen cuando se debate y analiza el filme.

Esta posición, demasiado lineal en algunos de sus planteos, significa sin embargo una aportación interesante al poner el eje en la noción de contrainformación, que si bien por un lado excede el concepto de "medio" para situarse en un proceso mucho mayor (la crítica permanente), por el otro también abre la posibilidad de pensar, aunque contradictoriamente con su planteo inicial y a medida que la lucha popular avanza y alcanza "facilidades técnicas e infraestructurales", la construcción de medios (masivos) "antagónicos y contrarios" a los oficiales. El autor cita, en este caso, el ejemplo de las "formas de información no alternativas sino antagónicas" del Chile de Salvador Allende[9].

---

7   El autor escribe en página 69: "Un medio alternativo, por ejemplo un periódico o una revista de un pequeño grupo político, constituye lo que hemos llamado 'ruido' en cibernética, ya que simplemente ensucia el mensaje normal que recibimos a través de los aparatos ideológicos del Estado. Algunas veces estos medios alternativos, que muy poco se leen, satisfacen apenas un sentimiento del deber cumplido de sus propagadores y apenas constituyen un factor entrópico frente al mundo de los circuitos informativos de los grupos dominantes". Cassigoli, A., op. cit.

8   Cassigoli Perea, A., op. cit. pág. 67

9   Este planteo, que abre la posibilidad de pensar medios masivos de comunicación populares, también está presente en los trabajos de Armand Mattelart, sobre todo en el libro *La televisión alternativa*, del que es coautor junto con Jean-Marie Piemme (Barcelona, Anagrama, 1981). Es de destacar que si Mattelart fue jefe de Investigación y Evaluación en Comunicaciones de Masas de la editorial del Estado Quimatú y profesor investigador del Centro de Estudios de la Realidad Nacional durante la presidencia de Allen-

Pero, más allá de las relaciones comunicativas que el proceso contrain-formacional pueda generar, este acercamiento tiende a reducir la agenda del debate a los temas impuestos por los medios del sistema. ¿Significa esto que las experiencias contrainformativas están inevitablemente "encadenadas" a la información oficial? Entendemos que no, y por varios motivos. Primero, porque desde nuestra mirada, la contrainformación, en tanto discurso pro-pio, no se limita a dar vuelta la información oficial; ésta es, en efecto, una forma de intervención, pero no la única. Segundo, porque la lectura crítica desde una perspectiva de clase no se limita a los hechos que pueden ser no-ticiables por los medios masivos sino que abarca la propia realidad y, por lo tanto, todo lo que queda fuera de dichos medios en virtud del proceso de je-rarquización noticiosa. Y tercero —y esto es lo más importante—, porque las prácticas alternativas, contrainformacionales u oposicionales (en términos de Raymond Williams) que se enmarcan en un proyecto de cambio social (aquí juntamos los términos que Cassigoli separa) definen su agenda de acuerdo a los objetivos políticos del grupo que integran.

Pese a ello, muchos medios que dicen inscribirse en una matriz con-trainformacional o alternativa realizan lecturas inteligentes sobre la infor-mación aparecida en la gran prensa diaria y practican una diversidad de análisis sobre lo que estos medios publican, pero la fuente informativa sigue siendo el mismo medio oficial. Se puede leer al derecho, al revés o de costa-do el diario *Clarín*, pero siempre será *Clarín*. La imposición de la agenda por parte de los grandes medios es más clara que nunca. Obviamente, esto no in-valida las lecturas críticas y su difusión, es más, son necesarias y es por ello que hay que reconocer sus méritos, pero también hay que señalar sus falen-cias: el gran problema para los medios de contrainformación es la generación de información propia, es decir, construir otro modelo de noticiabilidad en el marco de una perspectiva instrumental.

En este sentido pueden leerse las palabras de Raymundo Gleyzer en 1973 acerca del cine como "arma de contrainformación"[10] y las hipótesis de

---

de (período fértil durante el cual y por primera vez en la historia chilena, la izquierda tuvo en sus manos medios masivos de comunicación), Cassigoli hizo lo propio como pro-fesor y Decano de la Facultad de Filosofía de la Universidad de Chile hasta 1973, cuan-do partió al exilio mexicano tras el golpe de Estado del genocida Augusto Pinochet.

10 Gleyzer, Raymundo: "Presentación y autocrítica en forma de diálogo con Tomás Gutié-rrez Alea", en AA.VV. *Raymundo Gleyzer*, Cinemateca Uruguaya, Montevideo, 1985. Pp. 48-64. El cineasta agrega en páginas 59-60: "Está claro para nosotros que el cine es un arma de contrainformación, no un arma de tipo militar. Un instrumento de información para la Base. Este es el valor otro del cine en este momento de la lucha. Es difícil por eso para nosotros entrar en un tipo de discusión europeizante sobre estructuras o len-guaje. Para nosotros lengua y lenguaje están ligados estrictamente a nuestra situación coyuntural de toma de poder. Una vez que tomemos el poder podremos permitirnos dis-cusiones sobre problemas de estilo o construcción. Ahora no. Por ejemplo, en estos mo-mentos el pueblo chileno resiste al fascismo: la única función útil que podemos cumplir al respecto es la de contrainformación, ya que el imperialismo ha separado a Chile del resto del mundo. Es así como nosotros entendemos que el cine es un arma".

Cine Liberación sobre el cine militante, aquel que "se asume integralmente como instrumento, complemento o apoyatura de una determinada política y de las organizaciones que la llevan a cabo al margen de la diversidad de objetivos que procuren: contrainformar, desarrollar niveles de conciencia, agitar, formar cuadros, etcétera"[11]. Los hechos elegidos para su tratamiento responden, así, a una definición temática que excede la agenda oficial.

Ahora bien, existen hechos o momentos en los cuales esta definición de la agenda por parte de los medios alternativos coincide con las coberturas de los medios de la burguesía, y es en esos momentos cuando la batalla por la imposición del sentido se hace evidentemente explícita. El 27 de junio de 2002, un día después de la cacería humana ordenada por el gobierno de Eduardo Duhalde y llevada a cabo por sus fuerzas represivas en el Puente Pueyrredón y sus alrededores —que terminó con la vida de dos compañeros y con otros ochenta piqueteros heridos con balas de plomo—, *Clarín* (el "gran diario argentino") tituló su portada con una línea que quedará para la historia de la manipulación y la complicidad mediáticas: "La crisis se cobró dos muertos". El título principal del sitio web de Indymedia, el mismo 26 por la noche y mientras los multimedios aseguraban descaradamente que "los piqueteros se mataron entre ellos", fue, en cambio, "Asesinos".

Lo que queremos señalar con este ejemplo es, justamente, que existen momentos en los cuales las agendas coinciden; pero el tratamiento es desde lados opuestos de las barricadas. Esto es lo que lleva a afirmar al Grupo de Cine Alavío que "los medios masivos y los medios alternativos se terminan cruzando en el campo de batalla"[12]. Y junto a ello, la tarea contrainformativa se dirige *también* a poner en evidencia los mecanismos de ocultamiento y tergiversación de los medios masivos, a "dar vuelta" —en el sentido en el que lo plantea Cassigoli— la información oficial.

Sin embargo, la disputa por el sentido no se ejerce únicamente en los momentos "calientes", cuando las agendas son en cierta forma compartidas, sino también en el trabajo cotidiano de los medios del campo popular. Es decir, en la cobertura de lo que para los medios del sistema no es noticia. Antes o después del piquete, en la huerta o en la producción de ladrillos, en los cursos de formación y en las presentaciones de los planes de lucha, en la organización barrial o en la fábrica recuperada; en fin, en la vida misma de los sectores populares también están en juego los modos de representar la identidad de los movimientos políticos y sociales.

---

11 Cine Liberación, "Cine militante. Una categoría interna del tercer cine", en *Documento del grupo Cine Liberación*, marzo 1971. Reproducido de Solanas, F. y Getino, O., *Cine, cultura y descolonización*, Bs.As., Siglo XXI, 1972.
12 Vinelli, Natalia, "Una batalla directa contra el imaginario del fascismo", en Resumen Latinoamericano nro. 64, mayo de 2003.

Derribando mitos

Hablar de comunicación alternativa haciendo eje en la contrainformación, entonces, implica necesariamente aceptar algunas premisas básicas. Esto no debe ser entendido como un intento de sostener posiciones idealistas, como un a priori que determina la práctica, por el contrario, estas premisas surgen del análisis de una gran cantidad de experiencias comunicacionales que se autodefinen explícitamente como contrainformativas. Hecha esta salvedad, arriesgamos una primera proposición: La contrainformación supone enfrentamiento, no sólo contra el discurso oficial sino también contra el orden establecido. Enfrentamiento que algunos nos empeñamos en seguir caracterizando como lucha de clases.

La idea de colocar el antagonismo como eje que vertebra el conjunto de las relaciones sociales implica que existen formas de resolución de los conflictos y que de ellas se desprenderán estrategias de dominación y estrategias de subversión. Claramente la contrainformación se integra en estas últimas: todas las prácticas comunicacionales que se asumen como contrainformativas se definen instrumentalmente en relación con un proyecto de cambio social. Esta relación es sumamente explícita en un gran cuerpo de prácticas que sería imposible enumerar en este espacio, pero que podemos sintetizar en el amplio abanico que va desde las radios mineras bolivianas al cine de Raymundo Gleyzer, pasando por miles y miles de experiencias gráficas solamente en América Latina.

Es muy difícil encontrar una práctica comunicacional que se desarrolle en los circuitos oficiales de la comunicación en la cual esta relación instrumental se presente de manera tan explícita. Lo que queremos decir es que existe una distancia real, innegable, entre un guerrillero salvadoreño que empuña un fusil en defensa de su radio o que utiliza el transmisor como un arma cargada de dinamita[13], y un movilero de Radio Mitre que corre tras "la primicia" en los pasillos de la Casa Rosada. Entre uno y otro, lo que se oculta son los objetivos y la perspectiva desde donde se produce la información, operación que permite a los grandes medios naturalizar su mirada y presentarla como verdad "universal" y "legítima". En otras palabras y dejando de

---

13 "Uno habla ahora de la radio portátil y callejera, la Radio Venceremos fue una radio en camino. Siempre en camino, huyendo siempre, transmitiendo siempre y no dejando de salir al aire ni un solo día. Mentira, dejaron de salir a al aire tres días en toda la guerra para hacer creer al coronel Domingo Monterrosa que sus tropas habían capturado el transmisor de la Venceremos. Este personalmente cargó el transmisor supuestamente capturado a la Venceremos y ellos con un telemando hicieron explotar el helicóptero. A los cinco minutos salieron al aire para dar la noticia. (...) Monterrosa era el Rambo de los EE.UU. en El Salvador, el asesino de los mil campesinos de el Mozote, el verdugo mayor que tuvo ese país. En ese momento la Venceremos se convirtió no ya en un instrumento de agitación sino en arma directa preñada de dinamita". Lamas, Ernesto. "Encuentro con J. López Vigil: Las Radios de Nuevo Tipo" en Rev. Causas y Azares N° 5, Otoño 1997, Buenos Aires. Pág. 83.

lado toda intención valorativa, existe en nuestro país una distancia objetiva entre Rodolfo Walsh y Jorge Lanata. El análisis de esa distancia, sin embargo, ha sido sistemáticamente dejado de lado por la academia en los últimos treinta años, y esto pese a que las prácticas que asumen explícitamente su condición instrumental no sólo no han desaparecido en este período sino que su número se ha acrecentado al calor de la ampliación del conflicto social.

La segunda premisa nos instala entonces en la imposibilidad de seguir aceptando el mito del periodismo independiente. ¿Independencia respecto a qué?, cabría preguntarse. Noam Chomsky, refiriéndose a los periodistas que se definen independientes, escribe: "Dicen, con mucha razón, 'Nadie me dice qué tengo que escribir. Escribo lo que quiero. Todo ese rollo sobre presiones y limitaciones es una tontería, yo nunca tengo ninguna presión'. Lo cual es completamente cierto, pero el tema es que no estarían ahí si no hubieran demostrado previamente que nadie tiene que decirles qué escribir porque ya dirán lo correcto ellos mismos"[14]. Este planteo abre una gran cantidad de problemáticas que es necesario abordar, ya que la eliminación de la idea de independencia es central a la contrainformación: todos los medios que definen su práctica como contrainformativa hacen explícito su carácter dependiente de un proyecto de transformación social.

Nuevamente es muy difícil encontrar prácticas comunicacionales en el circuito oficial que asuman explícitamente su carácter dependiente de algún tipo de proyecto extramediático. Por el contrario, construyen el mito de la independencia periodística, mito difícil de derribar ya que, sólo en nuestro país, tiene más de cien años, si tomamos como un arbitrario comienzo el nacimiento de los grandes diarios y su pretendida autonomía con respecto al campo de la política. Cuando hablamos de contrainformación, en cambio, ponemos el acento en el carácter explícito del compromiso político, aquel que no se escuda tras la fachada de una mentirosa objetividad que, para los medios de la burguesía, es condición necesaria de "La Verdad"[15]. La idea central que sostiene la práctica periodística de la prensa oficial se articula, por lo tanto, sobre tres ejes: independencia, objetividad, verdad; mientras que las prácticas contrainformativas, al asumir un carácter instrumental, desmontan esa falacia convirtiéndola en dependencia, subjetividad, verdad. Pero pongamos un

---

14 Chomsky, Noam, "¿Qué hace que los medios convencionales sean convencionales?" en Rev. Zigurat Nº 2, Bs. As., noviembre 2001. Pág. 19.

15 Es interesante señalar que a lo largo del siglo XX la ciencia progresivamente ha ido abandonando la idea rígida de objetividad, aceptando que el investigador introduce alteraciones en el objeto investigado, mientras la industria cultural desarrolla un movimiento inverso, buscando introducir cambios que convenzan acerca de su carácter objetivo. En este sentido, el investigador argentino Héctor Schmucler sostiene que "para la doctrina liberal de la noticia, el valor de referencia esencial es la verdad. Un 'buen' mensaje informativo es un mensaje cuyo contenido coincide con la realidad. El mensaje comunicativo aparece como 'reflejo' de esa realidad. Su contenido es estrictamente denotado; la simbolización no existe". En Schmucler, Héctor, *Memoria de la comunicación*, Ed. Biblos, Buenos Aires, 1997. Pág. 98.

ejemplo que nos ayude a clarificar un poco más este punto. En su libro sobre *Clarín*, el periodista Pablo Llonto narra el siguiente hecho sucedido en 1976:

> Luis Garasino, el cronista de *Clarín* que se movía como pez en el agua entre las Fuerzas Armadas gracias a que tenía un hermano en el ejército, había adelantado que la fecha exacta para sacar a Isabelita de la Rosada era el 23 de marzo. El martes 23 de marzo Garasino llamó temprano a Cytrynblum y éste a la viuda para transmitir un seco mensaje: —El golpe es hoy. Está confirmado.
>
> Durante todo el día los periodistas de política prepararon la edición del miércoles 24 de marzo con artículos que hablaban de la "culminación de un proceso" y redactaban, después de consultar en el archivo, los antecedentes de los militares que se apoderarían de la Rosada. Lo mismo ocurría en la mayor parte de las redacciones del país. Mientras tanto, en actuaciones dignas de un Martín Fierro, Lorenzo Miguel y algunos dirigentes peronistas anunciaban a la prensa, después de entrevistarse con la presidenta, que se iban tranquilos a sus casas y que el golpe era una fantasía.
>
> —Oíme Garasino, estoy cerrando el diario con todo un material que anuncia el fin de Isabel y hay tipos que salen de la Casa de Gobierno diciendo que no pasa nada. ¿Qué mierda hago?
>
> —Marquitos, quedate tranquilo. Hago una llamadita y te pego otro telefonazo.
>
> Diez minutos después, Garasino hablaba con su alta fuente del ejército y recibía casi una orden: "Es hoy le dije, después de la medianoche". Llamó a Cytrynblum y lo dejó tranquilo: "Sólo falta precisar la hora". Fue entonces cuando se produjo en *Clarín* la misma queja que se repetía esa noche, con mucho humor negro, en todos los matutinos: "Qué milicos hijos de puta, mirá a la hora que van a dar el golpe, justo para enterrarnos a todos nosotros. Sólo piensan en *La Razón* que es vespertina y es de ellos"[16].

El título de tapa de *Clarín* la mañana del 24 de marzo es una muestra de la complicidad mediática con el golpe militar: "Nuevo Gobierno". Podríamos en este momento preguntarnos (y dejamos la respuesta en manos del lector), ¿cuál debería haber sido la actitud de los medios ante el golpe de Estado que se gestaba desde agosto de 1975 y del cual tenían pleno conocimiento? Dejamos planteado entonces el espinoso tema de las relaciones entre la prensa oficial y el campo político, tema sistemáticamente negado más allá de las siempre oportunistas declaraciones respecto a la libertad de prensa. Esta relación se complejiza a partir de la década del ochenta, cuando los medios comienzan a ganar un espacio de relevancia al interior del campo político, convirtiéndose en el principal actor y definiendo objetivos particulares; es decir, ya no al servicio de determinada fuerza política[17] sino al servicio de intereses propios al grupo económico. ¿Puede alguien imaginar una investigación especial sobre

---

16 Llonto, Pablo, *La Noble Ernestina*, Cooperativa Editora Astralib, Buenos Aires, 2003. Págs. 131-132. Además, para ejemplos similares en esa misma noche, véase Dearriba, Alberto, *El Golpe*, Ed. Sudamericana, Buenos Aires, 2001, págs. 263-266.

17 Son ampliamente conocidas las relaciones entre el desarrollismo y Clarín, entre Rogelio Frigerio y Ernestina Herrera de Noble, llegando el primero a definir, durante muchos años, la línea política del diario en función de los intereses del partido liderado por el ex presidente Arturo Frondizi, el Movimiento de Integración y Desarrollo (MID).

los negoci(ad)os del Grupo Clarín, que se publique en el diario *Clarín*? ¿Alguien puede asegurar que es posible separar estas aguas? A cada paso que damos, el mito de la independencia del trabajo periodístico se derrumba.

Este programa lo hace posible el mercado

En una charla sobre comunicación alternativa realizada en la Facultad de Ciencias Sociales, Gabriel Levinas, director de la revista *El Porteño*, arrojó una frase provocativa: "Todos nuestros héroes se comunican con Movicom"[18]. Lo que quería dejar claro es uno de los problemas más esquivados por los medios oficiales, el de la relación con los anunciantes, aquello que en otros términos nombraríamos como los condicionamientos materiales del trabajo periodístico. En efecto, todo el sistema de la industria cultural funciona por el auspicio (el financiamiento) de sus empresas anunciantes.

Un claro ejemplo de lo que queremos decir lo encontramos en el "problema" de la medición de audiencias, el bendito ráting. El número 2 de la revista *Buenos Anuncios*, el órgano de difusión de la Cámara Argentina de Anunciantes (CAA), dedica más de tres páginas a una entrevista a Juan Llamazares, director ejecutivo de la Cámara de Control de Medición de Audiencia (CCMA), un desconocido absoluto para el gran público, pero una persona con un alto grado de responsabilidad a la hora de determinar qué tipo de televisión vemos "los argentinos"[19].

La CCMA es la encargada de homologar y controlar permanentemente a las empresas productoras de ráting. Dice Llamazares: "Se trata de una entidad civil sin fines de lucro. Como tal está dirigida por una comisión directiva donde, de acuerdo a nuestro estatuto, están representados todos los sectores: los que ofrecen espacios publicitarios y los que los utilizan. Por lo tanto, el 50 por ciento de los cargos de los órganos de administración pertenecen al estamento medios, los representantes de los canales, radios o sus asociaciones. Y el otro 50 por ciento pertenece a las agencias y a los anunciantes". Es decir, ni una sola organización representante de los televidentes o radioescuchas[20].

---

18 La frase hace referencia a una propaganda que aparece incansablemente en todos los programas periodísticos: "La producción de este programa se comunica con Movicom".
19 La Presidencia de la CCMA está en manos del director de Massalin Particulares SA, Héctor Romani.
20 "Sobre técnicas, estadísticas y procesamiento de datos", en Revista *Buenos Anuncios* Año 1 N° 2, abril de 2002. La CCMA está integrada por los 4 canales privados de aire (2, 9, 11, 13), la Asociación de Teledifusoras Argentinas (ATA), la Asociación Argentina de Televisión por Cable (ATVC), la Cámara Argentina de Productores Independientes de Televisión (CAPIT), la Cámara Argentina de Centrales de Medios (CACEM), TAP Latin America, la Asociación de Radiodifusoras Privadas Argentinas (ARPA), el Bureau de Publicidad en Cable (BPC), la Asociación Argentina de Agencias de Publicidad (AAAP) y la Cámara Argentina de Anunciantes. Cabe destacar también que, al definir la legislación argentina como de "interés público" a los medios de comunicación (y no como un servicio público), el Estado también dice ausente en el reparto.

Si surge alguna duda respecto a por qué las entidades de los medios y los anunciantes se agrupan en una cámara que controle las mediciones de ráting, el mismo Llamazares la despeja. Refiriéndose a la necesidad de que la comunicación entre el aparato medidor instalado en los hogares y el centro de cómputos sea segura, sostiene: "Esa comunicación tiene que reunir una serie de características: ser precisa, no tener interferencias y, lo que es más importante, estar a cubierto de tergiversaciones o de manipulaciones de tipo doloso o fraudulento. No nos olvidemos que detrás de esta información se mueven muchísimos intereses y que hay dinero en juego: esos datos son utilizados diariamente, en el ambiente publicitario, para tomar decisiones de inversión. Ésa es una de las grandes funciones que tiene la información de audiencia. La otra es que la información sirve a los medios para los fines de la programación. Por lo tanto, la información tiene que estar resguardada de posibles maniobras ilegales"[21].

Ahora bien, está claro que cuando Llamazares habla de ilegalidad está pensando en alguna clase de intervención tecnológica; para la CCMA, no existe ilegalidad en un circuito que vincula la posibilidad de sobrevivencia económica y mediática de un programa televisivo con su ráting, el cual es medido por agencias que a su vez son controladas por los representantes de los medios y los anunciantes, los cuales en base a esa información decidirán cuánto vale un espacio y qué podemos ver en televisión o escuchar en radio. En otras palabras, se trata de la competencia por las cuotas de mercado, aquel mecanismo de censura invisible al que se refiere tan claramente Pierre Bourdieu en *Sobre la televisión*.

El ejemplo de la CCMA nos sirve aquí, entonces, para expandir el universo de las determinaciones que sufre el trabajo periodístico, de modo de desmontar la falacia de la "independencia" en los medios oficiales (que no es más que un discurso hecho a la medida de las necesidades del estáblishment).

Ahora bien, es casi seguro que el nivel de determinación que estamos planteando lleve a pensar nuevamente en la idea althusseriana de aparato, una construcción monolítica e impenetrable. No es esto lo que queremos plantear. Como sucede en todo juego fuerte de intereses políticos y económicos, surgen oposiciones, conflictos que generan grietas que el discurso contrainformativo en determinadas circunstancias puede aprovechar. La apertura de estas grietas es lo que permite que existan prácticas que se definan como contrainformativas basando su política comunicacional en su aprovechamiento, tarea que las organizaciones populares realizan desde hace tiempo, con diferente éxito, muchas veces con el nombre de prensa.

Sin embargo, es necesario junto con la salvedad volver sobre la reapropiación mediática para evitar el espejismo que muchas veces se confunde en las prácticas volcadas casi exclusivamente a la política de las grietas. En su análisis sobre la industria cultural brasileña, el periodista e investigador

---

21 Revista *Buenos Anuncios*, op. cit., pág. 37.

Carlos Lins Da Silva observa que "el contenido de los medios de comunicación cambia a medida que cambia el panorama de la lucha de clases en la sociedad y en su propio interior"[22]. Esto permite que, entre cada reajuste, las contradicciones del terreno favorezcan la posibilidad de "colar" las voces propias. Pero —hay que destacar— para lograrlo es necesario estar atentos a los nuevos atajos o a la refuncionalización de aquellos que habían quedado en el archivo del sistema. De otra forma el peligro puede ser grande al descubrir, tras el espejismo, que en verdad estábamos en medio del desierto.

Reconocimiento de la manipulación

Las dos premisas que expusimos hasta aquí se encuentran tan íntimamente entrelazadas que deben ser abordadas en conjunto, situándolas en el campo de la emisión, debiendo por ello introducir una tercer premisa que nos permita abordar —de forma sincrónica con la producción— el momento de la recepción, instancia privilegiada de la lucha ideológica. En general, hablar de contrainformación supone una perspectiva manipulatoria de los medios. Por eso, los grupos ligados a proyectos de cambio social han visto en la contrainformación un mecanismo de desalienación del individuo. En este sentido es interesante observar que las visiones más conservadoras de lo social, aquellas más vinculadas al mantenimiento del status quo, también han sostenido a lo largo de la historia concepciones manipulatorias de la comunicación; más aún, mientras la izquierda, en su tránsito al progresismo políticamente correcto, ha abjurado de estas posiciones, la derecha no sólo las ha mantenido, sino que ha profundizado sus estudios en esa dirección[23].

Sin importar la ubicación en el espectro ideológico, el tema de la manipulación se ha convertido en un problema irresuelto dentro del campo de la comunicación, problema que, si bien no profundizaremos aquí, puede sintetizarse diciendo que a partir de la información recibida "el individuo podrá empezar a tener elementos para juzgar y evaluar las situaciones que le afectan y ante las que tendrá que responder en un sentido u otro. La ecuación es bastante simple: si la información es controlada, seleccionada e incluso distorsionada, el individuo partirá de una base parcial, sesgada y probablemente falsa para formar su juicio"[24]. Queda claro que el problema de la manipulación se instala en la pelea por dominar la formación de dicho juicio. En este

22 Lins da Silva, Carlos Eduardo, "Las brechas de la industria cultural brasileña" en Festa, Regina (comp.). *Comunicación popular y alternativa*, Ed. Paulinas, Buenos Aires, 1986. Pág. 33.

23 Un ejemplo lo encontramos en el Posgrado en Comunicaciones de Marketing que organiza la Asociación Argentina de Agencias de Publicidad, "una especialización en la teoría y la práctica de las comunicaciones persuasivas". Cfr. Rev. *Buenos Anuncios* N°6, Buenos Aires, Julio 2003. Pág. 51.

24 Egia, Carlos y Bayón, Javier, *Contrainformación. Alternativas de comunicación escrita en Euskal Herria*, Ed. Likiniano Elkartea, Bilbao, 1997. Pág. 16.

sentido las posiciones son variables, desde aquellas que sostienen la imposi-bilidad de predeterminar el juicio, hasta aquellas que colocan el eje de la re-lación emisión/recepción en la dominación.

A los fines de comenzar a abordar el tema de la manipulación, creemos importante recordar lo expresado por Hans Magnus Enzensberger en 1971: "Etimológicamente, el término manipulación viene a significar una conscien-te intervención técnica en un material dado. Si esta intervención es de una im-portancia social inmediata, la manipulación constituye un acto político. Éste es el caso de la industria de la conciencia. Así pues, toda utilización de los me-dios presupone una manipulación. Los más elementales procesos de la produc-ción, desde la elección del medio mismo, pasando por la grabación, el corte, la sincronización y la mezcla, hasta llegar a la distribución, no son más que in-tervenciones en el material existente. Por lo tanto, el escribir, filmar o emitir sin manipulación, no existe. En consecuencia, la cuestión no es si los medios son manipulados o no, sino quién manipula los medios. De lo cual se deduce que un proyecto revolucionario no debe eliminar a todos los manipuladores, si-no que, por el contrario, ha de lograr que cada uno sea un manipulador"[25].

El análisis de Enzensberger expresado en este párrafo tiene la virtud de resolver algunas de las críticas tradicionalmente recibidas por la izquierda en su relación con los medios. En principio señala la inexistencia de la "no manipulación"; la inevitabilidad de la manipulación le permite plantear que la posibilidad de resistirla pasa por aprender sus técnicas, pero ésta no es una resistencia de carácter pasivo, por el contrario, el dominio de las técni-cas abre la posibilidad a la producción propia. Es decir, Enzensberger plan-tea un tipo de democratización técnica de la palabra. En este sentido la idea de manipulación adquiere un carácter positivo: se trata de enfrentar la do-minación utilizando sus mismas técnicas, un giro importantísimo si recorda-mos que "sea o no eficaz, la manipulación es un concepto fundado en la 'sos-pecha' de que los medios persiguen la difusión de valores propios de una minoría en contra de las masas"[26].

Sin embargo, se hace necesario recordar que técnicas y tecnologías no son neutras ni democratizadoras en sí mismas. Armand Mattelart y Jean Marie Piemme lo ponen en evidencia en *La televisión alternativa*: "proceso y producto —explican— pueden estar en ruptura con el modo dominante de la comunicación. Ahora bien, si existe ruptura, no se produce de entrada, por

---

25 Enzensberger, Hans Magnus, *Elementos para una teoría de los medios de comunica-ción*, Ed. Anagrama, Barcelona, 1971. Págs. 25-26. Esta visión materialista de la ma-nipulación ya puede rastrearse en el apartado que sobre la toma directa en televisión escribió Umberto Eco en *Apocalípticos e integrados*. Además, es interesante señalar que el párrafo de Enzensberger aquí extractado, se encuentra citado en el libro de He-riberto Muraro, *Neocapitalismo y comunicación de masa*, salvo por el hecho de que Mu-raro omitió citar las dos últimas oraciones.

26 Muraro, Heriberto. *Neocapitalismo y comunicación de masa*, Ed. Eudeba, Bs. As., 1974. Pág. 96.

la simple razón de que existe una utilización de tecnologías nuevas, sino por el hecho de que estas tecnologías son el soporte (un soporte entre otros) para trabajar en producir unas formas de comunicación y unos contenidos alternativos"[27]. El eje está, por lo tanto, en unos usos sociales bien diferentes (enfrentados) a los que realizan las prácticas comunicativas dominantes para perpetuar su dominación.

Hecha esta salvedad, queda claro que existen dos dimensiones de la manipulación, una vinculada al tratamiento sobre los materiales en el momento de la emisión y otra relacionada con el efecto que dicho tratamiento produce sobre el receptor. Este segundo aspecto es uno de los más polémicos y más resistidos de analizar hoy día en Latinoamérica. En los últimos treinta años hemos visto cómo progresivamente se han ido abandonando las concepciones más duras de la manipulación, aquellas que ven la relación emisor/receptor como una relación de dominación vertical y unilateral, avanzando hacia propuestas que otorgan mayor poder de autonomía al receptor, algunas llegando al extremo de plantear una autonomía absoluta. Al respecto dicen Armand y Michele Mattelart: "Hay que tener cuidado de no interpretar erróneamente la problemática del consumo de los medios como conjunto de prácticas sociales. Es grande la tentación de apoderarse de esta renovación conceptual relativa al consumo activo y a la puesta en relieve de la capacidad de lecturas insólitas y asombrosas, con el fin de respaldar las tesis que minimizarían el papel estratégico que desempeñan los medios de comunicación en la reproducción de las relaciones sociales"[28].

El reconocimiento de este papel estratégico, en el marco del inmenso proceso de concentración de las industrias culturales y de la pauperización de la educación pública, vuelve a colocar sobre el tapete el problema de la manipulación. Al mismo tiempo, y tomando como referencia este mismo marco, la emergencia de nuevos actores con planteos de cambio social colocará en escena el tema de la contrainformación. Siguiendo esta línea podemos afirmar que manipulación y contrainformación son conceptos tan íntimamente ligados que en algunos aspectos deben ser trabajados en conjunto. El reconocimiento de la existencia de manipulación, al hacer explícitos los mecanismos de la misma ("transparentando" no sólo los modos de producción sino también los objetivos políticos que fundamentan la acción y estableciendo una concepción diferente de la relación emisión—recepción), constituye la tercer premisa de la que hablábamos anteriormente.

A modo de cierre

En nuestro país, Rodolfo Walsh, militante, escritor y periodista desaparecido durante la última dictadura militar, pensó y llevó a la práctica medios de

---

27 Mattelart, A., y Piemme, JM, *La televisión alternativa*, Anagrama, 1981, pág. 80.
28 Mattelart, Armand y Mattelart, Michele, *Pensar sobre los medios*, Ed. Fundesco, Madrid, 1987. Pág. 106.

comunicación de carácter contrainformativo en función de la coyuntura política en que hubieran de insertarse. Prensa Latina, el Semanario CGT de los Argentinos, el diario *Noticias*, ANCLA, Cadena Informativa, las cartas firmadas con su nombre tienen puntos en común, pero también elementos diferentes que responden a situaciones políticas concretas: del apogeo de la movilización popular al apogeo del terrorismo de Estado. Cada situación política tuvo su medio de comunicación contrainformacional.

Pero Walsh enseña, asimismo, que no sólo la situación política condiciona la elección del medio contrainformativo, sino también los objetivos políticos (lo extracomunicacional) y las situaciones de recepción que están relacionadas con la situación política, aunque no determinadas. Desde esta perspectiva, la comunicación alternativa no puede ser conceptualizada como un "a priori" a la experiencia. El concepto se realiza en la práctica; fuera de la práctica no significa nada y tal vez en esto radique, como mal entendido, cierto prejuicio antiintelectualista que existe entre aquellos volcados cien por ciento al desarrollo de la práctica. En la dificultad irresuelta de alcanzar una única definición conceptual de la comunicación alternativa, radica el hecho de que la mayor parte de la producción escrita sobre el tema sean trabajos ensayísticos fundamentalmente volcados a la descripción de experiencias.

Hasta aquí propusimos tres premisas básicas (enfrentamiento, dependencia, reconocimiento de la manipulación) desde las cuales reflexionar acerca de la contrainformación. Indudablemente, las tres vuelven sobre el tema del poder: no se trata de pensar los medios contrainformacionales como espacios mediacéntricos o de autorrealización comunicativa, sino como herramientas destinadas a hacer algún tipo de aporte dentro de un proyecto de cambio social. Prácticas que, además de dar una batalla discursiva, se alistan en el combate contra las instituciones dominantes que son las que, a su vez, imponen determinado tipo de relaciones comunicativas. Y, por su puesto, estas prácticas no crean el proyecto de cambio, en el sentido de reemplazar a la organización político social, sino que lo acompañan efectivamente: es la distancia que existe entre una definición instrumental y una expresión de deseo que nunca llega a concretarse.

Durante el período 2001/2002, se produjo una "explosión" medios alternativos. Aquellos que venían trabajando con anterioridad a la rebelión popular del 19 y 20 de diciembre de 2001 se vieron fortalecidos, adquirieron mayor visibilidad; a partir de esa fecha nacieron otros nuevos. Grupos de trabajadores desocupados y obreros de fábricas recuperadas comenzaron a organizar sus propias prensas, sus propios modos de comunicar. A su vez, las discusiones sobre la construcción y los modos de funcionamiento de los medios alternativos se cruzaron con la búsqueda de formas organizativas hacia el interior de los movimientos.

En ese marco, los medios alternativos aparecen como parte de las políticas culturales de las clases populares y como impulsores, al mismo tiempo, de nuevos proyectos. Muchos de ellos —no todos—, en una primera mirada, intentan representar las prácticas sociales que ejercen e impulsan en el medio y promoverlas, a su vez, a través de ellos. La política cultural del Grupo de Cine Alavío, por ejemplo, no sólo está presente en sus documentales en tanto texto, sino también en las formas en las que ese video se produce, circula, se lee, se debate y se utiliza. "Nosotros —dicen— reivindicamos el uso instrumental de nuestras películas y pensamos que el ideal es que los compañeros se apropien de los materiales para usarlos en el sentido que consideren: sea para trabajar la libertad de los presos o para hacer el balance de un corte de ruta"[29]. En la tradición de Cine de la Base y Cine Liberación, la obra se completa en el encuentro con el público: están pensadas para movilizar, para debatir, para cuestionar los propios modos de funcionamiento.

En consecuencia, las tres premisas desarrolladas a lo largo de este artículo nos permiten plantear la imposibilidad de pensar lo contrainformacional por fuera de la intervención política en una coyuntura particular. Esta intervención tendrá efectos materiales sobre la estructura de funcionamiento de la práctica comunicacional, a la vez que generará un tipo particular de discurso, el discurso contrainformativo, que ya no será un mero reflejo invertido de lo que emiten los grandes medios oficiales de comunicación sino que, por el contrario, operará como un ariete que golpea incansablemente contra los espejismos que dichos medios crean.

Enfrentamiento, dependencia política, reconocimiento de la manipulación, son más que tres premisas de análisis para el abordaje de diversas experiencias: son los ejes que vertebran los términos del esquema comunicacional (emisor, receptor, contexto), permitiendo observar en términos dialécticos las relaciones entre los mismos, planteando a su vez que no existe acción no dirigida y que el diletantismo, por más combativo que pueda parecer, jamás será ni alternativo ni contrainformacional.

BIBLIOGRAFÍA

Cassigoli Perea, Armando, "Sobre la contrainformación y los así llamados medios alternativos" en Simpson Grinberg, Máximo (comp.), *Comunicación alternativa y cambio social*, México, Premia, 1986, págs. 63-71.

Cine Liberación, "Cine militante. Una categoría interna del tercer cine" en Solanas, F. y Getino, O., *Cine, cultura y descolonización*, Bs.As., Siglo XXI, 1972.

Chomsky, Noam. "¿Qué hace que los medios convencionales sean convencionales?" en Rev. Zigurat N° 2, Bs. As., noviembre 2001.

Egia, Carlos y Bayón, Javier. *Contrainformación. Alternativas de comunicación escrita en Euskal Herria*, Bilbao, Ed. Likiniano Elkartea, 1997.

Enzensberger, Hans Magnus. *Elementos para una teoría de los medios de comunicación*, Barcelona, Ed. Anagrama, 1971.

Gleyzer, Raymundo. "Presentación y autocrítica en forma de diálogo con Tomás Gutiérrez Alea" en AA.VV., *Raymundo Gleyzer*, Montevideo, Cinemateca Uruguaya, 1985.

---

29 Vinelli, N., op. cit.

Graziano, Margarita, "Para una definición alternativa de la comunicación" en Rev. ININCO Nº 1, Venezuela, 1980.

Lamas, Ernesto, "Encuentro con J. López Vigil: Las Radios de Nuevo Tipo" en Rev. Causas y Azares Nº 5, Buenos Aires, Otoño 1997.

Lins da Silva, Carlos Eduardo, "Las brechas de la industria cultural brasileña" en Festa, Regina (comp.), *Comunicación popular y alternativa*, Buenos Aires, Ed. Paulinas, 1986.

Llonto, Pablo, *La Noble Ernestina*, Buenos Aires, Cooperativa Editora Astralib, 2003.

Mattelart, Armand y Mattelart, Michele, *Pensar sobre los medios*, Madrid, Ed. Fundesco, 1987.

Mattelart, Armand, y Piemme, Jean-Marie, *La televisión alternativa*, Barcelona, Anagrama, 1981.

Muraro, Heriberto, *Neocapitalismo y comunicación de masa*, Bs. As., Ed. Eudeba, 1974.

Schmucler, Héctor, *Memoria de la comunicación*, Buenos Aires, Ed. Biblos, 1997.

Simpson Grinberg, Máximo, "Comunicación alternativa: tendencias de la investigación en América Latina" en Simpson Grinberg, M. (comp.), *Comunicación alternativa y cambio social*, México, Ed. Premia, 1986.

Vinelli, Natalia, "Una batalla directa contra el imaginario del fascismo" en periódico *Resumen Latinoamericano* nro, 64, mayo 2003.

Williams, Raymond, *Cultura. Sociología de la comunicación y del arte*, Barcelona, Paidós, 1982.

Fuera de la ley

FABIÁN PIERUCCI[1]

> *Hay mucho más que decir de la fuerza material del público que a favor de la*
> *opinión pública. La primera puede ser refinada. La segunda es siempre imbécil.*
> *Se dice con frecuencia que la fuerza es un argumento. Pero esto depende de lo*
> *que se pretenda demostrar. La mayor parte de los problemas más importantes de*
> *estos últimos siglos (...) han sido resueltos exclusivamente por medio de la*
> *fuerza material. La misma violencia de una revolución puede dar grandeza a la*
> *multitud. Fue un día fatal aquel en que el público descubrió que la pluma es*
> *superior en poder a un adoquín y puede ser más peligrosa en la ofensiva que el*
> *ladrillo. Inmediatamente el público buscó al periodista, lo encontró, lo fomentó,*
> *e hizo de él su criado activo y bien retribuido. Lo cual es lamentable para el uno*
> *como para el otro. Detrás de la barricada puede haber mucha audacia y*
> *heroísmo. Pero ¿qué hay detrás de un artículo de fondo que no sea prejuicio,*
> *estupidez, puritanismo y verborrea?*
>
> *Oscar Wilde,* **El alma del hombre bajo el socialismo**

La perspectiva

Aunque mucho se ha escrito sobre lo alternativo o alterativo como debate, en
los colectivos de producción de contrainformación donde participamos fue la
práctica más que la reflexión teórica la que nos obligó a dividir aguas entre
las experiencias comunicacionales. La discusión interna tendiente a la búsqueda de horizontes y la necesidad de identificar quién es aliado táctico o estratégico, amigo o simplemente vecino, conocido o compañero, nos condujo a
pensar qué características deberían poseer los medios para ser pensados como parte de un movimiento tendiente a aportar desde una práctica revolucionaria.

En lo que hace a la contrainformación, existe también una variada gama de definiciones y sentidos. Una primera aproximación corresponde a una

---

1   Fabián Pierucci es fundador del Grupo de Cine Alavío. Entre otras, dirigió las películas *El rostro de la dignidad. Memoria del MTD de Solano* (2001) y *Crónicas de libertad* (2002), un film / debate sobre la masacre del Puente Pueyrredón el 26 de junio de
ese año. Entre 1994 y 1995 participó de la experiencia del Canal 4 Utopía, donde fue
responsable de la realización del noticiero diario.

interpretación más o menos literal y generalizada, donde la acción comunicacional parte de la necesidad de dar respuesta a lo anunciado (pregonado) por los medios masivos y hegemónicos[2]. Es decir, si el gran medio de la burguesía publica "A", nos vemos obligados a dar nuestra versión sobre "A".

Una segunda aproximación a la contrainformación se encuentra en aquellas experiencias que intentan penetrar en las "grietas" del sistema mediático, filtrando información que pueda beneficiar en algún sentido a los sectores populares. Ya sea por la novedad del tema, por el carácter "progresista" que muchos medios masivos intentan aparentar, por tener un "periodista amigo" en la redacción, etcétera, podría pensarse que es posible el aprovechamiento de las contradicciones en el campo enemigo y hacer una práctica política de esto.

Pero ¿cuáles son los alcances de estas definiciones? Sin duda, los límites más graves se encuentran, en el primer caso, en la elección de la agenda: como un reflejo invertido, la experiencia comunicacional se reduce a los temas propuestos e impuestos por los grandes medios. Y como la formación de la opinión pública es un objetivo estratégico de los grupos de poder, enfocan muy precisamente sus recursos hacia aquellos temas que favorecen tal o cual necesidad coyuntural para la valorización del capital (apoyar o denostar un régimen o gobierno, desviar la atención de algún problema particular, promover algún proyecto político o económico, etcétera). En este sentido, los medios masivos muchas veces incluyen temas sensibles socialmente en pos de algún objetivo poco claro, como puede ser alguna interna entre los propios intereses del poder o tratar de resignificar lo habitual como excepcional (de tanto en tanto algún niño muere de hambre en vivo y en directo por los canales de TV y los diarios publican la noticia en tapa). En este caso podríamos preguntarnos: ¿qué o quién nos obliga a correr esta carrera en campo enemigo?

En la segunda aproximación a la caracterización de la contrainformación, aunque aceptemos la hipótesis de la existencia de "grietas" que permiten ser penetradas, no podemos dejar pasar que tanto el control de los contenidos como los parámetros estándares que son aplicados en las empresas capitalistas prenden la luz roja de alerta ante cualquier síntoma de "cuerpo extraño". De ahí en más se ponen en marcha los mecanismos del ocultamiento, la censura, la autocensura y la descontextualización; incluso hasta "desmentidas" e invención de pruebas en contrario —ante alguna "falla" informativa que se halla pasado— pueden tener cabida en este proceso de producción de subjetividades.

Así, pese a que no es inocua esta posibilidad (resulta atractivo bucear entre el marasmo de velos que encubren las relaciones sociales de explota-

---

2 Decimos interpretación generalizada porque el ejercicio del derecho a la versión desde "el otro lado" de los hechos o de la información, por un lado, y la crítica al encubrimiento y la manipulación generada por los grandes medios, por el otro, es a la vez sentido y práctica corriente.

ción), el resultado es dudoso a nuestro entender, porque es sumamente difícil remontar para el sentido común el andamiaje ideológico que constituye el sistema comunicacional de la burguesía. En la práctica, tanto la selección de noticias como la lectura entre líneas es todavía difícil de pensar en la mayoría de los receptores de la información de los grandes medios.

Sin embargo, aún existen más opciones sobre cómo pensar la contrainformación. Más allá que puedan incluirse las prácticas mencionadas anteriormente como estrategia comunicacional para la lucha anticapitalista, es fundamental ampliar el espectro de posibilidades superando las imposiciones del enemigo de clase y sorteando los campos de batalla y las armas del Estado y los patrones. Entonces se hace imprescindible constituir agendas y canales propios de expresión, según las dinámicas y necesidades de los sectores más activos en la lucha de clases, valorizando excluyentemente las perspectivas y acciones de los trabajadores y demás sectores explotados y oprimidos por el sistema capitalista.

Esta modalidad, que tiene su máximo potencial en el marco de la lucha revolucionaria, puede proponer a la sociedad de conjunto visiones que rompan con lo establecido, que den batalla por la constitución de una nueva subjetividad tendiente a la libertad y la emancipación de la clase trabajadora. La producción simbólica pasa a ser, de este modo, militancia social y política, acto creador de emancipación.

Buscando nuevos caminos y escenarios propios nos vemos en la obligación de romper el estrecho corset de la sociedad de control. Nos encontraremos rápidamente en el límite de la regulación, de la norma, de la ley. Paso seguido las fronteras entre legalidad e ilegalidad se vuelven borrosas, arbitrarias ante las interpretaciones de jueces, policías y demás herramientas del poder para mantener el hambre y la explotación. Por lo tanto la participación orgánica en la lucha de clases, desde esta opción de contrainformación, necesariamente va a transitar por esos senderos. Con un pié dentro y el otro fuera del sistema legal, económico y político de la burguesía.

¿Cómo se determinan las fronteras entre lo legal y lo ilegal? ¿Qué parámetros son los que detonan los aparatos represivos para ejercer la censura, la proscripción y hasta la cárcel para aquellos que vulneren las normas establecidas? ¿Qué aspectos del mensaje son considerados inofensivos, tolerables, peligrosos o hasta pasibles de persecución y sanción penal? Éstas son sólo algunas de las preguntas significativas a considerar a la hora de planificar estas acciones de comunicación.

Entre el decomiso y la cooptación

Las prácticas comunicacionales de nuevo tipo, en su amplia gama de variantes, dependieron en las últimas décadas del ingenio de los sectores populares para adaptar y apropiarse de técnicas y tecnologías desarrolladas en el marco de la producción capitalista mercantil. En la década de los ochenta, con el auge de las emisiones de radio en frecuencia modulada (FM), aparecieron en todo el país cantidades de señales impulsadas por las más variadas motivaciones: reivindicación de la libertad de expresión luego de los años de dictadura militar[3]; difusión de políticas partidarias de sectores de la izquierda institucional; proyectos de servicios y promoción comunitaria; órganos de expresión de subculturas agrupadas a través de la música o consignas culturales particulares y —también— expresiones comerciales que se camuflaron con algunos de los condimentos enunciados[4]. Sin un marco jurídico que las contemplara, todas estas experiencias transitan la ilegalidad hasta el día de hoy, bajo la figura de "emisiones clandestinas" y la denominación mediática por parte de la burguesía de "radios truchas".

Esta situación obligó al acuerdo entre partes, a través de sus fundadores, tanto para trabajar en pos del reconocimiento legal como para librar acciones conjuntas de protesta en casos de cierres y decomisos de emisoras, permitiendo agrupamientos de radioemisores en asociaciones profesionales. Como la otra cara de la moneda también hubo guerras comerciales por las frecuencias, la práctica de "pisar" con mayor potencia de transmisión a otras radios, la pelea por fuentes de recursos financieros y por la obtención de algún reconocimiento precario por parte del Estado nacional, provincial, municipal o del poder judicial[5]. Todo esto en un cuadro político y económico que guió las tendencias represivas por parte del Estado, demostrando tanto arbitrariedad para la represión como voluntad de transformación funcional de estas experiencias a favor de los intereses de turno del poder.

Ahora bien, durante los noventa se desarrolla en Argentina uno de los procesos de concentración y centralización del capital más salvajes. Precisamente el sector de las comunicaciones es uno de los baluartes más preciados de todos los rubros. Se privatizan los canales de TV, las emisoras de radiodifusión de AM o FM y las empresas telefónicas; la difusión privada de televisión por cable llega prácticamente a todo el país y comienza una lucha encarnizada por la compra y recompra de medios tendientes a la integración de multimedios y la eliminación de posibles competencias. Pese a ello —o justamente por ello—, en esa misma década se da el *boom* de los canales de TV de baja potencia[6]. Con la aparición del video hogareño y el consiguiente abaratamiento de la realización audiovisual, una disposición tecnológica re-

---

3 La dictadura militar 1976-83, en efecto, silenció todas las voces que no fueran cómplices con su objetivo de aniquilamiento de la disidencia al modelo de acumulación capitalista neoliberal.

4 Estas experiencias de radio, pequeñas y comerciales, se orientaron desde el principio hacia el objetivo de valorización de capital, ocupando un medio escaso como lo es el universo de frecuencias de ondas que permiten transmitir señales radiofónicas o televisivas para ser fuente de ingresos monetarios en un futuro mediato.

5 Algunas radios obtuvieron permisos precarios de emisión por tiempo limitado otorgados por el COMFER, otras ganaron ante la justicia recursos de amparo y otras, directamente, se convirtieron en órganos de difusión de municipios, punteros y políticos locales.

6 Si bien no existe información precisa, se estima que llegaron a emitir más de cien canales en todo el país.

lativamente simple y un tipo de cambio que permitía la importación de microcomponentes para transmisores a relativamente bajo costo, estas experiencias se multiplicaron.

Pero la reacción del Estado, en este caso, no fue tan condescendiente. Desde muy temprano se sucedieron las persecuciones con cierres de las emisoras, decomisos de equipos y apertura de causas penales y civiles para sus responsables. Al mismo tiempo, se redobló la política de cooptación de estos medios por parte del sistema político partidario tradicional, sosteniéndolos económicamente desde municipios u otras esferas del poder y transformando sus contenidos y mensajes a favor del poderoso de turno. En estos casos, orgánicos al sistema capitalista, los medios fueron tolerados y financiados más allá de su consideración como "ilegales" en términos de la ley de radiodifusión.

Sin embargo, los mecanismos de cooptación de los medios nacientes también tienen sus matices y debe haber voluntad de contraparte para que esto suceda. A esto contribuyeron entre otras cosas las expectativas de quienes tuvieron las primeras iniciativas de profesionalizar el medio, los intentos de "seducir" en términos de mercado a posibles anunciantes o fuentes de financiamiento; las exigencias de incorporación de equipamiento; el temor por mantener la señal fuera de posibles competidores y la reivindicación de "vivir del medio" de los dueños de radios y canales "alternativos". Así fueron cediendo cada vez más a las presiones del mercado, vendiendo espacios (con lo que se fragmenta la unidad de la programación), apostando al que mejor cotiza. Los contenidos y el formato se uniforman. El tono de la voz se vuelve grave y seductor. Se eliminan las tonadas locales. Las voces de la disidencia se apagan ante la posibilidad (incierta) del reconocimiento estatal.

Algunos temas desaparecen de la señal; paradójicamente, aquellos que dieron motivo de nacimiento al medio. No se reconoce en el aire la calificación legal que pende sobre radios y canales de TV como espada de Damocles. En caso de allanamientos o cierres temporales, la explicación que prima ante el público es que hubo "desperfectos técnicos". La hipocresía pasa a ser explotación mercantil. El alma del medio se tiñe del color del dinero. La autocensura recorre el camino del financiamiento. Y el objetivo central, entonces, se muestra de cuerpo entero: mayor potencia de emisión, mayor capacidad de facturación.

Frente a la completa integración de la mayoría de las experiencias, otras pivotearon entre un perfil social y la infinita búsqueda de la opción por lo legal, a la vez que descartaron como aventureras o utópicas otras iniciativas que no contemplaron las soluciones legales o de mercado como condicionantes de sus contenidos y de su propia existencia.

El todo y las partes

¿Cuáles son las características de las experiencias que siguieron funcionando (aunque en forma intermitente o temporalmente) pese a los cantos de sirena del mercado y del posibilismo, aquellas leales a sus objetivos de transformación en tanto herramienta militante de contrainformación? Vamos a intentar puntualizar algunas, que podríamos resumir en las formas de propiedad, gestión, financiamiento, contenidos, participación e integración con los movimientos sociales y políticos.

LA PROPIEDAD. No es posible que un medio de comunicación sea parte de un proceso social tendiente a cuestionar las instituciones del sistema capitalista si está basado en la explotación del trabajo. El sistema capitalista, justamente, se sustenta en la apropiación del trabajo de la clase desposeída de los medios de producción por parte de los patrones y dueños del capital, cuyo basamento fundamental está dado por el derecho a la propiedad privada. Por eso, más allá de la "buena voluntad" que tenga el dueño del medio, éste vive en forma permanente la contradicción de reproducir lo establecido.

En otras palabras: no existe posibilidad alguna de interpretación de una empresa de propiedad privada que no sea la obtención de utilidades (ánimo de lucro) para reproducir el avance de capital inicial. Por lo tanto es necesario y fundamental pensar alternativas a la propiedad privada que incluyan otros objetivos. Como prioridad: la promoción del servicio comunitario y el establecimiento de nuevas formas de relación social dentro del propio sistema capitalista, tendientes a generar prácticas de vínculos solidarios y producciones no mercantiles. Tal vez la modalidad más apropiada para este desafío esté en la propiedad social o colectiva del medio; es decir, colectivo de trabajadores, organizaciones sociales, incluso público destinatario de los mensajes deberían ser los "dueños provisorios" del medio a la vez que responsables del patrimonio social que lo compone.

LA GESTIÓN. La modalidad predominante con respecto a cómo llevar adelante una experiencia comunicacional es la de delegar en un "gerente" o "administrador profesional" las tareas de gestión. Este modelo lleva implícita la concepción de la división social del trabajo entre los que diseñan y conciben, por un lado, y los que producen y ejecutan, por el otro. La producción capitalista utilizó como forma de control social, disciplinamiento y herramienta a favor del aumento de la tasa de explotación la expropiación de los saberes obreros, poniéndolos a resguardo en oficinas de ingeniería de métodos y tiempos, reduciendo a mínimas expresiones las tareas de los trabajadores con gestos repetitivos y programados tendientes a optimizar el control del cuerpo y las cadencias (ritmos) de trabajo. De ahí la necesidad de una mediación profesional entre el propietario del capital y el trabajador. Estos cuadros intermedios en la jerarquía empresarial llevan adelante el imperativo de mayor tasa de beneficio para el capital invertido y actúan en consecuencia.

Una modalidad que anule esta intermediación y dé participación a los sectores involucrados en el proceso comunicacional seguramente optimizaría recursos al eliminar este factor distorsivo. Además, en términos de nuestro objetivo —como lo fundamental es la constitución de agenda propia—, la mediación "profesional" del técnico en gestión no alcanza; incluso, da límites muy cortos a la experiencia. No tiene sentido retratar, analizar, evaluar o convocar a la lucha de clases sin la participación activa de los actores sociales involucrados en el proceso de lucha. Por tanto la gestión debe ser participativa y flexible para que tengan espacios los sectores en lucha interesados en la existencia del medio.

EL FINANCIAMIENTO. Un límite claro y difícil de superar para cualquier emprendimiento comunicacional es el financiamiento, tanto para comenzar a funcionar como para desarrollar los recursos tendientes a saldar los gastos operativos y las inversiones en tecnología que hacen falta. La primera tentación es que el propio medio, a través de la venta parcial de espacios, sea la fuente de ingresos principal; de hecho los medios masivos de la burguesía obtienen sus ingresos fundamentales de la publicidad y de la venta directa espacios para terceros. Esta política de ingresos, sin duda, condiciona los contenidos y la coherencia interna de programación, cuando el ráting de productos comunicacionales / mercancía es la medida de la supervivencia.

De hecho, la valorización del mercado restringe a parámetros estrechos las posibilidades temáticas como de exploración formal: los sectores que decidieron el futuro de sus medios ligados a la valorización mercantil, se estructuraron sobre la pobreza de contenidos a partir de la necesidad de consensuar con sus posibles anunciantes o financistas "el qué, cómo y cuándo del medio".

¿Cómo romper entonces con esta restricción? Siendo el colectivo de trabajo el recurso principal para la operatividad de un medio, lo descontamos como parte constituyente a través del rescate del trabajo voluntario y de la militancia social como factor dinámico y creador de valor social. Otros agentes intervinientes, como las organizaciones sociales o políticas que participan en la elaboración de la agenda del medio o el público objeto de los mensajes, deben ser tenidos en cuenta también en lo relativo a la posibilidad de financiamiento genuino. Pensamos que ésta es la posibilidad más saludable y ligada a los objetivos originarios de la comunicación.

LOS CONTENIDOS. Motivo de ser de un medio, los contenidos también están atravesados por las contradicciones señaladas en la caracterización de los anteriores elementos. Son los que nos permiten pensar en algún mecanismo que dé coherencia interna a un discurso compuesto por la colección de temas, notas o programas que aborda un medio de comunicación. El terreno de los contenidos es un espacio en la búsqueda de lo popular, que presenta la tensión entre lo espectacular por un lado y las necesidades organizativas y de constitución del discurso de los sectores en lucha por el otro. Que contiene la atracción por lo fragmentario, que limita la realidad a aspectos parciales, como la búsqueda de unidad ideológica de sentidos. La apertura a la diversidad junto a la provocación, la crítica social con la autocrítica, la necesidad inmediata con la búsqueda y experimentación de las formas. Estos aspectos son indispensables a la hora de planificar la programación.

LA PARTICIPACIÓN. ¿Es posible resquebrajar el mandato tecnológico de nacimiento que hace unilateral al medio? Para dar respuesta a esta pregunta es importante la búsqueda de una práctica que implique alguna forma de reversibilidad de la carga que transita. Si no existe este intento reproducimos autoridad, inmovilización. Y en esto no bastan intentos formales, recursos para la apariencia. Sólo cuando la festividad de lo público identifica al protagonista con el espectador en un juego dialéctico de interacción, es inimaginable una sola voz, un solo camino de esa voz. La celebración iguala en términos comunitarios. Es posible, por tanto, un *feedback* que a la vez que represente a las audiencias, las haga constituyentes de un discurso abierto y construido colectivamente.

LA ADAPTACION Y LA APROPIACION TECNOLÓGICA. La posibilidad de completar un proceso productivo desde la extracción de las materias primas, pasando por la transformación de los materiales hasta que estos son consumidos por quienes tienen necesidad de ello, es el anhelo de todo productor o colectivo de producción que se halla propuesto la autonomía como objetivo estratégico. Algo parecido pasa con las apropiaciones de tecnologías. Si bien todavía en muy grande la dependencia proveniente de la producción mercantil, debería ser un tema prioritario la producción por nosotros mismos de los equipamientos necesarios. Dentro de esta política es muy importante la adaptación, resignificando los objetivos originales para los cuales fueron diseñados y fabricados gran parte de los equipamientos y transformándolos en *boomerangs* contra la ideología dominante. Esta opción requiere de programas de formación en los aspectos técnicos y tecnológicos de la mayor cantidad posible de compañeros.

LA INTEGRACIÓN CON LOS MOVIMIENTOS SOCIALES Y POLÍTICOS. ¿Cómo hacer para que las propuestas comunicacionales sean aceptadas por el público que se espera las recepte? ¿Qué lenguaje usar, cómo integrarnos con grupos afines, cómo perforar aún más las contradicciones que somos capaces de identificar en el sistema político y comunicacional de la burguesía? Así como es posible apropiarse y darle otro sentido a las tecnologías, la respuesta a estas preguntas están íntimamente ligadas a la posibilidad de apropiación de los medios contrainformativos por parte de los sectores en lucha. Para que esta apropiación se haga carne, es necesario primero que el colectivo comunicacional se integre a los movimientos sociales y a los procesos de lucha. El ideal es formar parte de las organizaciones y contar en acuerdo político las historias que se quieren narrar. El otro objetivo es que los sectores en lucha se transformen a la vez que protagonistas en productores de sus propias realidades / mensajes a ser emitidos por el medio.

¿Fuera de la ley?

Las prácticas que se encuentran dentro de la perspectiva aquí planteada apuntan entonces a dar la batalla contra el imaginario establecido. Trabajan por constituir identidad y un pensamiento que refleje los intereses y las necesidades específicas de los trabajadores y de los sectores explotados. Por eso no se escudan en una supuesta objetividad, sino que, al contrario, comparten el carácter de compañeros con los que están luchando: el medio es una herramienta más, como lo es el palo o la capucha. Evidentemente, el margen de legalización de una experiencia que cumpla con estos postulados y sirva como herramienta a ser usada contra el sistema capitalista es bastante poco probable. Aún así, la opción de resignar o directamente suprimir alguno de los postulados señalados en los apartados anteriores es suficiente para cuestionar la propia existencia del medio como arma en contra del sistema.

En efecto, muchas veces escuchamos frases hechas y lugares comunes que indican que "hay que moderar el discurso para lograr la legalización"; que "hay que mantener la crítica pero con un perfil bajo que nos dé chances para obtener un permiso precario que nos permita funcionar"; que "hay que cuidar la herramienta para una etapa superior de la lucha de masas" y que, en todo caso, hay que esperar mejores tiempos para, ahí sí, "desarrollar nuestra verdadera política". El sueño de la legalización como utopía redentora esconde el costo que, para alcanzarla, deben asumir estas las experiencias: alejarse de los objetivos que dieron nacimiento al medio.

El primer obstáculo de la legalización, para ser más precisos, es el paso que implica dejar de ser una organización informal para convertirse en una organización que atienda los requisitos de las normas legales. Para funcionar, el medio tendrá que adoptar una figura jurídica comercial preexistente (sociedad anónima por ejemplo) o en el mejor de los casos una cooperativa, una mutual, etcétera. Adherir al régimen impositivo vigente, con el pago de los impuestos correspondientes y las cargas previsionales, o asumir la responsabilidad de la deuda devengada periódicamente, que aumenta los costos de funcionamiento y en definitiva lleva la búsqueda de atajos que el propio sistema otorga: por ejemplo, los regímenes de contratos laborales flexibilizados.

Al mismo tiempo, los equipamientos adquiridos deberán ser aquellos normatizados por los organismos del Estado, que —obviamente— responden a los estándares tecnológicos de los grupos transnacionalizados que monopolizan el mercado de la electrónica e imponen tecnologías. De este modo, queda eliminada la posibilidad de producir tecnologías apropiadas sorteando las marcas y patentes impuestas. Y, junto a ello, la necesidad de competir en el mercado para sostener el nuevo andamiaje y sus requerimientos, que lleva a la búsqueda de ingresos mediante publicidades de empresas públicas y privadas, con el consecuente impacto en los contenidos. Y podríamos seguir un largo rato más.

Así, aunque contraria a la opinión mayoritaria de teóricos y responsables de medios de comunicación que hoy existen en el aire bajo estado judicial precario o directamente ilegal y que proclaman como acción política la presión por el reconocimiento estatal de medios de baja potencia o comunitarios, entendemos que los costos y restricciones inherentes a esta alternativa son peores que la situación actual. Si existe la voluntad de que los medios de comunicación sean herramientas para la lucha emancipatoria de la clase trabajadora, pensamos que tal vez sea mejor asumir la condición que caracteriza la ley del Estado burgués a aquellas experiencias que no se ciñan a sus normas, tomar las medidas de seguridad que correspondan y no resignar ningún aspecto que desvíe su sentido original o disminuya su potencia libertaria. En algunos casos en el margen, en muchos otros fuera de la ley.

BIBLIOGRAFÍA

Gleyzer, Raymundo, "Presentación y autocrítica en forma de diálogo con Tomás Gutiérrez Alea" en AA.VV., *Raymundo Gleyzer*, Montevideo, Cinemateca Uruguaya, 1985.

Grupo Alavío, "Compromiso y realización documental. Punteo para el debate". Ponencia presentada en el Festival de Cine de Tres Continentes, Argentina, 2002.

Vinelli, Natalia, "Una batalla directa contra el imaginario del fascismo", en periódico *Resumen Latinoamericano* nro. 64, mayo 2003.

Wilde, Oscar, *El alma del hombre bajo el socialismo*, Buenos Aires, Libros del Rojas, Colección El Placer, 2000.

La prensa partidaria de izquierda. Verdad, acción y conflicto

Santiago Gándara[1]

I

El tema que hoy nos convoca es la prensa partidaria de izquierda y el conflicto social del 19 y el 20 de diciembre de 2001. No voy describir detalladamente qué hicieron los distintos periódicos de izquierda en ese momento: la idea es tomar algunos ejes que nos sirvan para caracterizar la prensa de izquierda y diferenciarla de la prensa oficial, burguesa, e incluso, aunque en menor medida, de la prensa alternativa. Esos ejes a los que me voy a referir son la *verdad*, la *acción* y el *conflicto*, para a partir de ellos analizar cómo la prensa de izquierda concibe la verdad, cuáles son sus presupuestos en torno a lo que es la acción y cómo reflexiona acerca del conflicto.

Obviamente, éste no es el único modo de analizar la prensa de izquierda; es solamente una entrada que tiene como pretensión la posibilidad de proyectarse sobre el análisis de materiales concretos. Otra vía interesante podría ser el estudio de las condiciones de recepción de la prensa de izquierda; por ejemplo, qué tipo de lectura se realiza hoy a diferencia de la que se podía realizar en los meses previos al 19 y 20. Esto es, de qué modo la rebelión popular afectó la percepción de los lectores (hasta los más periféricos). Pero no vamos a trabajar sobre la recepción sino sobre la producción de la prensa de izquierda.

---

1 Santiago Gándara es docente en colegios de adultos, institutos terciarios y en la Carrera de Comunicación (UBA). Ha publicado libros y capítulos sobre semiología, industria cultural, literatura y lengua. Produjo dos programas radiofónicos: *La oral porteña* y *Desde el aula*. Colaboró en revistas de educación y comunicación, y publica en boletines sindicales y prensa partidaria. Es secretario gremial de la Asociación Gremial Docente de la UBA. El texto que aquí se publica corresponde a la desgrabación de la intervención de Santiago Gándara en el Seminario Medios y Conflicto Social, organizado entre el 17 de mayo y el 7 de Junio de 2002 en la Facultad de Ciencias Sociales de la UBA por la Secretaría de Prensa del Centro de Estudiantes y la UJS – Partido Obrero.

Empecemos entonces con el eje de la verdad. En realidad, pensé mucho si debía empezar por acá: desde la semiología hasta los estudios culturales, en el ámbito académico hemos tenido un largo aprendizaje que nos permite ser bastante cautos con respecto al tema de la verdad. Estas disciplinas nos han enseñado que el lenguaje no transparenta la realidad sino que más bien la opaca, que hay una serie de mediaciones producidas por el lenguaje que hace que nosotros no comuniquemos directamente la realidad. Charles Peirce, por ejemplo, sostenía que los interpretantes —los sentidos, digamos— no remiten a lo real sino a otros interpretantes en una cadena ilimitada. Sin embargo me parece interesante plantear el tema de la verdad por una razón central: la prensa de izquierda postula y se postula como una prensa que trabaja sobre la verdad. Es un tópico de la prensa de izquierda. Y un desafío.

Lenin decía que hay que "desarraigar la costumbre de la mentira, mostrar al pueblo en toda su desnudez quiénes son los enemigos que lo agobian"[2]. Ustedes pueden encontrar cinco mil citas como ésta. No sólo en Lenin sino en todas las figuras importantes de la tradición marxista. No es casual que uno de los periódicos de la Rusia pre-revolucionaria se llamara *Pravda*[3], que significa "la verdad". Un nombre que está señalando que sus editores se proponen decir la verdad contra la falsedad difundida por la prensa burguesa.

Se trata de una concepción que contrapone verdad y falsedad, entendiendo por falsedad "ideología", el discurso que opaca las relaciones sociales objetivas, materiales, reales. De allí que, desde esta perspectiva, para poder comprender las relaciones sociales opacadas por la ideología lo que se debe hacer es develar, sacar todos los velos, descubrir la verdad "en toda su desnudez".

Ahora bien, la prensa burguesa no dice otra cosa que eso. Cualquier diario —sea *La Nación*, *Ámbito Financiero* o el diario *La U*— habla de la verdad. El planteo de los grandes medios es, en efecto, "decimos la verdad". Sería bastante paradójico que nos dijeran —en clave semiológica— "decimos el verosímil que nosotros producimos, construimos acontecimientos; representamos a través de sucesivas mediaciones...". No van a decir eso. Dicen "somos la verdad". Incluso apelan a un estilo para producir un efecto de verdad objetiva: evitan la primera persona, citan "fuentes confiables", seleccionan términos menos connotados.

Entonces, si confrontamos la prensa burguesa por un lado y la prensa de izquierda por el otro, ambas se estarían haciendo cargo de la verdad, postularían la verdad. Estoy tentado de decir que alguna miente, pero para no plantearlo en esos términos lo que podríamos proponer es que hay una diferencia radical en la concepción de verdad de unos y de otros.

---

2 "A la memoria del conde Heiden", en *Obras Completas*, XIII, 1907, págs. 45-53. La cita ha sido tomada de Worontzoff, Madelaine, *La concepción de la prensa en Lenin*, Barcelona, Fontamara, 1979, pág. 95.

3 Diario legal bolchevique. Empezó a publicarse en Petersburgo a principios de 1912, con un importante aporte económico de los obreros.

Cuando la prensa oficial habla de la verdad queda muy claro que la está escamoteando, que está ocultando el hecho de que esa verdad es parcializada, es la verdad de una clase (la burguesa). La prensa de un partido, en cambio, tiene un encabezado muy claro: "Éste es el semanario del Partido Comunista Revolucionario (PCR); ésta es la prensa del Partido Obrero (PO)". Es decir, indican que se trata de una prensa partidaria, con lo cual están señalando que la verdad que plantean es la verdad de un partido. Hay un partido que se hace cargo de esa parcialización, mientras que en los diarios oficiales nunca aparece una bajada, ni un eslogan ni un lema que diga: "Éste es el diario que representa los intereses de los sectores financieros internacionales". La perspectiva que fabulan es la de una verdad universal, objetiva porque coincide punto por punto con su objeto, porque no tiene patrón ni enunciador. Nadie la nombra: los hechos hablarían por sí mismos. Ésta podría ser una primera distinción.

Una segunda distinción estaría vinculada a lo siguiente: la verdad que aparece en *Pravda*, o si quieren más atrás, la defendida por Marx, no está centrada en su naturaleza objetiva, en su coincidencia con los hechos. Es una verdad que se demuestra en la práctica. La verdad que postula la prensa de izquierda surge de una deliberación, en principio del propio partido, y de una deliberación posterior que es la de sus propios lectores, y entre ellos sus militantes y sus no militantes. Es una verdad que se pone a discusión entre los sujetos y frente a las acciones. Si los hechos muestran lo contrario —y hay infinidad de ejemplos históricos para señalar en las distintas prensas—, éstas revisan sus postulados, se corrigen, porque el único modo de comprobar si algo es verdadero es confrontarlo con la práctica.

Hay una palabra que se utiliza generalmente tanto en las prensas como entre los militantes: *caracterización*. Cómo se caracteriza un momento, cuál es la característica de una determinada etapa histórica, cómo se caracteriza por ejemplo el conflicto del 19 y el 20. La prensa burguesa lo caracterizó: habló de *estallido*. Ninguna prensa de izquierda lo calificó así. La prensa de izquierda lo calificó, por ejemplo, de "rebelión popular", de "argentinazo" o de "pueblada". Esa caracterización es correcta o no en función de que se demuestre en los hechos que es correcta. Es la práctica concreta la que va a demostrar la veracidad de esa caracterización, la corrección o no de esa verdad. Por eso decía que hay diferencias en las concepciones de verdad, porque en la prensa de izquierda se trata de una verdad que se discute y que se confronta.

En las "Tesis sobre Feuerbach", en particular en la Tesis II, Marx señala: "El problema de si puede atribuirse al pensamiento humano una verdad objetiva no es un problema teórico, sino un problema práctico. Es en la práctica donde el hombre debe demostrar la verdad, es decir, la realidad y el poder, la terrenalidad de su pensamiento. La disputa en torno a la realidad o la irrealidad de su pensamiento aislado de la práctica es un problema puramente escolástico"[4]. Por eso, el riesgo de la prensa partidaria en su conjun-

---

4   Marx, C., "Tesis sobre Feuerbach", en Marx-Engels, *La ideología alemana*, Montevideo, Pueblos Unidos, 1971, pág. 666.

to es que se expone a eso, a que yo la lea y diga "esto no es así" y la discuta, aporte otros argumentos y después trate de confrontarla a través de una práctica concreta.

Todos estos giros en torno a la verdad nos llevan a un texto de Bertolt Brecht cuyo título es, justamente, *Cinco dificultades para escribir la verdad*. Actor, poeta, dramaturgo, Brecht reflexionó también acerca de los medios de comunicación. Muchas de sus reflexiones sobre teatro son, en efecto, extremadamente pertinentes para pensar lo que significa la comunicación. Pero no sólo reflexionó sobre el teatro, al que podríamos definir como un medio de comunicación de masas, sino también sobre la radio, la escritura. Ese texto al que me refiero es de 1932 y, aunque allí no está pensando en la prensa de izquierda —ni siquiera en la prensa en general sino en los escritores, en los artistas—, las reflexiones que plantea son pertinentes para pensar la cuestión de la verdad en la prensa de izquierda.

En 1932, Brecht ya no estaba en Alemania —estaba emigrado—, y escribe *Cinco dificultades...* como una suerte de manifiesto que envía a los escritores de su país para que, aun en la clandestinidad, pudieran seguir discutiendo y produciendo arte. Entonces abre el artículo diciendo: "Hoy en día el escritor que quiere combatir la mentira y la ignorancia y quiere decir la verdad debe luchar contra cinco dificultades por lo menos. Precisa *coraje* para decir la verdad que en todas partes está sofocada; *inteligencia* para reconocerla dado que en todas partes está escondida; el *arte* de tornarla manejable como un arma; suficiente *criterio* para elegir a aquellos entre cuyas manos será eficaz; y finalmente suficiente *astucia* para difundirla entre ellos"[5].

La idea de tornar la verdad "manejable como un arma" es interesante porque constituye un tópico en toda la literatura acerca de la prensa de izquierda, y aun de la prensa alternativa. Éste no es un dato menor, no sólo por el contenido bélico para quienes se postulan como revolucionarios, sino por la interpretación que se hace del discurso.

Cuando Brecht habla del arte de transformar la verdad en un arma, lo que está planteando es la necesidad de que esa verdad sea explicada en sus causas y consecuencias. No basta con presentar una determinada información sino que hay que inscribirla en la red de relaciones lógicas: esto es "causa de" y "consecuencia de". Y cualquier nota de cualquier prensa de izquierda efectivamente intenta explicar causas y consecuencias.

Pero además de plantear estas causas y consecuencias que nos servirían para entender un hecho, otro tema que allí señala Brecht es que todo tratamiento de una verdad o de una información tiene que estar acompañado necesariamente por una salida, por la perspectiva de una salida. Él se pregunta, por ejemplo, para qué sirve decir que estamos en una situación de absoluta barbarie. Nosotros traduciríamos para qué sirve decir que estamos frente a una crisis terminal. Para qué, si al mismo tiempo no somos capaces

5 Brecht, B., "Cinco dificultades para escribir la verdad", en *Escritos sobre teatro*, 2, Bs.As., Nueva Visión, 1970, págs. 205-6.

de plantear una perspectiva de salida a los que están afectados por esa crisis. Esto es interesante porque también es un tópico de la prensa de izquierda; prácticamente los cierres de todos los artículos, todas sus conclusiones, plantean una salida, ese carácter programático que caracteriza las notas de la prensa de izquierda.

Breve paréntesis. Ésta sería una diferencia de Brecht con los contemporáneos alemanes Theodor Adorno y Max Horkheimer. La dialéctica negativa no nos llevaba a ningún lado; más allá de los aportes de estos autores, ninguno sale de la dialéctica del iluminismo sabiendo qué hacer, más bien uno sale de dialéctica del iluminismo rumiando: "estamos en un atolladero histórico, frente a la barbarie absoluta". No es que Brecht esté contestándole a Adorno (aunque confrontaron posiciones); pero efectivamente Brecht dice no sirve de nada plantear que estamos frente a una barbarie si no decimos, al mismo tiempo, que hay una posibilidad de salida, y esa salida es ésta o esta otra.

La otra dificultad que plantea Brecht también es clave: "suficiente criterio para elegir aquellos entre cuyas manos (la verdad) será eficaz". En otras palabras, plantea del problema de la audiencia y el público. A quién está destinado. Es una marca de la prensa de izquierda el hecho de delimitar su público. En el artículo, Brecht sostiene que esa verdad tiene que estar dirigida "a aquellos que pueden tomar partido de esa verdad". La traducción nos permite jugar con la palabra *partido*. Lo que la prensa de izquierda propone es que esa verdad que se está tomando sirva para formar un partido, para construir partido. Tiene que apuntar a un destinatario que pueda sacar partido de ella. Y efectivamente la prensa de izquierda interpela a ese sujeto que puede sacar partido de esa verdad: la clase obrera, los trabajadores, los sectores populares; cada prensa (cada partido) lo define a su modo.

Por último, Brecht señala la "astucia para difundir" la verdad. El autor piensa en el estilo y da algunos ejemplos vinculados a los eufemismos que velan los hechos. La astucia estaría vinculada con un determinado vocabulario, no un vocabulario que se ajuste al objeto, porque eso no existe, sino a términos que produzcan una representación conflictiva, denunciativa, desnuda, del objeto al que alude. No es lo mismo decir "la caída del gobierno de Fernando De La Rúa y Domingo Cavallo" que "el colapso del gobierno asesino y hambreador de De La Rúa y Cavallo". No es lo mismo hablar de la "crisis con los organismos financieros" que hablar del "largo saqueo imperialista" Ese "no es lo mismo" estaría enmarcado en lo que Brecht define como astucia, que supone la presentación o representación de los hechos.

Entonces, las reflexiones citadas son claras para caracterizar a la prensa de izquierda, pero también para diferenciarla de la prensa burguesa. Si tuviéramos que resumir lo que estoy comentando, tendríamos que decir que la prensa burguesa maneja la información —dejemos ahora la palabra verdad— como consumo, porque se trata de mantener informado a un público. Y ésa no es la concepción que aparece en la prensa de izquierda, si no ¿por qué tanta preocupación por hacerla un arma, por buscar aquellos en cuyas manos sea más eficaz, si sólo se trata de consumir? No es ésa la perspectiva.

En la prensa de izquierda la información sirve para la acción. Nos interpela pero no para construir un "público" sino para construir un sujeto de acción, un activista, un productor.

Esquematizando, podríamos decir que la información de la prensa burguesa mediatiza, frente a la prensa de izquierda que trata de romper esa mediación, puesto que toda mediación distancia, separa, aísla. La prensa de izquierda, para romper esa mediación, nos interpela constantemente. Digo algo que es una obviedad pero que a veces perdemos de vista: ninguna prensa oficial invoca a su lector. La prensa de izquierda sí lo interpela: "llamamos a todas las organizaciones", "los convocamos"... Es un medio, pero un medio que trata de disolver la mediación para implicarnos directamente.

II

Esta idea de verdad también se puede asociar, de manera un poco más moderna —aunque el concepto no sea reciente sino que tiene varias décadas—, con el concepto de *contrainformación*. Es un concepto que podemos fechar en la década del sesenta, vinculado sobre todo con las experiencias alternativas. De hecho, casi todas las dificultades que menciona Brecht para construir la verdad se pueden aplicar directamente al concepto de contrainformación, es decir una *información contra*. Tendríamos la información oficial por un lado y por el otro a la información contraria, la que da vuelta la información oficial. El concepto de contrainformación nos sirve para diferenciar prensa de izquierda y prensa burguesa, pero al mismo tiempo nos sirve para diferenciar también prensa de izquierda y prensa alternativa, en términos generales.

Armando Cassigoli Perea recupera diversas definiciones de contrainformación para terminar proponiendo la siguiente: una información que, tomada en sentido contrario a la 'normal' información, le chupa la sangre[6]. Está pensando en la contrainformación como una especie de parásito, que parasita, le chupa la sangre a la información oficial.

En efecto, nos podríamos preguntar de dónde obtiene la información la prensa de izquierda. En gran medida la recibe de sus corresponsalías, que son los propios militantes que están participando en los distintos conflictos. Ahora, esto es limitado. Hay otro conjunto de informaciones que no pueden sacar de otro lado que no sean los propios medios. Es un problema de condiciones de producción: no tienen una agencia todo terreno que pueda producir todo tipo de información, como producen las agencias que dan insumos a la prensa oficial. Entonces se toma la información de la prensa oficial, no sólo de un país determinado, en este caso la Argentina, sino también del extranjero. Lo interesante es la operación que realizan sobre esa información oficial: una operación de manipulación, en el sentido más lato de manipular

---

6   Cassigoli Perea, Armando, "Sobre la contrainformación y los así llamados medios alternativos". En Simpson Grinberg, Máximo, *Comunicación alternativa y cambio social*, México, Premia, 1989, págs.63-71.

el objeto, recortarlo, fragmentarlo; pero también en el sentido más fuerte del término: hacerle decir la verdad que no dice, exprimirla, sacarle la sangre.

Ésta es, entonces, una de las formas del tratamiento de la información en la prensa de izquierda y también en la prensa alternativa: hacerle decir la verdad que reprime, acorralarla hasta que declare su verdad de clase.

La prensa alternativa también recurre a este tipo de operaciones. Pero, en relación con la prensa partidaria, se plantea una diferencia central. Cassigoli apela a la teoría matemática de la información de Claude Shannon y Warren Weaver para concluir que la prensa alternativa apenas produce un "ruido" en el circuito informativo oficial. No alcanza a producir otra cosa, porque no está articulada, o porque no busca una articulación en términos de organización, es decir, no está articulada con un partido o no trabaja en pos de una determinada organización. Para decirlo de otro modo, los medios alternativos —en términos generales— se presentan en lucha contra un poder comunicacional: vamos a comunicar lo que otros no comunican, a decir lo que otros no dicen. Y a veces lo hacen muy bien. Basta pensar en las páginas web de Indymedia, Nodo50, etcétera.

Sin embargo, Cassigoli plantea una limitación y una delimitación, que se vincula con la finalidad. La finalidad de la prensa alternativa es informar de un modo distinto, proponer otra información, construir otra comunicación. La prensa de izquierda, en cambio, no tendría esa finalidad, o por lo menos no de manera prioritaria. No se trata de informar mejor —o de modo diferente— que los otros. No está construyendo poder comunicacional o por lo menos no sólo eso. Si la prensa partidaria se enfrenta a la comunicación oficial no es para construir sólo otro polo comunicativo, sino, centralmente, para construir otro polo de poder. Entonces la prensa de izquierda diría que su disputa es por el poder comunicacional —como en los medios alternativos— y por el poder a secas.

En este sentido podríamos decir que la prensa de izquierda no es una prensa alternativa sino que es la prensa de un partido. Lo alternativo es un concepto muy problemático que termina derivando en una noción demasiado vaga que se va llenando de contenido depende de quién esté hablando o de cómo se lea una determinada práctica comunicacional. Pudo haber sido una noción muy operativa, pero termina resultando un obstáculo. Como sucede con muchos conceptos del campo de la comunicación, lo alternativo se convierte en una palabra valija que alguien llena y emplea como quiere sin terminar de comprender lo que significa. Por eso insistiría en que la prensa de izquierda no es alternativa y en que, al hablar de prensa alternativa, habría que explicar en cada caso concreto su sentido.

III

El otro eje del que hablaba al principio es el de la acción, el acto, que está muy ligado a los temas desarrollados alrededor del eje de la verdad. Podríamos decir que la prensa de izquierda, y en realidad el discurso de la izquierda, tiende a ser performativo. Ésta sería la tesis. Ahora abro un paréntesis para profundizar sobre los actos de habla, si no, no tendría sentido la afirmación.

La filosofía del lenguaje ha tenido un enorme desarrollo en los últimos años. Uno de los autores que forma parte de esta tradición es John L. Austin, un británico que publicó hacia fines de los sesenta un libro que se titula *Cómo hacer cosas con las palabras*. Voy a hacer un muy breve resumen de su teorización que es en verdad bastante extensa y compleja, además de haber sido reformulada. En la primera formulación Austin sostiene que los enunciados que se producen pueden clasificarse en dos tipos: constatativos, que sirven para constatar, que describen la realidad ("hoy llueve", por caso); y ejecutivos o performativos (por ejemplo, cuando un juez dice "lo declaro culpable", no está describiendo un hecho, está haciendo algo, lo está condenando).

El autor después reformula esta distinción y termina planteando que todos los enunciados tienen un carácter performativo, que siempre actuamos con las palabras, pero quiero tomar la primera formulación. Fíjense que en gran medida los enunciados de la prensa oficial tienden a ser constatativos, descriptivos, frente a la fuerte tendencia del discurso de la izquierda a ser performativo, de construir enunciados que quieren ser actos. Para ilustrar cito la *Prensa Obrera* del día 20 de diciembre. Cierra así: "Llamamos a las organizaciones obreras a lanzar la huelga general contra el Estado de Sitio". No está describiendo la acción, está llamando, está realizando un acto, esto es, un llamamiento.

Se trata de que el discurso no sea sólo discurso sino que se constituya en un acto, que produzca, por un lado, un efecto en su destinatario y, por el otro, que sirva para generar una acción: el próximo corte, la próxima huelga o la rebelión popular que seguirá.

Es imposible eludir a Lenin en esta reflexión. Lenin se definía antes, durante y después de la Revolución Rusa como un periodista. Dedica al tema gran parte de su obra. El *¿Qué hacer?*, publicado en 1902, plantea cuáles son las tareas de la prensa; de hecho, el libro es, entre otras cosas, una reflexión acerca de la importancia de la prensa como instrumento para la construcción de un partido. Pero las reflexiones no se reducen a las publicaciones sino a su propia intervención como fundador de periódicos, como periodista, escritor o publicista. En este sentido Lenin desarrolla reflexiones muy puntuales. Planteaba, por ejemplo, la necesidad de que un periódico debía contar con un comité de cinco periodistas profesionalizados y una red de mil, cinco mil, diez mil corresponsales activistas que comunicaran los hechos del modo menos elaborado posible para poder recuperar lo más vivo de los conflictos. Esa vitalidad podía manifestarse en las correspondencias enviadas por los obreros directamente desde su lugar de trabajo. Se preocupaba, además, por cómo elegir el título más sorprendente o por cuál tiene que ser el ángulo del ataque en una nota, etcétera. Es decir, por un conjunto de cuestiones que hacían a su tarea como periodista. Desde la postura de Lenin el periodismo es una suerte de bisagra entre la teoría y la acción políticas.

Ahora, volviendo al punto, decíamos que hay una tendencia de la prensa de izquierda —y es su marca— a ser performativa, y que Lenin podía aportar a esta reflexión. Tomé una cita de "Por dónde empezar", un artículo que escribe en el periódico *Iskra*[7] en 1901, y que después publica en *¿Qué hacer?*. Allí, Lenin define: "El papel del periódico no se limita sin embargo a difundir ideas, a educar políticamente y a ganar aliados políticos. El periódico es no sólo un propagandista y un agitador colectivo, sino también un organizador colectivo"[8]. En esa definición concentra prácticamente toda la matriz de la prensa de izquierda, por eso es muy conocida y muy citada.

La diferencia entre propaganda y agitación, que expresó claramente, está vinculada a dos estrategias de comunicación de la información. La propaganda, decía Lenin, supone muchas ideas que son recibidas por un público restringido, frente a la agitación que es en realidad una sola idea que apunta a un público masivo o mucho más amplio. Uno está tentado a pensar que la propaganda se vincula con los géneros escritos, donde hay posibilidades de desarrollar más ideas, y la agitación con los géneros orales. Pero no es necesariamente así, porque la prensa de izquierda muchas veces combina propaganda y agitación. Es decir que no es lo escrito y lo oral lo que permitiría distinguir una y otra, y esto pese a que el propio Lenin cuando habla de agitación casi siempre está pensando en la intervención en un acto, en un mitin. En realidad la distinción tiene que ver más bien con los destinatarios, por eso se puede pensar que la propaganda está destinada a una vanguardia o a aquellos que tienen más competencias para poder trabajar con ese conjunto muy grande de ideas, y que la agitación estaría vinculada a aquellos con menos competencias, aquellos que leen el conflicto desde la experiencia vivida y que todavía no pueden articularlo con la contradicción central.

Una tercera posibilidad es pensar esta distinción vinculada a ciertos momentos históricos. De hecho todas las prensas de izquierda antes de la Revolución Rusa pasaron por momentos de mayor agitación cuando se aproximaban momentos conflictivos. Digo esto más allá de que propaganda y agitación puedan aparecer en una misma prensa y en un mismo período histórico. Serían como grandes tendencias. La prensa tendería más a la propaganda, y se reservaría la agitación para la intervención oral, pública o para el folleto, el panfleto, el volante.

Pero en esa definición Lenin subraya que el periódico es un organizador colectivo, por lo tanto está pensando que no se trata de tener bien informado al destinatario, o al público, sino de organizar un partido, crear una organización, llevarla adelante. ¿Cómo se ve este carácter organizativo de la prensa? En principio porque en el encabezamiento dice que pertenece al partido tal. Pero además también por una tensión que se observa en toda la prensa de izquierda entre el discurso periodístico y el discurso político, y que no se advierte tan claramente en la prensa burguesa u oficial. Un ejemplo

---

7   *Iskra* (La Chispa): primer periódico marxista ilegal para toda Rusia. Fundado por Lenin en 1900.

8   Lenin, V.I., "¿Por dónde empezar", en *¿Qué hacer?*, Bs.As., Polémica, 1974, pág. 27.

muy puntual es que muchos de los títulos de la prensa de izquierda son consignas políticas: "Por un nuevo Argentinazo". En la prensa burguesa, en cambio, no vamos a encontrar títulos consigna.

Desde el siglo XVIII hasta acá, se fue constituyendo el campo periodístico, es decir, un espacio "relativamente" autónomo. Tal autonomía puede advertirse, por caso, en la elaboración de géneros específicos: la noticia. Un camino similar ha desarrollado la literatura. Si ustedes piensan en la literatura argentina, en el siglo XIX está atravesada por el discurso político; pero ya a fines del siglo se autonomiza, constituye su propio campo: es lo que va de *El Matadero* —cuadro de costumbre, cuento y panfleto al mismo tiempo— a *Juvenilia* —una autobiografía—. A medida que avanza el siglo XX se profesionalizan los escritores, tenemos un campo relativamente autónomo de la política, que logra cierta independencia en la lógica de su funcionamiento, la profesionalización de sus productores, sus géneros.

La prensa burguesa resolvió la tensión entre discurso político y discurso periodístico[9]. Es más, tal autonomía relativa es la coartada que le permite autodefinirse como independiente de los partidos políticos. Esa autonomía no la tiene la prensa de izquierda. Al contrario. Lo propio de la prensa de izquierda es manifestar explícitamente su inscripción partidaria, su "contaminación" con lo político. Tomemos cualquier prensa y no vamos a encontrar géneros periodísticos puros. No vamos a encontrar una crónica del tipo: "El día de ayer se produjo una huelga", ni cabezas noticiosas o editoriales en un espacio estipulado. Todo está editorializado. O más bien, todo el discurso periodístico está tensionado con el discurso político. Por eso los cierres de las notas, para ilustrar el punto, son programáticos. En la prensa partidaria no hay géneros periodísticos puros, porque, sencillamente, se revela como "prensa política".

IV

Pero volvamos a los ejes planteados al principio. Ya trabajamos sobre la *verdad* y la *acción*; el tercer eje es el del *conflicto*.

·   En la prensa oficial existe una dificultad muy grande, por no decir una imposibilidad, de pensar el conflicto. Cuando éste aparece, ¿qué hacen los medios? En primer lugar, borrarlo. ¿Dónde encontramos información sobre los conflictos sindicales? No me refiero a alguna noticia sobre la huelga docente —tratada siempre como el problema de los alumnos que pierden días de clase, por otra parte— o de los trabajadores de una fábrica; sino a una información sistemática sobre los cientos y cientos de conflictos sindicales, movilizaciones piqueteras, etcétera, que se producen en todo el país. En ningún diario.

---

9   Dos aclaraciones. En primer término, la autonomía es relativa. Esto supone que está constantemente jaqueada o en tensión. Por otra parte, es el conflicto el que la pone en crisis. En tales crisis, no sólo está amenazada la autonomía sino que, además, el discurso periodístico burgués alcanza su máxima partidización, se manifiesta explícitamente como "tribuna de doctrina" o vocero de su clase.

Ahora bien, si el conflicto se desborda, crece, se profundiza, la operación de borrado es ineficaz. El grupo *Clarín* tuvo que mandar, al fin, a sus periodistas a las Asambleas Populares o a la Interbarrial. Cuando el hecho es visible, entonces la prensa burguesa sale a cubrirlo (en todos los sentidos del término). Para ello asumen distintas estrategias: una de ellas es naturalizarlo. El conflicto se presenta como desastre natural, como catástrofe. Por lo tanto, sus causas no derivan de la historia sino de la naturaleza misma de las cosas. Y frente a sus consecuencias sólo nos queda el socorro o la plegaria. En la misma tapa del diario conviven el terremoto de un lado y la crisis de la Bolsa del otro, como si fueran episodios análogos.

Otra estrategia es desviarlo: en vez de tomar el conflicto principal, el medio toma un conflicto secundario y lo potencia. Como señala Roland Barthes en su libro *Mitologías*[10], una de las figuras de la prensa burguesa es la "vacuna". Barthes sostiene que los medios masivos, en lugar de denunciar el conflicto principal, sobreabundan con los conflictos absolutamente secundarios: como no pueden tratar la crisis capitalista, entonces "denuncian" la corrupción; como no pueden confrontar con el proceso de concentración económica —los medios han sido quienes más se han beneficiado de ese proceso—, salpican aquí y allí con algunas "fuertes" notas sobre las desprolijidades de la privatización de Aerolíneas.

Ahora bien, el problema se plantea cuando el conflicto adquiere tales proporciones que ya es imposible silenciarlo, naturalizarlo o desviarlo. Por ejemplo, la rebelión del 19 y 20 de diciembre de 2001. Los medios se vieron frente a una situación que no podían metabolizar, que no podían procesar. Por eso la sensación de vacío en las notas o las editoriales de los domingos, esa crispada desesperación de "no sabemos cómo puede terminar todo esto", esa apelación a la voluntad divina que vendrá a orientarnos... Se les acabaron muchos de los recursos que tuvieron.

No sé si ustedes antes o después del 19 siguieron al grupo *Clarín*: antes del 19, en las primeras planas o en alguno de los bloques informativos, *Clarín* desarrolló algo así como un género periodístico nuevo: los "instructivos". Le recomendaban a la gente un procedimiento para sacar la plata del corralito, para habilitar una cuenta o lo que fuera. En Radio Mitre, Marcelo Bonelli atendía llamados de los oyentes que le preguntaban qué podían hacer. Eran todos instructivos. Claro que después del 19 y 20 siguieron un tiempo más, hasta que fue obvio que no sabían qué decirle a la gente. Entonces se acabaron los instructivos, cuya función era, en verdad, plantear la posibilidad de encontrar una salida. Algo así como decir "si seguís estos pasos, podés encontrar un agujero para sacar la plata del corralito". Lo mismo podemos ver en *Página/12*: uno de los primeros editoriales que escribe Horacio Verbitsky a la semana del conflicto lleva como título "Parar la olla", título ambiguo que alude tanto a la necesidad de comer como a la recomendación de que se pare con los cacerolazos.

---

10 Barthes, R., *Mitologías*, México., Siglo XXI, 1980.

En cambio, para la izquierda pensar el conflicto es mucho más sencillo, y por una razón muy simple: la prensa de izquierda se constituye como tal desde una teoría que puede pensar el conflicto: una teoría que piensa la lucha de clases no tiene demasiado obstáculo para analizar los conflictos. Obviamente, es difícil entenderlos si lo que se relata acerca del 19 y 20 es que fue un estallido de vecinos manifestantes. *Página/12* menciona a una mujer con un nenito que corre por una avenida: ¿cuál es el conflicto ahí? La izquierda no construye desde esa perspectiva, no habla ni de manifestantes ni de vecinos. Hay diferencias entre sí; hablan de masas, de trabajadores, de jubilados... pero está mejor preparada para reflexionar sobre el conflicto. Es más, podríamos afirmar que las prensas de izquierda, en general, no fueron sorprendidas por el conflicto, y que eso les permitió publicar a los pocos días, o el mismo 20, no sólo crónicas con las particularidades que mencionamos antes sino editoriales acerca del fenómeno.

V

Para terminar este comentario, voy a agregar algunas reflexiones más acerca de cómo la prensa de izquierda se posicionó frente al conflicto. Hay muchas categorías para examinar esta relación, pero planteo una que me parece más, digamos, productiva. Se trata de proyectar sobre la prensa de izquierda —y también, sobre la alternativa— la tensión entre la continuidad y la ruptura. Hay una tendencia en la prensa de izquierda a pensar que las jornadas del 19 y el 20 no implicaron un quiebre, una ruptura con lo anterior, sino una continuidad. Lo cual no quiere decir que no se hable de una nueva etapa; esta expresión está pero se insiste centralmente en la continuidad.

El periódico *Hoy*, del PCR, nos ofrece un ejemplo de las diferentes continuidades que se manifiestan. El 26 de diciembre titula "Argentinazo", con una volanta que dice: "El pueblo hizo tronar el escarmiento". No hace falta decir que está citando más directamente a Menem, pero también a Perón. Y abre su crónica diciendo: "Una gigantesca pueblada nacional, un nuevo 17 de octubre". Aparece lo nuevo, pero también aparece la tradición.

Otro ejemplo es el de *Prensa Obrera*, del PO. El 20 de diciembre titula "El pueblo dice basta" y en la bajada se lee la consigna: "Fuera De La Rúa – Cavallo. Asamblea Constituyente, Asambleas Populares". La crónica señala que durante el miércoles 19 se desarrolló en la Argentina una auténtica rebelión popular, "una rebelión que es el producto directo de toda la incapacidad del régimen dominante, la consecuencia de un largo proceso de crisis política y de descomposición económica". Luego señala que la rebelión ha sido engendrada por un proceso histórico que remite al santiagueñazo y al cutralcazo.

Dejemos de lado ahora las diferencias, que son de orientación partidaria: uno de los periódicos remite al 17 de octubre; el otro al proceso histórico de la desintegración del capitalismo. Ambas prensas están tratando de establecer la continuidad que tuvieron estos hechos respecto de un proceso anterior. Establecer una continuidad significa la posibilidad de pensar el conflicto, porque si lo planteamos como una ruptura, como una etapa absolutamente diferente de todas las anteriores, en algún punto estamos impidiendo la reflexión. Es lo que asoma a veces en las Asambleas Populares, en el Colectivo *Situaciones* y, también, en la prensa de Autodeterminación y Libertad: *Otras Palabras*. Esta publicación piensa el conflicto del 19 y el 20 como ruptura: "estamos frente a desafíos apasionantes que nos abren caminos inciertos; ya no hay esquemas, estamos en un camino nuevo..."

¿Qué significa esto? Si reflexionamos acerca del conflicto como continuidad, entonces nos encontramos con categorías para poder pensarlo, para inscribirlo en un proceso histórico más largo y articularlo con otras luchas: el PCR dirá el 17 de octubre; el PO dirá el Cutralcazo, pero ambos lo articulan a una lucha anterior para después pensar la salida en la continuación de esas luchas. Si, en cambio, pensamos el conflicto como ruptura absoluta, ya no tenemos categorías: tendríamos que crear otras nuevas. El escenario es tan novedoso que no sabemos qué hacer... Es decir, si lo pensamos como disrrupción, nos quedamos en el terreno de la incerteza, de la especulación sin terreno a la que son tan afectos muchos agrupamientos para excusarse de intervenir o para hacerlo sin dirección ni programa.

El tema está sujeto a discusión, claro. Pero, ya que nuestro tema fue la prensa de izquierda y el conflicto, ¿para qué empeñarse en buscar *otras palabras* cuando existe una larga tradición teórica y de lucha obrera que nos ha provisto de un arsenal de conceptos y prácticas para pensar y actuar sobre el conflicto? A mediados de los ochenta, en lo que se denominó la "apertura democrática", la prensa de izquierda era recusada por estar fuera de moda. Sus palabras, se decía, son viejas, arcaicas, clisé. El discurso de izquierda debía, entonces, aggiornarse. Es claro: se contrabandeaba una crítica política como crítica de estilo. Pero han pasado dos décadas y, frente a la rebelión del 19 y el 20 de diciembre que todavía sigue abierta, en las calles vuelven las mismas palabras para denunciar la misma barbarie capitalista.

BIBLIOGRAFÍA

Barthes, R., *Mitologías*, México., Siglo XXI, 1980.

Brecht, B., "Cinco dificultades para escribir la verdad", en *Escritos sobre teatro 2*, Bs.As., Nueva Visión, 1970.

Cassigoli Perea, A., "Sobre la contrainformación y los así llamados medios alternativos", en Simpson. (comp.), *Comunicación alternativa y cambios social*. Premia, México, 1986, p. 63-71.

Lenin, V.I., *¿Qué hacer?*, Bs.As., Polémica, 1974.

Lenin, V.I., *Acerca de la prensa y la literatura*, Bs.As., Anteo, 1985.

Marx, C. y Engels, F., *La ideología alemana*, Montevideo, Pueblos Unidos, 1971.

Primeras planas de *Prensa Obrera* (Partido Obrero) y *Nuestra propuesta* (Partido Comunista) del 20/12/01, y de *Hoy* (PCR), del 26/12/01.

Worontzoff, Madelaine, *La concepción de la prensa en Lenin*, Barcelona, Fontamara, 1979.

Los piqueteros y los medios: ¿por qué hablar de comunicación?

Pascual Ignacio Calicchio[1]

Samir Amín sugiere en su artículo "Capitalismo, imperialismo, mundialización" que "las tendencias de la evolución del capitalismo contemporáneo se articulan en torno al refuerzo de lo que he llamado los 'cinco monopolios' que caracterizan a la mundialización polarizante del imperialismo contemporáneo: 1) el monopolio de las nuevas tecnologías; 2) el control de los flujos financieros a escala mundial; 3) el control del acceso a los recursos naturales del planeta; 4) el control de los medios de comunicación; 5) el monopolio de las armas de destrucción masiva"[2].

Y resulta que a muchos se nos ocurrió luchar contra esta tendencia y hoy estamos pensando desde los movimientos populares cómo hacerlo. En el caso más específico de quienes militamos en las áreas de prensa, comunicación, audiovisuales o como se denomine en cada movimiento, nos toca la tarea de dar batalla al monopolio de las nuevas tecnologías y el control de los medios de comunicación. Debo admitir que ante tamaño enemigo me sentí pequeño. ¿Cómo enfrentar a monopolios cada vez más concentrados desde un movimiento como Barrios de Pie donde la mayoría de sus integrantes provienen de los sectores más humildes y postergados de nuestro pueblo? ¿Cómo pensar en democratizar las comunicaciones desde un movimiento donde la mayoría de las familias vive con 150 lecops[3] al mes, algo así como 50 dólares, o un dólar y medio por día?

Cuando en un país de 36.000.000 de habitantes, 18.500.000 están por debajo de la línea de pobreza y el hambre se vuelve cotidiano, hablar de la comunicación y la cultura puede parecer un tema secundario, pero no lo es. En estas líneas voy a tratar de reflejar algunos debates que desde el año pa-

---

1 Miembro del Equipo de Comunicación del Movimiento Barrios de Pie.
2 Amín, Samir, "Capitalismo , imperialismo, mundialización". En Seoane, José, y Taddei, Emilio (comp.), *Resistencias Mundiales (De Seattle a Porto Alegre)*, Buenos Aires, CLACSO, 2001.
3 Lecops: bono emitido por el estado nacional argentino y utilizado como moneda en lugar del peso.

sado se vienen dando en relación a los movimientos sociales y los medios, y acotando más el espectro, entre los "piqueteros" o "movimientos de trabajadores desocupados" y los medios.

¿Cómo llegamos hasta acá?

El tema de la comunicación alternativa, popular o comunitaria, según diferentes concepciones, fue parte del debate en los movimientos populares y también en el ámbito académico latinoamericano fundamentalmente desde la década del ´60 en adelante. En algunos casos esos debates confluyeron con experiencias más o menos exitosas como Radio Venceremos en El Salvador, los grupos de Cine de Base y Cine de Liberación en Argentina, las radios mineras bolivianas, por mencionar algunas al azar: sobre ese tema hay otros artículos interesantes en este libro; las que siguen son sólo impresiones personales que me quedan de mi relación con estos medios en los últimos años y vienen a cuenta de ubicarnos en el marco desde el cual empezamos a trabajar el tema medios.

Las derrotas sufridas por los movimientos populares como consecuencia de las dictaduras que asolaron nuestro continente en los setenta y ochenta provocaron un quiebre con esas experiencias y un vacío en el terreno teórico. Estos temas pasaron a ser marginales, se debatían en alguna cátedra de la facultad, en algún movimiento, algunos grupos juveniles impulsaban fanzines de baja tirada, los partidos de izquierda tenían sus prensas. Al calor del regreso de la democracia hubo experiencias comunicacionales interesantes incluso al interior de algunos medios tradicionales, muchos de los cuales todavía estaban en manos del Estado. Pero ninguna de estas experiencias estaba ligada a los movimientos sociales sino más bien al impulso de algunos periodistas "progresistas", como fue el caso de Radio Belgrano, la revista *El Porteño*, *Crisis*, *El Periodista*, entre otras. Un caso distinto fue el de *Entre Todos*, que en su primera etapa articulaba a diferentes sectores sociales y políticos hasta que pasó a ser el órgano de prensa del MTP y perdió su impulso inicial. Estos proyectos declinaron cuando empezó a declinar la "primavera democrática".

Quizá lo que más expectativas despertó fue el surgimiento y el desarrollo explosivo de las FM de baja potencia que muchos vislumbraron como la posibilidad de una nueva forma de comunicación pero que terminaron siendo cooptadas en su mayoría por los medios tradicionales, los punteros políticos, los pastores electrónicos, etcétera.

La década menemista combinó una fabulosa privatización, concentración y extranjerización de los medios con un repliegue en las luchas y la organización popular que se refugiaron en pequeños espacios de resistencia. Los periodistas dispuestos a jugarse y los oídos dispuestos a escuchar otras voces eran escasos.

Al tiempo que esto pasaba, se creaba y crecía la Carrera de Ciencias de la Comunicación en la UBA, que se incorporó a la Facultad de Ciencias Sociales, y nacían muchos institutos privados como TEA y algunas escuelas de cine o producción audiovisual (la última creación fue la carrera de Diseño de Imagen y Sonido en la Facultad de Arquitectura de la UBA). Con las reformas en el sistema educativo también se incorporaba Comunicación Social como orientación en el secundario y el polimodal. La comunicación se transformó en la moda del momento. Allí se fue formando una nueva camada de periodistas, comunicadores, videastas, fotógrafos que ya no tendrían ese toque bohemio que acompañaba al periodismo de otras épocas y que se enfrentaban a una realidad laboral marcada por la ultraflexibilización, los despidos, los contratos basura, el predominio de lo audiovisual por sobre la gráfica, el desarrollo de nuevas tecnologías, etcétera.

19 y 20: Que se vayan todos, ¿los medios también?

Hasta el año 2001 solía darles a mis alumnos de periodismo del colegio secundario un texto de un radialista llamado José Ignacio López Vigil, que data del año ´97. Después de hacer un recorrido por la historia de la radio citaba una encuesta de ICP/Research que preguntaba "¿en quiénes creen los latinoamericanos?" Donde los parlamentarios en pocos casos llegaban al 15 %, los partidos políticos al 27% y así sucesivamente con jueces, sindicatos, policías, empresarios, presidentes, con el sistema político y económico en general. Sólo se salvaban las iglesias con un 61% de credibilidad y los medios de comunicación: dos de cada tres ciudadanos de nuestros países estaban convencidos de la verdad de lo que dice y muestra la prensa, la radio y la televisión. Como conclusión planteaba que los medios cumplían tres nuevos roles: legitiman lo que transmiten, establecen la realidad y representan a los ciudadanos[4].

En el 2002 ya no les di ese texto. Algo había cambiado en la relación entre los medios y la gente, por lo menos con los que se habían movilizado de alguna manera el 19 y 20 de diciembre, los que habían salido con su cacerola el 19 y se vieron en la tele y cuando volvieron a salir el 28 y ya no aparecieron. Por primera vez se realizaron escraches a los medios que fueron sistemáticamente ocultados y empezó a crecer el interés por debatir el rol que estos cumplían en la sociedad. El tema "medios" empezaba a ser parte de la agenda de los movimientos sociales.

"'Nos mean y los medios dicen que llueve', 'Vos lo viste, no dejes que te sigan mintiendo'. Estos graffitis y otros más tuvieron su irrupción en los acontecimientos del 19 y 20 diciembre del 2001. La rebelión popular no sólo se manifestó en contra del sistema político actual, sino también en contra de sus formas culturales de expresión. Uno de los ataques frontales fue dirigido hacia los medios masivos de información como aparatos tergiversadores del protagonismo del pueblo en las calles. Los escraches a los multimedia

---

4   José Ignacio López Vigil. *Manual Urgente para radialistas apasionados,* Quito, Ecuador, Mayo 1997.

impulsados por el movimiento asambleario ilustran el repudio hacia los mass media", escribe el colectivo de ANRed[5].

En las clases ahora pasaba los videos de Argentina Arde donde Canal 13 y Radio 10 eran rodeados por cientos de manifestantes. La complicidad de los grandes medios con el golpe que poco después se dio en Venezuela no hizo más que profundizar esta desconfianza. Si bien ya había una importante cantidad de experiencias en comunicación comunitaria y varios movimientos debatían sobre esto, en esa etapa fue el movimiento asambleario el que entre sus reivindicaciones incorporó la democratización de las comunicaciones y se movilizó contra los medios dándole visibilidad al tema.

Siguiendo con la nota de ANRed: "Después de los sucesos del 19 y 20 del año pasado, se afianzó la necesidad de utilizar la comunicación alternativa como una herramienta que desmistifique y desnaturalice la representación que los medios masivos hacen de la realidad. Y esta demanda se vio reflejada en la aparición y el crecimiento de distintos proyectos alternativos en comunicación"[6].

Nuevos protagonistas

Se da entonces una conjunción que va a permitir el surgimiento de nuevos proyectos en comunicación popular: una masa excesiva de estudiantes y egresados de las universidades y escuelas de periodismo, comunicación, cine, fotografía (sólo Ciencias de la Comunicación de la UBA tiene alrededor de 8.000 inscriptos), una creciente politización de ese sector, un crecimiento en la organización social y del interés en esas organizaciones por el tema de la comunicación, los medios, la prensa, una pérdida importante de la credibilidad por parte de los grandes medios de comunicación, un desarrollo tecnológico que facilita la realización de materiales a bajo costo y en forma rápida, un interés a nivel internacional por la problemática argentina que se traduce en la visita a nuestro país de una importante cantidad de documentalistas, periodistas, fotógrafos, en la posibilidad de distribución y difusión en el exterior de lo producido, en la obtención de fondos para desarrollar proyectos.

De este cóctel surgen nuevos medios alternativos y otros que ya habían dado sus primeros pasos dan un salto tanto en lo cualitativo como en la llegada a nuevos sectores. Estos nuevos medios, si bien no son orgánicos de ninguna organización, pueden ser considerados "orgánicos" en el sentido amplio del término gramsciano ya que conciben al periodismo como una práctica militante.

La mayoría se ha desarrollado a partir de Internet (Red Eco Alternativo, Cono Sur, Indymedia, Red Acción) y en algunos casos acompañan ese trabajo con algunas publicaciones gráficas. La falta de conexión a internet de grandes sectores de nuestro pueblo sumado a las dificultades que tienen los

---

5 Colectivo ANRed, "La comunicación alternativa no es sólo contrainformación, es cultura antagonista", en http://www.argentina.indymedia.org/news/2003/01/75851.php
6 Ídem.

medios gráficos por el aumento del costo de impresión y las dificultades para la distribución marcan los límites que tienen este tipo de medios.

También se desarrollaron una importante cantidad de grupos de cine y video que intentan retomar la tradición de los grupos de la década del '60 y '70, resurgiendo la figurada de un director olvidado como era Raymundo Gleyzer. Algunos se vincularon al movimiento piquetero y al de fábricas tomadas, generando una prolífica serie de materiales que incluso fueron proyectados en festivales internacionales.

Las radios han quedado a la retaguardia en este proceso fundamentalmente por los problemas legales y las presiones del COMFER que ha retomado la vieja práctica de decomisar equipos y perseguir a las radios comunitarias. La reciente inauguración en Santiago del Estero de FM del Monte, una radio bilingüe (quechua-castellano) impulsada por el Movimiento Campesino de Santiago del Estero (MOCASE), a la que piensan sumar seis radios más, puede marcar un nuevo camino en este terreno.

Todavía con muchos problemas empieza a surgir, a la par del cuestionamiento a los grandes medios, una nueva generación de periodistas comprometidos con las luchas sociales que comienzan a debatir qué rumbo seguir:

> Entre lo viejo y lo nuevo se van reciclando formas antagónicas de pensar las instancias de producción, circulación y recepción de los mensajes, enmarcadas en un nivel de horizontalidad. Es así como los mensajes informativos empiezan a desplegar significaciones y visiones de mundo desde el punto de vista de los sectores sociales del campo popular. En este sentido, la comunicación puede convertirse en el arma de la cual las organizaciones populares deben apropiarse para utilizar en su lucha por el cambio en los procesos sociales.
>
> Un amplio abanico de producción simbólica se despliega en el campo cultural alternativo, que va desde boletines locales comunitarios, prensas mensuales contrahegemónicas, programas radiales de contrainformación, películas y documentales independientes, redes de contrainformación virtual hasta gacetillas, comunicados de prensa y agencias de noticias alternativas. Si hay algo que une a todas estas experiencias alternativas es la tendencia hacia una lectura crítica, causal e histórica de la realidad y, consecuentemente, su oposición al arbitrario cultural que ayudan a construir los medios masivos[7].

En el primer congreso abierto que realizara en 2002 la nueva Federación Universitaria de Buenos Aires (FUBA), que pocos meses antes había ganado un frente opositor a la Franja Morada, dos de las comisiones trataron estos temas y ahí se planteó un primer debate: los videastas participaron mayoritariamente en la comisión de cultura, los medios electrónicos, gráficos y radiales en la de comunicación alternativa. ¿Artistas o periodistas? ¿Periodistas o militantes de la palabra? ¿Pueden separarse cultura y comunicación? ¿Autónomos o parte de una construcción que va más allá de lo comunicacional?

---

7   Ídem.

Después del estallido: los piqueteros ganan los medios

Originalmente fueron variando su nombre entre "fogoneros", cuando aparecieron en Cutral Có quemando gomas y reuniéndose alrededor de los fogones, y "piqueteros". Si bien detrás de esa diferencia en los nombres existían también diferencias de criterio sobre cómo actuar, con el tiempo fue quedando el segundo, término que remitía a una vieja tradición obrera como eran los piquetes en la puerta de las fábricas, uniendo de esta manera la lucha actual con la memoria histórica.

Los medios a su vez necesitaban nombrar a este nuevo fenómeno que surgía en las provincias arrasadas por la crisis económica, sembradas de pueblos "fantasmas" como consecuencia de las privatizaciones que cerraban empresas petroleras, pueblos por donde pasaba el tren, metalúrgicas, etcétera, por lo que empezaron a hablar de los piqueteros y a instalar esa palabra en el resto de la sociedad, generalmente con una connotación negativa.

Así, poco a poco, los trabajadores desocupados que pedían ser tenidos en cuenta por un sistema político y económico que los sumergía en el olvido fueron viendo que al cortar la ruta aparecían los medios y eso los hacía "visibles", y cuando se hacían "visibles" aparecían los políticos que siempre habían hecho la vista gorda, preocupados porque su imagen no se viera afectada, se disponían a atender los reclamos y se iniciaban negociaciones.

Los cortes se fueron extendiendo y ya no se daban solamente en provincias "lejanas": se instalaron cada vez más cerca de la Capital Federal, que como todos sabemos es el lugar donde atiende Dios y fundamentalmente en el corazón del aparato justicialista, La Matanza. Cuando los piquetes llegaron allí el fenómeno adquirió dimensión nacional y los medios fueron a ver que pasaba.

Pero sin duda fue después del estallido del 19 y 20 de diciembre del 2001, a pesar de no haber sido los protagonistas principales del mismo, cuando los trabajadores desocupados se convirtieron en el principal sujeto político movilizando miles de compañeros a lo largo y ancho del país, construyendo cientos de comedores populares, organizándose, formándose políticamente, convirtiéndose incluso en referencia para un sector de la clase media. Y fue en ese momento cuando miles y miles se hicieron cargo de esa palabra, le dieron una connotación positiva, se sintieron identificados con ella y la gritaron con fuerza en las calles: ¡Piqueteros carajo!

Agentes de Kaos

La irrupción mediática de los piqueteros no fue gratuita. La exposición mediática permitió hacer conocer a los movimientos, sirvió de colchón para frenar la prepotencia policial, ayudó a que los reclamos sean escuchados, pero a la vez los enfrentó a otros sectores sociales. Este proceso tuvo idas y vueltas a los largo de 2002 y 2003. Hay varios casos que son interesantes para ver la relación que se estableció entre los medios masivos de comunicación y los compañeros. En el 3º Foro Social Mundial que se realizó en enero de

2003, desde el Equipo de Comunicación del Movimiento Barrios de Pie organizamos un taller sobre este tema donde participaron una importante cantidad de movimientos y medios alternativos de Argentina y otros países.

El taller comenzó con una exposición de Martín Echenbaum y Pablo Alaolla de la agencia Cono Sur, quienes analizaron cómo se daba esta relación. Primero hablaron del marco social en el que se empezó a discutir sobre los medios en la sociedad: "...el 19 y 20 de diciembre del 2001 fueron también una ruptura de un cerco informativo que estaba imperando sobre Argentina, mucha gente se dio cuenta que los medios de comunicación no eran justamente los que mostraban la realidad sino los que representaban la realidad y eso fue un poco lo que provocó la apertura de nuevos espacios de participación dentro de la sociedad y entre ellos nuevos espacios de comunicación alternativa. Uno de ellos es Cono Sur, que comenzó a trabajar en enero del 2002".

Y del marco económico: "Es importante tener en cuenta el problema de la concentración mediática y el monopolio de los medios de comunicación en Argentina y la cuestión de la propiedad de las tecnologías. Cómo unos pocos medios de comunicación, unas pocas empresas, conglomerados, podían tener acceso a gran parte de las tecnologías, podían transmitir con distintos soportes los mismos mensajes creando de esa manera efectos de 'verdad' bastante importantes. Desde un primer momento es importante tener en cuenta desde dónde se está hablando, quién está hablando, quién es el propietario de ese medio y qué intereses están en juego. Por supuesto esta concentración mediática no se puede desvincular del proceso de concentración económica en la Argentina de los últimos años"[8].

Para pasar a los ejemplos concretos que permitieron ver cómo los medios fueron presentando a los piqueteros y cómo el resto de la sociedad (fundamentalmente la clase media) los fue viendo, señalaron:

> Para dar un ejemplo de esta ruptura del cerco informativo decidimos tomar ejemplos vinculados al movimiento piquetero. Uno tiene que ver con la marcha piquetera que en febrero de 2002 ingresó a la Capital Federal mientras sucedía el 2º Foro Social Mundial en Porto Alegre. En esa llegada de los piqueteros a la Capital los grandes medios de comunicación esperaban que como siempre los comercios cerraran sus ventanas, cerraran sus puertas, que los vecinos tuvieran miedo de la llegada de los piqueteros y pasó todo lo contrario. Las asambleas barriales que recién habían nacido y los comercios les ofrecían comida, los acompañaban en su marcha, los vecinos bajaban de los edificios a darle el desayuno a los piqueteros. Entonces acá nos interesa introducir el concepto de representación.
>
> De alguna manera la representación mediática de los piqueteros como vagos, como "falsos pobres" porque los pobres no son los que salen a pedir, no son los que se organizan, los que cortan las rutas, los que perturban el orden. De alguna manera esa representación creemos que dejó de funcionar para mucha gente. Una socióloga argentina que se llama María Pía López dijo hace po-

---

8   Echenbaum, M., y Alaolla, P., intervención en el Taller sobre Comunicación del Tercer Foro Social Mundial, Porto Alegre, Enero 2003.

co que la constitución mediática de la realidad tiene éxito cuando no existe la experiencia, cuando se suprime la experiencia que es la dimensión real de la vida se provoca el endiosamiento de la palabra mediática. Quien no participa de las luchas, quien no va a las marchas, quien no puede acceder a la universidad ¿cómo no va a creer eso que los medios de comunicación repiten día a día? Cuando salimos a la calle de alguna manera esa representación del mundo se quiebra. El problema de la representación es que uno tiende a creer que lo que existe en los medios es la realidad.

Los medios de comunicación masivos lo que hacen es esconder ese proceso de construcción y de representación de la noticia bajo esta ilusión de la objetividad, de la naturalidad de los hechos, se proponen distintos puntos de vista que tienen que ver con los intereses que tienen estos medios de comunicación. Entonces hay que tener en cuenta también esto a la hora entender un medio de comunicación y a la hora de ver cómo se habla de los piqueteros en un medio de comunicación de masas[9].

Es importante ver cómo el estado de movilización y debate en que se encontraba la clase media en esos momentos va a influir considerablemente en su forma de consumir los medios y de ver a los piqueteros. Un año después la realidad no sería la misma:

En ese momento, febrero del 2002, nace la nace la consigna "piquete y cacerola, la lucha es una sola" y a partir de entonces tanto en televisión como en radio como en los periódicos, se sorprenden de que sea posible que la clase media acepte a quienes se supone que eran sus enemigos, son pobres y por lo tanto son violentos. Sorprendente para estos periodistas porque esto era una cosa bastante lógica. Por otro lado yo recordaba que para principios del 2002, previo a estas manifestaciones. hubo escraches a distintos medios grandes como es el caso de canal 13 que responde al grupo Clarín o también a Radio 10 que pertenece a Daniel Hadad. Hubo esos escraches nos parece en tanto y en cuanto no se representaba en los medios aquello que por ahí estaban viendo en la calle y el caso más claro me parece el del 28 de diciembre del 2001, cuando al día siguiente cae Rodríguez Saá y sorprendentemente hubo una movilización impresionante que prácticamente no fue mostrada por los medios, al igual que el 25 de enero del 2002, cuando se hizo una movilización contra Duhalde y tampoco fue mostrada. En ese sentido me parece que dentro de la ruptura cambia la representación, ya los medios dejan de tener esa solidez[10].

Esta atracción que en un determinado momento sintió la clase media por el movimiento piquetero llegó también a las universidades. Diversos trabajos y tesis tuvieron como objeto a los piqueteros. Constantemente nos llegan pedidos de estudiantes solicitando información o permiso para filmar en algún comedor. A raíz de otro debate similar al de Porto Alegre, pero esta vez realizado en el Comedor Los Castorcitos de la Villa 20 de Lugano, nos llegaba un trabajo de un estudiante de sociología de la USAL, Ignacio Aguiló, quien en su tesis para la licenciatura en sociología planteaba que "cuando se

---

9 Ídem.
10 Ídem.

trata de noticias sobre movimientos sociales, pocos medios de comunicación desempeñan un rol comunicativo tan prominente como los informativos. Tal como dice Van Dijk, 'la mayor parte de nuestro conocimiento social y político, así como nuestras creencias en el mundo, emanan de las decenas de informaciones que leemos y escuchamos a diario. Es muy probable que no exista ninguna otra práctica discursiva, aparte de la conversación cotidiana, que se practique con tanta frecuencia y por tanta gente como son el seguimiento de noticias en prensa y televisión'. Puesto que los noticiarios desempeñan una función tan importante sobre el conocimiento que la mayoría de la población puede tener sobre los piqueteros, es importante estudiar su contenido, estructuras y estrategias de producción, como un primer paso para el establecimiento de alternativas en el plano ideológico-mediático"[11].

Después pasa a analizar los discursos de los medios y dice: "Aunque uno de los objetivos originales de esta investigación era establecer una tipología de discursos acerca de la representación de piqueteros en la televisión, una vez realizado el análisis constaté cómo las representaciones no se corresponden enteramente con tipologías, sino que se distribuyen en un continuo conformado por discursos que van desde un discurso demonizante hasta llegar a un discurso victimizante, pasando por una visión intermedia que integra elementos de ambos extremos (discurso paternalista)"[12].

Los tópicos se repiten una y otra vez a lo largo de la historia, desde los gauchos federales, pasando por los fusilados de La Patagonia Rebelde hasta llegar a nuestros días. O los que luchan son violentos, anarquistas, vagos, brutos o un manto de piedad cae sobre esa pobre gente, ignorante, llena de buenas intenciones pero que es fácilmente manipulable.

¿Qué hacer con los grandes medios?

Todos coincidimos en que no se puede confiar en los grandes medios pero que a su vez necesitamos aparecer en ellos si queremos hacer conocer nuestros reclamos en los más amplios sectores de la sociedad. En el Congreso de la FUBA antes mencionado escuché la posición más "extrema", por decirlo de alguna manera, y a la vez la que me pareció más improductiva para la etapa actual. Es aquella que propone que la única solución es la expropiación de medios como *Clarín*. O aquellas que plantean que no hay que hacer nada con estos medios porque son el enemigo y entonces hay que ignorarlos.

Este tipo de posiciones generan impotencia. Si sólo nos queda expropiarlos o combatirlos desde nuestra pobreza en recursos, el poder de los grandes medios aparece como monolítico y todopoderoso. En cambio quienes alguna vez hicimos trabajo de prensa sabemos que se pueden encontrar brechas. Los

11 Aguiló, Ignacio, *Encapuchados y con palos. La imagen de los piqueteros en los noticieros de televisión*. Tesis de grado, Carrera de Sociología, Facultad de Ciencias Sociales, USAL, 2002.
12 Ídem.

compañeros en el piquete se empezaron a preocupar por cómo recibir a los periodistas que venían a cubrir, cómo presentarse, cómo orientarlos para tratar de que muestren lo que a nosotros nos interesa. Algunos movimientos más desarrollados formaron equipos para hacer este trabajo, mandar gacetillas, hacer conocer a sus referentes, conseguir entrevistas.

Intentar caminos propios no es contradictorio con esto: "no hay que dejar de lado la importancia de la opinión pública construida por la agenda de los medios hegemónicos. Ignorar la influencia massmediática sobre la población en general sería no reconocer los efectos ideológicos en la cotidianeidad de nuestras vidas. Por lo tanto, se hace necesario influir sobre la opinión pública con diversas estrategias comunicativas para que los movimientos sociales no queden aislados de cierta porción 'no militante' de la sociedad. Y construir el 'consenso', la legitimación de las prácticas que impulsan las organizaciones de base. Es por esta razón que los proyectos en comunicación alternativa tienen que dar la batalla simbólica hacia adentro, y en forma paralela a los medios masivos"[13].

Tratar de tener una política hacia estos medios no es sencillo y no es sencillo discutirlo con los compañeros que son convocados principalmente por la televisión. Algunos suelen querer hablar de todo y trastabillan, como por ejemplo le sucedió a Beto Ibarra, del Movimiento Territorial de Liberación (MTL), cuando el periodista Mariano Grondona intentó vincular a los piqueteros con la lucha armada, o como le sucede cada tanto a Raúl Castells del Movimiento Independiente de Jubilados y Desocupados (MIJD). En el otro extremo me acuerdo de una anécdota que contó Oscar Kupermann de la Coordinadora de Unidad Barrial (CUBa) en un encuentro entre movimientos sociales y medios alternativos organizado por los corresponsales de FM La Tribu. Allí contó que fueron invitados al programa de Grondona y que como condición para participar habían puesto que a ellos les correspondiera cerrar el programa para que Grondona no hablara después de ellos, y que por supuesto nunca los habían llamado. En cada caso hay que evaluar qué es lo más conveniente.

En otra charla organizada por nuestro Equipo de Comunicación poco después, Natalia Vinelli, que trabaja estos temas, decía al respecto: "Es una tensión muy fuerte la que se da entre los movimientos sociales y políticos y los medios masivos cuando los primeros quieren difundir sus discursos, porque el campo de la comunicación y el campo de la cultura son terreno de lucha también, con lo cual si yo soy del Movimiento Barrios de Pie, de la CTD Aníbal Verón o del Movimiento Teresa Rodríguez y quiero plantear mis posiciones masivamente, evidentemente los medios masivos hoy son estos, entonces ¿qué hacer? ¿cómo hacer? Recuerdo un programa de Mariano Grondona donde habían asistido Néstor Pitrola del Polo Obrero, Beto Ibarra del MTL, Roberto Martino del Teresa Rodríguez y Nicolás Lista de la Coordinadora Aníbal Verón; ésa fue una puesta en escena de todo lo que nosotros tenemos que pensar a la hora de ir a los medios. Porque muchas veces nos pa-

---

13 Colectivo ANRed, op. cit.

sa que los que venimos trabajando en el campo de la comunicación decimos que los medios son enemigos, ésta sería la declaración de principio. Pero ahora, ¿cómo hacemos nosotros con nuestros referentes para que no vayan? (...) Un tema que había diferenciado posiciones fue la posición frente a las elecciones, y pienso que éstas son las cosas que hay que tener en cuenta a la hora de ir a los medios de comunicación. Si vamos cuatro movimientos, tenemos que intentar consensuar antes algunos temas y tratar de no ir hacia los puntos que nos están diferenciando. Hay que ir como un solo puño y plantear las cosas en las que estamos de acuerdo y si no queremos contestar no contestamos, nadie nos obliga a contestar lo que no queremos contestar". Pisamos en terreno que no es el nuestro, tenemos que hacerlo de la manera más firme que podamos.

Otro punto a tener en cuenta es el de los periodistas de los medios. En el piquete o en las movilizaciones a veces se hace difícil diferenciar al medio de los periodistas o camarógrafos y entonces el que recibe el repudio es el movilero. En otros casos lo tienen merecido. Hace poco ponía como ejemplo en una charla lo que nos había ocurrido en la fábrica recuperada Brukman el lunes de la represión, a principios de 2003. Después de que nos habían reprimido con saña, arrojando una cantidad impresionante de gases, balas de goma e incluso de plomo a juzgar por los cartuchos encontrados, la policía encerró a una importante cantidad de compañeros en la YPF de Independencia y Jujuy. El hecho fue conocido porque justo estaba el periodista Miguel Bonasso, que denunció lo que allí estaba ocurriendo.

Con algunos periodistas, fotógrafos y camarógrafos de Indymedia, Argentina Arde, Cine Insurgente y RedAcción, entre otros, fuimos hacia allí en un contexto en el que la actitud militante superaba el objetivo de cubrir lo que pasaba. En el interior de la estación había cientos de compañeros detenidos, rodeados por un cordón de policías, después estábamos nosotros rodeados por otro cordón de policías y vallas. En un momento de relativa calma el cronista de América TV empieza a construir un relato y nosotros a escucharlo. Su relato partía de mostrar un pedazo de botellita de gaseosa de 200 ml con un pedazo de tela atado y decir algo así como "estas son las armas de los piqueteros". Cuando algunas compañeras lo increparon y le preguntaron irónicamente donde había estudiado para decir esas cosas en medio de semejante operativo represivo se enojó e intentó justificarse diciendo que ya en el informe anterior habían mostrado la represión, que el tenía que mostrar todas las versiones, que tenía que ser "objetivo", etcétera. Cuando alguien intentó contemporizar diciendo que entendíamos que tuviera que decir esas cosas por el medio en que trabajaba fue peor, porque intentó demostrar que a él nadie le decía lo que tenía que decir, en una versión porteña de una característica del periodismo a nivel mundial muy bien analizada entre otros por Pierre Bourdieu, quien observa cómo los periodistas internalizan la ideología del medio en el que trabajan y no necesitan que nadie los censure.

Noam Chomsky analizaba esto en relación a la prensa norteamericana diciendo: "Cuando criticas a los medios y dices, mirad, esto es lo que escribe

Anthony Lewis o cualquier otro, se enfadan mucho. Dicen, con mucha razón, 'Nadie me dice que tengo que escribir. Escribo lo que quiero. Todo ese rollo sobre presiones y limitaciones es una tontería, yo nunca tengo ninguna presión'. Lo cual es completamente cierto, pero el tema es que no estarían ahí si no hubieran demostrado previamente que nadie tiene que decirles qué escribir porque dirán lo correcto ellos mismos"[14].

Sin embargo entre los periodistas podemos encontrar otros dispuestos a colaborar con los piqueteros, a escucharlos, a ir y ver el trabajo cotidiano, a denunciar las maniobras represivas, a escribir para sus publicaciones. Incluso algunos movimientos tienen compañeros periodistas que militan en su organización o en organizaciones hermanas. Enfrentarnos con ellos sería un error. Quizás uno de los caminos sea el señalado por Bourdieu: "Revelar las determinaciones ocultas que pesan sobre los periodistas y que ellos, a su vez, hacen pesar sobre todos los productores culturales, no es (¿hace falta decirlo?) denunciar responsables, señalar culpables. Es tratar de ofrecer a unos y otros una posibilidad de liberarse, a través de la toma de conciencia, del influjo de estos mecanismos y proponer, quizás, el programa de una acción concertada entre artistas, escritores, científicos, periodistas, poseedores del (cuasi) monopolio de los medios de difusión. Sólo una colaboración de este tipo permitirá trabajar eficazmente en la divulgación de las conquistas más universales de la investigación y también en la universalización práctica de las condiciones de acceso a lo universal"[15].

En la charla sobre Medios y ALCA que se realizó en la Facultad de Medicina de la UBA en abril de 2003, Gabriela Cabus, Secretaria Gremial del sindicato de los periodistas cordobeses, contó la experiencia que junto a graduados de Ciencias de la Información y compañeros de movimientos sociales están realizando en esa provincia, demostrando que es posible romper el aislamiento y tratar de encontrar esa colaboración de la que habla Bourdieu.

Los desafíos de la alternatividad

Los debates sobre la alternatividad están planteados en otros capítulos de este libro así que no me voy a extender sobre ello. Sólo voy a dedicar unos párrafos al vínculo que existe con los movimientos sociales y a las necesidades que estos movimientos tienen. Como decía anteriormente los medios alternativos dieron un salto importante después del 19 y 20 de diciembre del 2001 pero a la vez mostraron sus limitaciones. Entre esas limitaciones está el desafío de llegar a las bases de los movimientos sociales y fundamentalmente a los más humildes. Hoy son una herramienta muy importante de denuncia, permiten informar en el exterior lo que pasa en Argentina, son un vehículo de comuni-

---

14 Chomsky, Noam, *"¿Qué hace que los medios convencionales sean convencionales?"*. En *Zigurat* N° 2 Revista de la Carrera de Ciencias de la Comunicación de la UBA, Noviembre 2001.

15 Bourdieu, Pierre, *"La influencia del Periodismo"*. En Revista *Causas y Azares* N° 3, 1995.

cación entre organizaciones y llegan a un activismo importante pero no logran romper con un determinado "circuito" militante. Al estar la mayoría sustentado en formatos electrónicos, que son más rápidos y económicos, se limita el universo de receptores ya que si bien el acceso a las nuevas tecnologías se ha extendido no se ha masificado. Y en el caso de los materiales gráficos chocan con un bajo nivel de lectura o la falta de las monedas necesarias para pagar un ejemplar. La radio y la TV, los principales medios consumidos por los compañeros, no han podido ser abordados con éxito desde el campo popular.

Hay algunas experiencias que intentan poner algunos parches en este aspecto pero son muy limitadas. Por ejemplo Karina, coordinadora de Barrios de Pie de la zona de Lugano, en la Capital Federal, nos comentaba que un día organizaron una salida a un locutorio para que las compañeras conocieran la página del Movimiento. Otros imprimen notas interesantes y las difunden a través de fotocopias. La gran cantidad de grupos de documentalistas que han surgido o se han desarrollado (el Equipo de Comunicación de Barrios de Pie, Cine Insurgente, Alavío, Ojo Obrero, Kinocine, Movimiento de Documentalistas, etcétera), intentan poner su granito de arena en el terreno audiovisual. Pero siguen siendo experiencias muy limitadas frente a la influencia de los grandes medios.

No es utópico pensar en medios populares de otra magnitud. La Venezuela actual nos muestra que si frente a la brutal agresión de los monopolios mediáticos que incluso organizan golpes de estado hay un crecimiento de la conciencia popular, el mismo pueblo va optando por las televisoras comunitarias y en muchos barrios ya no dejan entrar a los cronistas de los grandes medios, como nos contaba en la charla de Porto Alegre Gabriela González, de la televisora comunitaria Catia Tve, que fue cerrada ilegalmente en julio de 2003 por el alcalde de Caracas, opositor a Hugo Chávez.

Como decían los compañeros de la Agencia ConoSur en la misma charla, no se trata de hacer un gran medio masivo sino que la comunicación popular y alternativa en su conjunto se masifique y llegue a los sectores populares. De estas charlas que fuimos haciendo a lo largo del último año hay otro elemento que quiero rescatar y es el quiebre generacional que se ha producido entre quienes se identifican con un periodismo comprometido socialmente.

La derrota que produjo la dictadura con su secuela de periodistas desaparecidos y la ofensiva ideológica del liberalismo y el individualismo en los '80 y '90 separó a dos generaciones que es preciso unir. Por un lado han quedado los periodistas más "viejos", con experiencia en el "oficio", que han pasado por grandes diarios, que vivieron la época en que el periodismo estaba asociado a la bohemia, que vivieron el exilio o la censura, que trajinaron redacciones con Rodolfo Walsh y Haroldo Conti, que trabajaron o conocieron épocas donde muchos medios todavía eran estatales, que tuvieron militancias partidarias muy fuertes, donde las principales organizaciones revolucionarias llegaron a tener diarios como *El Mundo* o *Noticias*, donde el medio por excelencia era la gráfica y el público principal la clase obrera que todavía leía los diarios.

Esta generación sufrió cárcel, exilio y muerte, muchos traicionaron, otros se aggiornaron o hicieron lo que pudieron. Algunos están hoy en el staff de los grandes diarios o son docentes o tal vez desocupados. Fueron ellos los que reconstruyeron los sindicatos de prensa al regreso de la democracia, siguieron militando en partidos, se sintieron engañados y en muchos casos se refugiaron en sus cosas y hoy al calor de las nuevas luchas están volviendo.

Por otro lado está una cantidad enorme de jóvenes que no superan los veintipico de años, muchos de los cuales no conocieron el periodismo como oficio sino a través de las escuelas y universidades, que no conocieron al periodismo bohemio sino al periodismo ultraflexibilizado, que no tienen expectativas de poder trabajar como periodistas sino que lo toman como una actividad militante, que desconfían de sindicatos y partidos muchas veces en forma infantilista, que prefieren las redes a los medios centralizados, que tienen como soporte principal Internet y los medios electrónicos, que reivindican a Raymundo Gleyzer y a Walsh pero tienen pocos ejemplos vivos de los que aprender.

Unir estas dos generaciones es un paso importante para generar alternativas que tengan el rigor y la calidad del semanario de la CGT de los Argentinos y la fuerza y la frescura de los nuevos medios.

Para un discurso propio nada mejor que medios propios

Frente a tantos discursos sobre los piqueteros, incluidos los de los amigos, empieza a surgir la discusión sobre el discurso propio. ¿Cómo nos mostramos los movimientos? ¿Cómo nos relacionamos con los grandes medios y con los otros? ¿Hay algo nuevo por hacer o sólo nos tenemos que remitir a los clásicos de la prensa proletaria? En los debates e intercambios también empezamos a conocer las iniciativas y las ideas de las distintas organizaciones y empiezan a aparecer algunas propuestas.

Pero si bien valoramos el trabajo de los periodistas comprometidos y de los medios alternativos, desde los movimientos sociales también empezamos a discutir cómo elaboramos nuestros propios medios, ya que en los casos anteriores, aunque puede haber buena voluntad y afinidad política, siempre existe una mediación. Conocer la voz de los piqueteros sin intermediarios nos va a permitir conocerlos mejor, con sus virtudes y con las debilidades propias de una construcción de pocos años, y a su vez va a ser un elemento educativo y de formación política al interior de los movimientos. Los compañeros que hacen la experiencia de los talleres de periodismo y que pueden empezar a contar su realidad pueden después expresarse mejor y tener más capacidad de análisis. Por eso también nos planteamos articular los talleres de periodismo con los de educación popular.

El periodista Víctor Ego Ducrot, al presentar los talleres de formación de compañeros que después darían los talleres de periodismo en los barrios, planteaba: "El mundo, particularmente América Latina y por consiguiente nuestro país, está siendo escenario de nuevas construcciones sociales. Y esas nuevas construcciones sociales ocupan un lugar destacado los llamados movimientos sociales, los movimientos piqueteros, los movimientos asambleístas; en otros lugares del país y de la sub región los movimientos campesinos sin tierra. Desde los ámbitos académicos algunos los definen como nuevos agentes, como nuevos protagonistas políticos sociales o como agentes emergentes de la realidad política nacional. Ante esta nueva emergencia, ante estos nuevos protagonistas, ante estos nuevos constructores sociales, el periodismo y la práctica periodística se encuentran ante un nuevo fenómeno".

Y precisamente por estar ante un nuevo fenómeno la práctica periodística tiene que rescatar las viejas tradiciones del periodismo militante, pero no repetir los errores de las prensas de una buena parte de la izquierda que se quedan en el consignismo y en las discusiones estériles o incomprensibles para una buena parte de la sociedad.

Siguiendo con Ducrot, podemos tirar algunas puntas, aunque nadie tiene una receta:

> Uno de los elementos distintivos del qué hacer periodístico cotidiano es lo que algunos desde el punto de vista técnico califican enfoque, otros califican intencionalidad editorial, y lo que vamos a determinar en términos teóricos en este taller es debatir un concepto que algunos hemos convenido en definir como "punto de vista". Porque el llamado periodismo alternativo, que es una categoría que también habrá que discutir, no es un hecho nuevo. América Latina, el Tercer Mundo en general, tiene una larga tradición en construcción de periodismo alternativo. Y en América Latina lo que hoy llamamos periodismo alternativo (y que en aquellas circunstancias no se lo llamaba así), surge a la luz de la Revolución Cubana, cuando en el marco de esta revolución se toma una decisión política estratégica en lo comunicacional. No se hablaba de comunicaciones en aquella época pero se funda la primera agencia internacional de noticias latinoamericana e independiente, Prensa Latina, en la cual se aplica en forma muy primaria, de manera todavía esbozada, lo que 30 o 40 años después ya podemos definir como el punto de vista. El punto de vista de agentes distintos a aquellos agentes del protagonismo social, de la construcción social que son los que ejercen el poder.
>
> En aquella época se hablaba del debate informativo para romper el monopolio de media docena de agencias internacionales que eran los que leían, traducían y reproducían desde el bloque del poder la realidad política y social de América Latina. Cuando nosotros ahora hablamos de punto de vista estamos agregando un nuevo concepto que es que además de leer, traducir la realidad desde los bloques antagónicos al bloque de poder, nos vemos obligados a que esa lectura, esa traducción y esa reproducción se haga desde el punto de vista de los nuevos agentes sociales. Que es la mirada propia con la que se pueden ver los mismos fenómenos de la construcción social que son tratados por el resto de la corporación periodística, por el resto del sistema comunicacional integrado, mundializado y globalizado, pero que cada agente social tiene su mirada propia. Y a veces parece hasta necesario decir que en el terreno de la información económica, en el terreno de la información política, esto se visualiza mucho más fácilmente, cómo el movimiento piquetero o los distintos movimientos sociales pueden tener un punto de vista distinto del que puede tener no solamente el bloque de poder sino otros agentes del cambio social. Pero esto es extensivo a todos los fenómenos del área comunicacional y vamos a tratar de demostrar en el taller que el mundo del deporte, el mundo de la cultura, el mun-

do del espectáculo, el mundo aparentemente más frívolo que podría ser el mundo de la actividad social, de la moda, también es plausible de un punto de vista que responda a la mirada de los nuevos agentes sociales[16].

Cómo pensar un medio desde el punto de vista de los piqueteros es un • gran desafío, algunos lo están intentando. Con mayor o menor éxito ahí está la revista del MIJD con lenguaje llano y directo, muy parecido a Crónica, otras experiencias muy vinculadas a los partidos de izquierda como las prensas del PO y del MST; otras que mantienen un lenguaje más clásico como la del MTR; los que se apoyan en las centrales sindicales como la FTV; algunos que trabajan vinculados con experiencias comunicacionales como el MTD con ANRed; algunos que tienen compañeros periodistas de su mismo partido que los ayudan como el MTL. Todas experiencias que merecen ser analizadas y estudiadas más en profundidad, intercambiando ideas y aprovechando las experiencias.

En lo que hace a nuestro movimiento, desde el 2002 venimos trabajando la idea de formar una red nacional con corresponsales en cada barrio donde estemos, aprovechando que llegamos a una gran cantidad de barrios en todo el país, impulsando talleres (ya empezaron en Córdoba, Capital Federal y provincia de Buenos Aires), boletines, páginas de Internet (Tucumán), talleres de fotografía y video, grupos de documentalistas, programas de radio (Rosario, Provincia de Buenos Aires, Chaco), etcétera.

No es fácil. Los recursos son escasos, sacar una revista sale caro, ni que hablar de filmar un video. Pero contamos con los recursos más valiosos que tenemos a la hora de armar un proyecto comunicacional: nuestros compañeros y sus ganas de construir un país mejor para todos.

Bibliografía

Aguiló, Ignacio, *Encapuchados y con palos. La imagen de los piqueteros en los noticieros de televisión*, tesis de grado en la licenciatura de Sociología, Buenos Aires, Facultad de Ciencias Sociales, USAL, 2002.

Amín, Samir, "Capitalismo , imperialismo, mundialización". En Seoane, José, y Taddei, Emilio (comp.), *Resistencias Mundiales (De Seattle a Porto Alegre)*, Buenos Aires, CLACSO, 2001.

Bourdieu, Pierre, "La influencia del Periodismo" en Revista *Causas y Azares* N° 3, 1995.

Chomsky, Noam, "¿Qué hace que los medios convencionales sean convencionales?". En Revista *Zigurat* N° 2, Noviembre 2001.

Colectivo ANRed, "La comunicación alternativa no es sólo contrainformación, es cultura antagonista". En www.argentina.indymedia.org.

López Vigil, José Ignacio, *Manual urgente para radialistas apasionados*, Quito, Ecuador, Mayo 1997.

---

16 Víctor Ego Ducrot, Presentación del taller "La Comunicación a los Barrios" organizado por el Equipo de Comunicación del Movimiento Barrios de Pie, 25 de abril de 2003, Facultad de Ciencias Sociales de la UBA.

El "documental piquetero": en torno a las modalidades de representación e intervención audiovisual

Mariano Zarowsky[1]

Introducción

En los años setenta Fernando Solanas y Octavio Getino acuñaron el concepto de *cine militante* para dar cuenta de —pero también para orientar— las experiencias de cine político argentino y latinoamericano: se preguntaban cómo intervenir políticamente a través del cine. Dos hipótesis guiaban esta definición: a) el cine militante debía subordinarse —ser un complemento o apoyatura— a los objetivos de las organizaciones; b) lo que definía al *cine militante* no era sólo su ideología, o los propósitos del realizador, sino aquello que podía ser "recuperable" en determinada situación para el proceso de lucha. En otras palabras, su orientación hacia un destinatario concreto, su capacidad de ser en la exhibición un acto, un hecho político[2].

Cerca de treinta años después una serie de realizadores y videastas se han lanzado a las aventuras de intervenir políticamente a través del audiovisual; estos grupos retoman, reelaboran, construyen la tradición del *cine militante* argentino[3]. Más allá de las diferencias —de contextos políticos, de

---

1   Mariano Zarowsky es licenciado en Ciencias de la Comunicación. Es docente en la UBA y en la Universidad Popular Madres de Plaza de Mayo. Escribe para medios alternativos, entre ellos, la revista *El Grito*.

2   Solanas, Fernando y Getino, Octavio, *Cine, cultura y descolonización*, Bs.As. Siglo XXI,1973; y Mestman, M. "Notas para una historia de un cine de contrainformación y lucha política", en *Revista Causas y Azares* N°2, Bs. As. 1995.

3   En algunas producciones se hacen visibles las marcas de esta "construcción" que supone determinadas orientaciones en el presente: son un ejemplo las citas fílmicas, o el debate organizado en el Festival de Cine Político, paralelo al de Mar del Plata (verano 2002, registrado en Video Informe Argentina Arde N°2) y el film *Raymundo* (Ardito y Molina, 2002), donde se establece cierta continuidad con el *cine militante* y recuperan algunos debates en relación a las producciones actuales. También la difusión de las experiencias cinematográficas de las décadas del sesenta y setenta es parte de las prácticas culturales de estas formaciones.

actores, del tipo de realizaciones— las producciones actuales tienen en común con aquellas el espíritu de intervención práctica: lo político del audiovisual tampoco se define hoy *sólo* por sus contenidos temáticos, o por su correspondencia con una teoría o un sujeto determinado (elementos que sin duda son relevantes), más bien se definen por ser en sí mismas una intervención, un hecho político: una asamblea barrial, una ocupación, un congreso piquetero, una fábrica recuperada; el audiovisual de intervención política es parte de las situaciones, participa en el desarrollo mismo de los acontecimientos como parte de la difusión de un conflicto, como cobertura frente a la represión, como herramienta de debate y organización.

Entre las condiciones que destacan como determinantes para la emergencia de esta práctica —descontando aquí las que hacen al contexto socio político— deben considerarse las relacionadas con la dinámica del campo audiovisual y el factor tecnológico. Con respecto al campo audiovisual, podemos decir que en los años noventa se dieron una serie de procesos que funcionan como límites y presiones para la emergencia de una serie de *formaciones culturales*[4] *de oposición:* por un lado, la concentración empresarial en el campo audiovisual que precarizó y restringió las posibilidades laborales, al mismo tiempo que restringía las opciones estéticas y el universo del discurso. Por otro lado, la explosión de las matrículas en las instituciones de formación (periodismo, comunicación, cine, video, etcétera) que planteará una contradicción objetiva entre las expectativas subjetivas (socialmente producidas) y las posibilidades de realización. La irrupción de formaciones culturales de diversa índole (también experiencias en el campo de videoarte y el documentalismo) dan cuenta de un intento por resolver — a veces de forma más autogestiva, a veces con características más institucionales— la crisis del campo a nivel material y simbólico[5].

---

4   Tomamos la definición de Raymond Williams, quien distingue las formaciones –"formas relativamente informales de asociación"– de las instituciones culturales. Además de señalar posibles características en lo que hace a la organización interna, por su relación con el campo cultural Williams distingue entre: formaciones de *especialización* (se promueve un trabajo en un medio, rama o estilo particular de producción artística o cultural) *alternativas* (aquellas que aportan medios alternativos a los institucionales para la producción, exposición o publicación de obras) y de *oposición* (cuando además de alternativas se convierten en una oposición activa a las instituciones establecidas o las condiciones generales dentro de las cuales estas existen). Dentro de esta última definición ubicamos a las formaciones culturales que trabajan en el audiovisual de intervención política. Williams, Raymond, *Sociología de la cultura,* Bs. As, Paidós, 1994.

5   "La reconversión de la estructura de los medios al multimedia y la explosión demográfica de las carreras afines con los medios implica un nuevo factor que agrava aun más el ya dramático cuadro de concentración y flexibilización laboral. Lo que fue una constante del funcionamiento del sistema de medios en la Argentina, actualmente adquiere otra importancia por la novedosa presencia de un ejército de reserva laboral de periodistas, diseñadores, cineastas, teatristas, especialistas radiofónicos: pasada la euforia del quinquenio 1990-1995, se ven hoy expuestos a una racionalización económica y laboral contradictoria con las expectativas creadas por entonces". Mangone, Carlos, "Campo de los medios y del periodismo", en Revista *Zigurat,* N°3, Octubre 2002.

Con respecto al factor tecnológico, debe destacarse la utilización del video y el digital. El uso de este tipo de tecnologías deja huellas en el discurso en relación a las posibilidades expresivas, pero fundamentalmente en lo que hace a las condiciones de producción, realización, circulación y exhibición de los materiales. En otras palabras, tomando como referencia al celuloide, cabe concluir que con la extensión de las llamadas "tecnologías de la instantaneidad" se amplían las posibilidades de acceso y registro, se aceleran los tiempos de producción y posproducción, se amplían los espacios y las alternativas de exhibición[6]. Aparece entonces en primer plano la posibilidad de la *inmediatez* y la *instrumentalidad* de la intervención a través del audiovisual. Ya Barthes lo observaba en torno al papel de la radio portátil en la revuelta de mayo del '68: las tecnologías de la instantaneidad *escriben el acontecimiento*. En suma, la *apropiación*[7] de las nuevas tecnologías dejará huellas en las posibilidades —en las modalidades— de intervención audiovisual[8].

A partir de mayo del '68 se instala en el campo de la producción y la crítica cinematográfica la reflexión en torno al lenguaje y las modalidades de representación del cine político[9]. Si —giro lingüístico mediante— deja de concebirse al lenguaje como reflejo del mundo y como vehículo de expresión de determinadas visiones o ideologías (externas a la acción de enunciar en sí) *también la reflexión sobre el cine político se desplaza a los procedimientos de enunciación*. Se hará relevante —como fenómeno político— la reflexión sobre las modalidades de representación audiovisual, en la medida que en

---

6 Para las posibilidades del video en relación al cine, ver Román Gubern, "¿La revolución videográfica es una verdadera revolución?", en *Revista Telos N°9*, Barcelona, 1987.

7 La noción de *apropiación* supone una visión no tecnologista. Las potencialidades democratizantes no se inscriben en las tecnologías mismas. La invención tecnológica está ligada a las dinámicas sociales –se trata de invenciones sociales-, y más específicamente, a la reproducción de las relaciones dominantes. Por lo tanto, su potencial democratizante -que nunca está dado a priori- se resuelve en la dinámica del conflicto social y en las luchas políticas por su *apropiación*. Esta apropiación también es del orden de la invención, en la medida que transforma las determinaciones inscriptas en su seno. Sobre este debate, ver Mattelart, A., y Piemme, J. M., *La televisión alternativa*, Barcelona, Anagrama, 1981.

8 Sin duda esta búsqueda de la inmediatez, asociada al carácter instrumental de la intervención audiovisual, supone una continuidad con las experiencias del cine militante de los '60 y '70. Humberto Ríos, documentalista de dicha generación, sin embargo, da cuenta del salto tecnológico: "Los documentalistas hoy tienen un diseño diferente al de la generación del setenta en tanto que en aquellos años se trabajaba orgánicamente sobre el formato celuloide. Hoy la tecnología les permite a los jóvenes acceder al digital. Con esto tienen la inmediatez que nosotros solíamos buscar en los años setenta y no podíamos lograr porque había que realizar una serie de actividades en el medio; el laboratorio lleva su tiempo, su proceso (...) la reflexión venía a destiempo entre el momento de la producción y la proyección. En cambio, en estos días las nuevas tecnologías permiten ver el material a los diez días. Por eso la presencia en la pantalla tiene una actualidad tan palpitante, tan enorme, tan rica. En Victoria Ciaffone y Marcelo Páez, Revista digital *Otrocampo*, marzo 2002.

9 Casetti. F., *Teorías del cine*, Madrid, Cátedra, 1994.

ella se expresan y construyen posiciones de sujeto —de los actores sociales, del realizador— y representaciones del mundo social e histórico. La noción de enunciación, como huella en el discurso de un posicionamiento subjetivo, como procedimiento (que construye una imagen del enunciador y del enunciatario), revela aquello que hay en el lenguaje de operación práctica, que produce sentido —el sentido es lo que se hace y lo que se dice— e instituye subjetividad. Como discurso social, el lenguaje es una práctica más, y en ese sentido debe ser analizado en sus implicancias políticas[10].

Atendiendo a las premisas esbozadas anteriormente, el análisis que aquí se presenta hará hincapié en las modalidades de representación y enunciación. No porque interesen en sí mismas, sino en la medida que suponen diferentes opciones de construcción política. En la medida que se trata de un discurso instrumental (se ha definido por su orientación práctica a un destinatario y como *acto* político en sí), adquiere relevancia dar cuenta de estas modalidades enunciativas de intervención: se trata de reconstruir en el discurso las huellas de esa orientación hacia un sujeto y sus implicancias. En suma, se trata de analizar qué tipo de intervención suponen las distintas operaciones enunciativas. Mejor dicho: se apunta a los procedimientos para dar cuenta de una política[11].

Dentro de las numerosas producciones que circulan actualmente (en especial a partir de diciembre de 2001), se recortan aquí una serie de documentales sobre el movimiento piquetero: *Matanza*, del grupo Primero de Mayo (1998-2001), *El Rostro de la Dignidad. Memorias del MTD de Solano* (2001), del Grupo Cine Alavío, y *Piqueteros, un fantasma recorre la Argentina* (2001), de Ojo Obrero. Estas producciones, que comparten el período de realización, ponen en escena —como se intentará demostrar— diferentes estrategias enunciativas que, como se ha señalado, suponen modalidades diversas de intervención político audiovisual.

Matanza. La representación del "pueblo" y el mito movilizador

La introducción de *Matanza*[12] presenta un fragmento de tipo expositivo, basado en la disposición "probatoria" del montaje, en función de expresar

---

10 Con respecto a este giro en el análisis cinematográfico afirma Casetti: "Si antes la aproximación al problema solía consistir en reclamar una línea política, definir la naturaleza del cine y mostrar que la segunda enlazaba con la primera, a partir del sesenta y ocho, se invierte el orden de los factores y se trata, ante todo, de identificar los *comportamientos del cine*, luego de *captar sus implicaciones políticas* y, por fin, de proyectar tales implicaciones en toda la sociedad. Más que de la política al cine, se va del cine a la política (...) El cine expresa ciertas instancias políticas que propone a la reflexión de todos". Casetti, op. cit. (Subrayado mío).

11 Si el objetivo es dar cuenta aquí de una acción política (a través de las huellas en el discurso de una orientación, de una interpelación a un destinatario) el análisis debe ser complementado por una indagación que dé cuenta de las prácticas y ámbitos de exhibición y recepción de estas producciones audiovisuales.

12 *Matanza*, Grupo 1° de mayo, dirigida por Rubén Delgado.

una tesis, una argumentación global a partir de cierto efecto de objetividad[13]. El "montaje probatorio" enlaza y pone en relación ciertos hechos históricos para construir una argumentación lógica y racional: el plan liberal y desindustrializador (cuya representación es la figura de Martínez de Hoz) iniciado en la dictadura y continuado en los períodos siguientes (con la excepción de un período), tiene como consecuencia el empobrecimiento y la marginación, la organización territorial —con un método privilegiado de lucha, el corte de ruta— y la represión estatal[14]. Esta modalidad, que permite la exposición de un saber racional sobre el mundo (un análisis social y político de las últimas décadas de la historia Argentina y una apuesta por determinada construcción política) será —parcialmente— abandonada en resto del desarrollo del documental. Será desplazada por una modalidad de representación que dará cuenta de ese proceso *desde la experiencia* de los propios actores involucrados.

El documental, entonces, está filmado en el Barrio María Elena, en La Matanza. El relato trabaja con un hilo conductor dominante: reconstruye la historia de vida de dos dirigentes barriales —Ramón y Nuria— y, a través de ese relato, la experiencia de organización territorial. Estructurado en buena medida a partir de entrevistas a estos dos actores, superpone el relato de las historias de vida privadas, y —a partir de esas voces— el de la organización del movimiento.

Ramón y Nuria cuentan la historia de los primeros asentamientos del barrio, y de sus historias de vida. Mientras en la banda de sonido los entrevistados relatan sus historias personales y los primeros pasos en la organización territorial (asentamientos, salas sanitarias, ollas populares, etcétera), las imágenes ilustran el barrio: chicos jugando, casas humildes, calles de tierra. Por otro lado, se intercalan en este relato secuencias que dan cuenta de otras voces y, a través de ellas, del crecimiento de la organización te-

---

13 Según Bill Nichols, el documental expositivo es la modalidad más cercana al ensayo y al informe expositivo clásico, y es el principal método para transmitir información y dar cuenta de una cuestión. Este tipo de modalidad expositiva hace hincapié en la impresión de objetividad y de juicio bien formado, ya que su objetivo es revelar información acerca del mundo histórico en sí y dar una posición frente a él. Nichols Bill, *La representación de la realidad, Cuestiones y conceptos sobre el documental*. Paidós, Barcelona, 1997.

14 En el fragmento introductorio Martínez de Hoz anuncia el plan económico en 1976. Su voz, se mantiene en la banda de sonido como voz fuera de campo, mientras en la banda de imagen aparecen sucesivamente Menem, De la Rúa y Cavallo, prestando juramento o asumiendo sus cargos. El Himno Nacional ocupa hasta el final de la secuencia la banda de sonido. En la banda de imagen, la secuencia de imágenes fijas o en movimiento dan cuenta del siguiente desarrollo: imágenes de niños pobres y barrios humildes; ollas populares; cortes de ruta, movilizaciones y represión; finalmente, los cortes de ruta y luego una movilización masiva, donde sólo se encuadra y se destaca una columna de la Corriente Clasista y Combativa (CCC). Esta última parte de la secuencia de imágenes coincide con el final del Himno Nacional, cuyo último acorde remata la canción, y la secuencia introductoria: la última imagen de la columna de la CCC se congela varios segundos en pantalla.

rritorial y de la lucha (movilización por materiales para construir casas, por las tarifas de luz a las compañías, por planes trabajar). Los testimonios de los informantes centrales —y de las otras voces— van articulando el relato de las historias y experiencias de vida con el crecimiento de la organización, la evaluación y el análisis político.

Como ilustración o separador (a veces como banda de imagen que se mantiene durante el relato verbal del entrevistado), se utiliza una construcción propia del cine de ficción (también utilizada por el documental de observación o interactivo). El montaje construye una unidad temporal y espacial (a diferencia del "montaje probatorio" que establece una unidad argumental a través de relaciones lógico causales entre determinadas premisas): Ramón camina y recorre el barrio. Se apela a la cotidianeidad y se refuerza su inserción territorial; se construye un espacio geográfico, el barrio, La Matanza, y una unidad temporal, en la medida que este "estribillo" atraviesa buena parte del relato: el dirigente recorre el barrio y al mismo tiempo, en el tiempo del relato, crece la organización política.

Dice Ramón: "(...) esto era todo campo, allá arriba era todo basural. Acá no había luz, no había calle, no había nada (...) y de a poco *nos fuimos organizando a todos los vecinos*, poner una bomba acá, sacar agua (...) hemos pasado muchas necesidades". En su propio relato Ramón confunde y superpone al dirigente con la base; el dirigente *es* la base, es decir, se pretende mostrar como tal, pero a la vez, lapsus mediante, nos revela que no lo es, que está "afuera" y "adentro" (trabaja con los vecinos como si se posicionara exteriormente a ellos). Esta operación (la que intenta contar desde el movimiento y aproximarse a la experiencia) atraviesa el documental: el realizador (a partir de la posición de la cámara) se muestra como un personaje más: sale desde el barrio y "sube", cámara en mano, al colectivo que llevará a los vecinos a manifestar al Congreso. No sólo es una cámara que acompaña desde dentro la movilización, sino que busca la identificación subjetiva: un plano secuencia de las calles y del camino que se deja atrás a través de la ventana del colectivo simula la mirada de los vecinos movilizados.

El relato se basa entonces en una modalidad de enunciación construida a partir del relato de los dirigentes barriales: se habla *desde* la experiencia de los actores. Sin embargo, cerca de la mitad de film, cuando aparece la primer movilización de reclamo político al Estado, se produce un desplazamiento: la aparición de otro personaje que desplaza (comparte) la voz con los dirigentes barriales, y la aparición, por primera vez, de las insignias del movimiento político, Corriente Clasista y Combativa (CCC). Luego de la movilización al Congreso Ramón se refiere por primera vez a Juan Carlos Alderete: *"un tipo que está organizando en el barrio"*. Se fractura cierta linealidad que predominaba en la relación del tiempo del relato (que reconstruía la historia de vida y la del movimiento) con el tiempo cronológico. El dirigente Alderete se inserta extemporáneamente, desde fuera, quebrando un relato que construía una unidad de tiempo y espacio y así garantizaba la presencia y la pertenencia cotidiana de Ramón en el movimiento. Se "inserta" una imagen de archivo de Alderete (en blanco y negro) hablando por megáfono en un reclamo. Se presenta con título: "Juan Carlos, dirigente barrial. 1987".

A partir de este momento, promediando *Matanza*, el relato va dando cuenta del crecimiento de la organización. Se organiza a los vecinos por manzanas y en cuerpos de delegados, se gana en capacidad de movilización y coordinación con otros barrios. Se movilizan, por ejemplo, a la compañía de distribución de electricidad, para pedir materiales a la municipalidad luego de una inundación. Pero a la vez que se mantiene la modalidad dominante del relato (el testimonio de Ramón y Nuria intercalado con momentos de movilización y organización), va creciendo la presencia de Alderete, que se convierte en una de las voces y figuras dominantes. Es el portavoz de la organización frente a las instituciones (la compañía de luz, el Estado) y el que enuncia los planes de lucha a los compañeros del movimiento. Como Ramón, Alderete es entrevistado, mientras recorre el barrio.

Finalmente, el crecimiento político de la organización culmina en un plenario de organizaciones barriales que votan un plan de lucha[15]. Allí aparecerán las insignias de las organizaciones políticas presentes: CCC, Federación Tierra y Vivienda (FTV) y Central de Trabajadores Argentinos (CTA). Los dirigentes Luis D'Elía y Alderete (FTV y CCC respectivamente), son los oradores de los actos y finalmente acuerdan con el Gobierno Nacional el levantamiento del corte. Por último interviene una voz exterior, omnisciente —a través de intertítulos en pantalla negra— evaluando el proceso[16]. Da cuenta de datos estadísticos sobre la deuda externa, los niveles de pobreza y la desocupación.

En *Matanza* el tiempo del relato y el tiempo histórico simulan ser paralelos; y coincide el crecimiento de la organización con el del dirigente (Ramón y luego Alderete). Las entrevistas que estructuran el relato articulan un eje histórico —las historias de vida, las experiencias de los actores sociales y la organización del movimiento social. El crecimiento de la base —el dirigente que *es* la base—, culmina en la organización y el protagonismo del dirigente (el interlocutor que negocia con las instituciones estatales).

En relación a la posición del enunciador, podemos decir que se trata de un movimiento paralelo, aunque en el sentido inverso: un enunciador omnisciente, que en la introducción esboza una hipótesis sobre el proceso social y político, "desciende" y narra desde la experiencia al movimiento. A lo largo del documental son los propios actores sociales, principalmente en la voz de dos dirigentes de base, los que dan cuenta de la miseria y las tareas de organización. Y a diferencia de la enunciación distante a través de una voz omnisciente, encarnación del saber, del logos (enunciación propia de la modalidad expositiva) esta enunciación articula los relatos fragmentarios de los

---

15 Será el plan que durante 18 días, del 5 al 23 de mayo de 2001, mantuvo cortada la ruta Nacional N°3.

16 Enuncia: "Durante 18 días el gobierno de De la Rúa Cavallo trabajó para llevar adelante el desgaste, dividir, aislar provocar y reprimir a los matanceros. La firmeza de los desocupados y la multiplicación de los cortes de ruta en todo el país, puso en cuestión la gobernabilidad en Argentina".

actores sociales y, a través de las historias de vida, el análisis político con la historia de la organización territorial. Y sin embargo los intertítulos finales vuelven a suponer una voz objetiva, externa, que enuncia desde un lugar de saber, da cuenta —y en ese sentido sanciona— el crecimiento de la organización, garantizando la objetividad del proceso.

Así *Matanza* empieza y termina apelando a recursos de una modalidad expositiva, a un enunciador exterior a su objeto, recursos a los que no acude en el desarrollo del documental. Se construye una argumentación lógica (la tesis del documental expresada en la introducción), pero basada en los enunciados fragmentarios, en las experiencias y valoraciones de los sujetos; esta modalidad permite enunciar una argumentación, una visión del mundo —una estrategia y una opción política— y producir un efecto de naturalización: surge del relato, de "la vida" de los propios actores, de sus experiencias y miserias cotidianas. Se muestra un camino lineal y "natural" de organización (parece dado *a priori,* como el crecimiento biológico: sólo debe pasar el tiempo y el sufrimiento), que reporta ciertos beneficios materiales. Se naturaliza, por ende, una opción política: la organización territorial articulada a través de los dirigentes sindicales con el clientelismo estatal se deriva, *por su propia fuerza,* de la trayectoria de vida de los actores sociales, de su lucha cotidiana por la supervivencia. Esta estructura construye un relato de tipo mítico en la medida que vacía de historia lo social. Lo naturaliza.

En el mismo sentido, ciertas evocaciones de la realidad, a partir de la relación entre lo visual y lo verbal, apelan a una identidad ya constituida. En reiteradas ocasiones la imagen sirve de ilustración, de fondo, de aquello enunciado en el plano del lenguaje verbal: la historia de vida del movimiento se embellece con imágenes estéticamente logradas de los actores. Se exhibe un sujeto, los piqueteros, "el pueblo", a través de ciertas figuras metonímicas: *el barrio* y las calles de tierra (por oposición a la ciudad), la pobreza, un rostro cansado, los cuerpos curtidos, chicos vestidos con harapos jugando a la pelota. En fin, el pueblo, lo popular, se representa porque está dado, "ya está ahí". Se apela a la identificación y la rememoración de una identidad preconstituida. Esta representación supone una esencia, un sujeto dado, puro, y en ese sentido se tiñe de ciertos elementos románticos[17].

---

17 En la *concepción romántica* se realiza la operación contraria a la operatoria ilustrada, para quien lo "popular" está excluido del mundo de la cultura y por ende de la representación (sólo puede ser representado como "lo otro"): dicha operación consiste en la exaltación del pueblo donde éste se erige en "espíritu de pureza", describiendo la presencia de una esencia de carácter homogénea. "Lo popular, en las versiones románticas es un mundo diferente que ha sido conservado en su propio espacio aislado y que constituye un universo ingenuo y espontáneo que, por alejado, [...] expresa la autenticidad de una antigua memoria tradicional". Ortiz, R., "El viaje, lo popular y el otro", en *Otro territorio,* Quilmes, UNQ, 1996. Y en *Matanza* está presente esta separación entre espacios: el barrio (el no lugar: los ranchos, las calles de tierra) y la ciudad legítima (el centro del poder, allí donde se viaja a reclamar), así como la exaltación de los cuerpos no legítimos, oprimidos, silenciados.

Si el sujeto político supone una esencia, la política, por ende, es la búsqueda del encuentro o recuperación de un pasado, en la medida que se afirma una identidad preconstituida. Y en ese sentido, a través del mito y la identificación, el audiovisual es una herramienta de movilización.

El Rostro. La imagen como invención del sujeto político

Como ya anuncia el título, *El Rostro de la dignidad. Memoria del MTD de Solano*[18] también aborda el problema de la identidad. Mejor dicho: de la constitución de un sujeto político. Que se aborde como problema supone menos la construcción de un relato o la narración de la historia del movimiento —la historia como operación de lectura, de clausura con respecto a un pasado—, que la construcción de un dispositivo de reflexión para intervenir en el presente, en la construcción de ese sujeto.

La introducción de *El Rostro...* anticipa, entonces algunos ejes que serán objeto de problematización. La primera secuencia se inicia en una marcha del MTD. Sus integrantes avanzan cantando por una calle. En el segundo plano de la secuencia se encuadra una ventana de un local (parece un restaurante); los "piqueteros" pasan (se ven a través del reflejo) y observan. ¿Miran qué hay adentro del local aparentemente cerrado? La secuencia condensa un procedimiento: la imagen devuelve una mirada; aquello que se ve en pantalla es el reflejo —en el vidrio— de un sujeto que se mira a sí mismo y se pregunta por su identidad.

El siguiente plano de la secuencia toma la tapa de un periódico masivo en una parada de diarios: "Miles de piqueteros llegan hoy al centro porteño". A continuación, ya fuera de la marcha, un largo plano secuencia muestra una mujer hablando del MTD en un taller, y a continuación —luego de presentar el título del documental—, una chica acomoda en un banco una hilera de fotos de una movilización.

Esta larga secuencia que conforma la introducción propone como problema, tematiza la cuestión de la imagen y la identidad del movimiento; tematiza también —contrapone— la relación entre la imagen de los medios de comunicación y la imagen propia (las fotos, la pregunta por la identidad en el taller).

En suma, la identidad no está dada sino que se propone como problema y como búsqueda.

En los primeros minutos del documental, se ponen en escena diferentes instancias de discusión y reflexión del MTD (talleres y asambleas). Independientemente de cómo sean los mecanismos de participación del MTD (si es "horizontal" o no, si hay o no dirigentes, etcétera), interesa aquí que en la estructura enunciativa se elige una modalidad de representación participati-

---

18 Grupo Alavío, 2002.

va[19]. Y no sólo se da cuenta una pluralidad de testimonios y voces (dirigentes y no dirigentes): en *El Rostro...* la cámara testigo reemplaza a la entrevista. Es que la entrevista, aún en sus modalidades más interactivas, separa al actor de su ámbito y hacer cotidiano, a la vez que insinúa una distancia entre realizador y actor y, en el mismo sentido, supone un espectador. En *El Rostro...*, en cambio, se "muestra" a los integrantes del MTD en talleres de reflexión o en asambleas: se construye un relato en el acto mismo en que se construye activamente la política y la identidad del movimiento; en estos talleres de reflexión hablan diferentes voces, se discuten y elaboran objetivos y principios del MTD: no se trata de una lectura o relato de un proceso clausurado, sino del proceso mismo. La figura del enunciatario que se prefigura; por ende, no es la de espectador sino la del testigo participante.

De todas maneras, no se trata de un "puro registro" donde el realizador pretende disimular su presencia. Aquí el realizador, a través de la edición y el montaje, despliega una argumentación, plural, en función de las reflexiones de los actores sociales. Pero tampoco se oculta en la edición la presencia de la cámara —por ende del realizador—, más bien lo contrario: la cámara se muestra como tal, como presencia, a través de ciertos recursos formales: actores que miran a cámara en una asamblea, o un paneo de cámara que gira casi 360 grados en una votación. Estos recursos explicitan la presencia del realizador; presencia que, por el contrario, quien pretende mantener una "relación objetiva" con su objeto, preferiría disimular.

Pero además de estas marcas enunciativas, existen pasajes donde el realizador, aunque no se muestre en cuadro, interviene activamente en las reflexiones de los actores sociales. En un corte de ruta interroga a un grupo de integrantes del MTD, sentados en círculo en el contexto de una acción directa, el piquete; se escucha la voz del realizador: *"¿qué es ser piquetero?"* El realizador induce a la reflexión en la propia situación, a la vez que no oculta su presencia y explicita la pregunta —la pregunta del documental— en relación a la identidad del movimiento. Una vez que responde el primer piquetero, la cámara hace un paneo por la ronda: indaga, invita a responder, interpela: *"y vos, para vos, ¿qué es ser piquetero?"* No registra una respuesta ya dada, es mentora de la reflexión; ese gesto, esa pregunta, explicita una posición, una modalidad de intervención.

---

19 En la modalidad *interactiva o participativa* se hace explícita la presencia del realizador. El autor actúa como mentor en relación a los actores sociales reclutados; puede tomar partido por algún punto de vista o argumentación por parte del actor social, e incluso colaborar en su elaboración. A partir de la interacción el realizador puede buscar nuevos testimonios o entrevistas. De esta manera, la autoridad textual se desplaza hacia los actores sociales reclutados: sus comentarios y respuestas ofrecen una parte esencial de la argumentación de la película. Según Nichols, este tipo de enunciación pone en escena el trabajo de producción; supone también una modalidad de conocimiento diferente, ya que otorga una información condicional, situada y local; se trata de un discurso entre otros, más que la "realidad" o la "historia" misma representada a través del logos racional. Nichols, op. cit.

Como afirma Nichols, en la modalidad interactiva de representación la voz del realizador se dirige a los actores sociales y no al espectador; hace hincapié en el tiempo presente de la acción y la situación de contingencia; la entrevista —y la investigación— en consecuencia, pueden tomar diversos caminos. En esta secuencia, la entrevista se ve interrumpida cuando llega un contingente de manifestantes al piquete. Los piqueteros se paran y celebran la llegada de los compañeros. Luego cambia la escena (hablan con la policía, se arma una malla de contención etcétera), y dos o tres escenas después se retoma la pregunta.

Si se tratara de transmitir una idea, una información —qué es ser piquetero—, hubiera bastado montar y editar los diversos argumentos, eliminando la interrupción, el "ruido". Pero la opción enunciativa es diferente. La reflexión, la construcción de una identidad, de un sujeto político, es inmanente a la práctica y a su devenir; la pregunta no es ajena a ella, no propone dar cuenta de un concepto o una idea, una lectura o conclusión acerca del proceso: la reflexión es inmanente al hacer, y la enunciación, la muestra haciéndose. Se enfatiza entonces en la producción y construcción del conocimiento, y en el proceso de interpretación y construcción de perspectivas y puntos de vista. La identidad política se construye, es una apuesta más que algo a transmitir.

Pero el *Rostro...* no sólo da cuenta de una participación activa del realizador como mentor, actor, de una reflexión que se hace en la práctica. Que está reflexión se muestre haciéndose, más que transmitirse como conclusión hecha, supone entonces una reflexión sobre el propio dispositivo de enunciación, sobre la propia modalidad de representación[20].

A lo largo de todo el film se da lugar a *largos planos secuencias:* talleres productivos, de reflexión o discusiones en una asamblea. En la modalidad de representación reflexiva, el *trabajo* —en todos los aspectos mencionados— predomina sobre la imagen cosificada, el proceso sobre el producto[21]. Y esto

---

20 Según Nichols, la *modalidad reflexiva* y representación documental hace evidentes las propias convenciones de la representación y pone a prueba la impresión de realidad. Esta modalidad supone un cuestionamiento de la correspondencia o adecuación directa entre discurso -o conocimiento- y realidad; pero a la vez (y este es su significado político) reflexiona sobre el papel del discurso -o del texto- en esa construcción y elaboración de visiones de mundo. Por eso la reflexibilidad no es puramente formal, sino que es -y debe- ser política: heredera de la tradición del teatro del distanciamiento brechtiano, produce un efecto de extrañamiento (*ostranenie*) des-alienación de la conciencia social a través del reexamen y recontextualización de la propia experiencia. La reflexibilidad, entonces, no sólo opera sobre la forma sino sobre la ideología: es reflexibilidad que hace referencia al texto como construcción, pero también a las prácticas sociales que incluyen las del visionado y el aparato cinematográfico, pero extendiéndose más allá de ellas hacia los aspectos institucionales y sociales. Nichols, op. cit.

21 Como afirman Solanas y Getino respecto a la noción de cine inconcluso: "Transmitir resultados o conclusiones ocultando a la vez el proceso con el cual se construyen aquellos es sólo una expresión más de una cultura vieja y mistificante. Un filme concluido en sí mismo relega al destinatario a un rol pasivo y expectante, a la opción de aprobar o negar". Op. cit, pág. 64.

se expresa en la estructura narrativa: podría decirse que *El Rostro...* cuenta la historia de un corte de ruta. Pero las imágenes del corte se desenhebran y atraviesan todo el relato; se intercalan a lo largo de todo el documental con largas secuencias de talleres o asambleas: en lugar de establecer un relato lineal, en *El Rostro...* el relato funciona por saltos, va y viene en el tiempo; o mejor dicho: no importa el tiempo cronológico, si el taller o la asamblea son anteriores o posteriores al corte: importa mostrar el proceso, las condiciones de producción, el trabajo (lo que hay atrás, o después) del corte de ruta. En *El Rostro...* la narración de *una* historia o un argumento lógico cede lugar al relato múltiple de los distintos aspectos que hacen a la construcción de la organización.

En suma, si existe una forma de montar las imágenes que es mistificante, la de *El Rostro...* desmitifica. El montaje mistificante *ilustra* uniendo lógicamente elementos separados (un momento de una práctica y un producto, un resultado), donde el pasaje se da por elipsis: algo del proceso se sustrae. En este filme, en cambio, la imagen es proceso, da cuenta de un trabajo: el corte de ruta se muestra a través de prolongados planos secuencia que se intercalan en diversos momentos del documental: el armado de miguelitos, la recolección de gomas, el camión que llega al lugar del corte y prepara el terreno; el armado de barricadas, etcétera. No sólo muestra un trabajo, y allí es desmitificante, sino que enseña a trabajar. Es que tiene como interlocutor al propio movimiento.

Promediando el documental hay intercalada una secuencia de un grupo de integrantes del MTD que en un galpón, tiempo después del corte, miran en un televisor un video con imágenes de sus compañeros armando las barricadas para el piquete. Uno de los integrantes del MTD comenta: *"qué tranquilidad, lo hicieron rápido, pero tranquilos"*.

En esta puesta en abismo —la imagen dentro de la imagen— la actividad del realizador y del espectador se tematizan. El efecto, como en el distanciamiento brechtiano, supone una ruptura de la representación identificatoria, de la representación como ilusión de realidad, de clausura; no sólo se dice "se trata de una representación", sino que también se apela a la distancia reflexiva. Se explicita el trabajo político: el que hasta ese momento era el actor social representado se muestra como destinatario; se explicita la estrategia de intervención: el registro en video y la visualización colectiva como herramienta de organización del movimiento.

Frente a la pregunta por la identidad, a la pregunta planteada en torno a la imagen del movimiento, *El Rostro...* pareciera responder que se construye en la misma práctica de verse y pensarse haciendo (y no es cualquier hacer, va de suyo). Es una identidad que niega cualquier tipo de esencialismo, es un identidad que no existe a priori, pues se construye en la práctica, se configura en la lucha y la organización. Es la autoproducción de un sujeto político, y la intervención audiovisual es una de sus herramientas.

Por otro lado, esta secuencia contrasta con la representación de los medios del sistema. El rol de los medios de comunicación se problematiza, se pone en cuestión, pero también se contrasta con la propia práctica, con la propia producción y uso alternativo de los medios[22].

La reflexión en relación a los medios, entonces, es ideológica, pero no porque de cuenta de una manipulación, oponiendo una interpretación diferente a la del discurso dominante; es ideológica porque opone a la imagen cosificada (para la industria cultural sólo hay estereotipos) y a la imagen mistificante (que oculta el proceso de construcción y producción de subjetividad) una imagen activa, en movimiento, donde la identidad no está dada sino que es producto de un hacer; opone también, una relación y un uso alternativo de los medios y la industria cultural. El contraste no es sólo con las representaciones de los medios, sino con una forma de relacionarse con ellos: evaluar el corte de ruta a partir de las propias imágenes o reunirse en el galpón para ver Chaplin en el tiempo de ocio, supone formas alternativas de relacionarse con los medios de comunicación.

Como afirma Nichols, la modalidad reflexiva es tanto formal como política. Es formal porque explicita que la representación es una construcción; pero es política porque da cuenta también de las prácticas sociales —que incluyen las del visionado y el uso de los dispositivos tecnológicos— pero extendiéndose más allá de ellos hacia los aspectos institucionales y sociales. El documental reflexivo entonces, rechaza una sensación narrativa de clausura y totalidad, pero recordando la necesidad de ir más allá del texto.

Por otra parte, en ciertos pasajes de *El Rostro...* se recurre a estrategias clásicas de enunciación como el montaje paralelo o de representaciones[23]. Así, una secuencia de los grupos productivos del MTD, con varios planos secuencia de diferentes tareas, se cierra yuxtaponiendo la imagen de una pintada en una pared: *Organización para la lucha. MTD Solano*. En otra secuencia donde se trabaja con este recurso, habla un dirigente en un panel de discusión. Dice: "Algo que a nosotros nos han criticado (...) es salir, nos dicen, a cortar rutas por planes... pero por ahí se ve eso, desde afuera se ve de esa forma (...) pero no ven el trabajo que hay atrás y ese trabajo es la construcción del poder popular...". Banda de sonido e imagen se disocian: seguido a "poder popular", en la banda de imagen se construye paso por paso un miguelito en uno de los talleres productivos; sigue la banda de sonido: "no-

---

22 En uno de los cortes de ruta los piqueteros leen la prensa gráfica. El encuadre toma los titulares de la prensa: "Caos por piqueteros que cortan rutas", *Diario popular.* "El Gran Buenos Aires cercado por los cortes de ruta", *Crónica.* En otro corte de ruta un número de piqueteros aguardan en la banquina y escuchan la radio, la banda de sonido sincronizada con la imagen toma el audio: la radio informa de varios cortes de ruta en todo el país. Cuando hablan de ellos, asienten con satisfacción. Al final del parte un piquetero dice: "no dijo nada de Chaco". Otra secuencia intercalada a la de los cortes de ruta muestra a integrantes del MTD (niños, jóvenes y adultos) en un galpón mirando una serie de Chaplin.

23 Nos referimos al recurso ideológico creado por el cine soviético basado en el montaje. En él se yuxtaponen planos de elementos a los que se quiere relacionar y confrontar lógicamente.

sotros con los planes perseguimos un fin organizativo"; en la banda de imagen (ahora con sonido ambiente) una mano, en primer plano, guarda los miguelitos en un bolso. El siguiente plano muestra a la persona con el bolso subiendo a un micro que lleva al corte de ruta, y el siguiente a los "miguelitos" diseminados en el asfalto.

Este montaje pone en relación elementos que no se vinculan necesariamente; mejor dicho: que no se desprenden de la enunciación del dirigente del MTD. En la banda de sonido, planes de empleo, poder popular, fin organizativo; en la banda de imagen: taller productivo, "herramientas" para la lucha política, corte de ruta. El poder popular, nos dice el enunciador, no es fabricar pan o escobas en los talleres, es organizar la lucha política y el enfrentamiento con el Estado.

¿Quién enuncia en estos dos ejemplos? ¿Se plantea una tensión entre los dos enunciados, es decir, el del dirigente en el panel y el de la banda de imagen? Podría el corte final del trabajo plantear la posición de los actores sociales, de la organización; o podría el realizador plantear su posición, juzgar y distanciarse de la posición de los actores. De todos modos, interesa este desacople entre enunciado y enunciación, en primer lugar, en la medida que expresa una modalidad de trabajo participativa entre los realizadores y el movimiento; en segundo lugar, precisamente, en la medida que, sintomáticamente, da cuenta de esta tensión: se asumen los acuerdos políticos del movimiento, y al mismo tiempo, se afirma que existe una mirada propia de la realización[24].

Pero esta tensión (existen desigualdades en la capacidad de enunciar: alguien es hablado y alguien habla a través del montaje) que se expresa en el enunciado a través del desacople, sin embargo, no se problematiza en el documental. Se exhibe pero no se problematiza. En otras palabras, no se vuelve objeto del propio discurso, como en ciertos filmes de carácter reflexivo, la asimetría entre realizador y actores sociales. Sí se tematiza la construcción de la identidad, la conformación del sujeto político, la propia representación y el trabajo con el audiovisual; pero no es objeto de distanciamiento esta relación de asimetría. Cabe agregar que tematizarla no supondría eliminarla —no sería posible al menos en el capitalismo, pero tampoco es seguro que fuera deseable— sino conjurar sus efectos negativos; es decir, que cristalice en relaciones de poder[25].

---

24 En relación a esta tensión puede verse la entrevista realizada por Natalia Vinelli a los integrantes del Grupo Alavío, en Vinelli, N., "Una batalla directa contra el imaginario del fascismo", periódico *Resumen Latinoamericano* nro. 64, mayo 2003. Allí los realizadores dan cuenta de su modalidad de trabajo, "desde dentro" con el MTD y las tensiones y dificultades que implica esta modalidad: se parte de acuerdos previos y se intenta resolver la posproducción de manera colectiva (aprobación de cortes en asamblea, por ejemplo) aunque, reconocen los realizadores, se mantengan las distancias a la hora del corte final.

25 Por otro lado, aunque ya no en el plano de la enunciación sino de la producción y la recepción, debería problematizarse las posibilidades de mantener ese "diálogo" entre realizador y el movimiento (la aprobación del film en asamblea, la pertenencia a la orga-

Los piqueteros. Logos de la historia y conciencia de clase

El trabajo audiovisual *Los piqueteros. Un fantasma recorre la Argentina*[26], realizado por Ojo Obrero —vinculado orgánicamente al Partido Obrero— da cuenta del primer Congreso Nacional piquetero (julio de 2001) y del plan de lucha que se instrumentó a partir de sus resoluciones. En *Los piqueteros...* se recurre a elementos propios del documental expositivo, pero también de la contrainformación[27] y el discurso de agitación que interviene en una coyuntura determinada con un objetivo táctico.

El documental puede dividirse en dos partes. En la primera, predominan elementos del documental clásico expositivo. Se construye una argumentación lógica destinada, en primera instancia, a dar cuenta de una coyuntura sociopolítica. En este sentido, los testimonios se fragmentan y se subordinan a la construcción de un argumento global (aunque, veremos, estableciendo una jerarquía entre ellos). La imagen se subordina al desarrollo argumental, sirviendo como ilustración de la banda de sonido: la palabra hablada es dominante.

En este sentido, no sólo se despliega un discurso racional sobre el mundo que intenta otorgarle inteligibilidad; se construye un discurso que se legitima, se demuestra verdadero, en la medida que el mismo relato verifica esa adecuación entre el análisis y los hechos; adecuación, en definitiva, entre el conocimiento y el mundo. En la primer parte de *Los piqueteros...* se argumenta en torno a la emergencia de un actor social y político a partir de entrevistas pautadas con dirigentes del Polo Obrero. En ese sentido, se presenta —con subtítulo— a un dirigente, Nestor Pitrola, que un plenario (se señala el año 2000), afirma: "ha surgido una nueva vanguardia, es decir, una nueva generación de activistas y luchadores que se caracteriza por ser una generación de piqueteros. Este es el dato de la situación política probablemente más importante". Al señalar con videograf la fecha de este enunciado, se hace hincapié en la adecuación de un discurso capaz de predecir el desarrollo del conflicto y la orientación del movimiento social. Al año siguiente, nos muestra el relato, las luchas piqueteras de diversos sectores estarán en el primer plano del conflicto social, confluyendo en la organización

---

nización, las sugerencias en el corte final, etcétera), ya que suponen el manejo, al menos, de mínimas competencias de lectura audiovisual, que puedan dar cuenta, por ejemplo, de la lectura ideológica de estos montajes, y a partir de allí, sí, la decisión colectiva.

26 *Ojo Obrero,* julio 2001.

27 Cassigoli Perea define: la contrainformación analiza con un criterio de clase el discurso oficial, "usa el sistema y lo da vuelta, lo mira desde la perspectiva de los trabajadores, variando el punto de vista, la óptica de análisis y las contradicciones". Cassigoli Perea, "Sobre la contrainformación y los así llamados medios alternativos", en Simpson, M. (comp.), *Comunicación alternativa y cambio social*. Premia, México, 1986.

del Congreso Piquetero. La última secuencia de la primer parte muestra al propio Pitrola diciendo: "creemos que tenemos que llamar a un Congreso Nacional de piqueteros tomando la propuesta que alguien trajo: tenemos que ir a un Congreso Nacional; nosotros decimos de obreros ocupados y desocupados, que son los piqueteros". Anticipa, en el doble sentido de predecir y de producir, el desarrollo del conflicto.

A diferencia de la estructura narrativa de *Matanza* (donde la historia de vida de los actores y el relato de la experiencia subjetiva en relación al movimiento coinciden con el crecimiento de la organización, en el tiempo del relato y en el tiempo cronológico), en *Los Piqueteros...* la estructura expositiva no superpone ni hace coincidir un tiempo histórico (de la organización) a un tiempo del relato (de la experiencia de los actores); por el contrario, se da cuenta de un desarrollo estrictamente lógico. La estructura del relato sigue los tiempos de la argumentación lógica, y cuando se hace referencia a un tiempo cronológico pasado, se lo hace a fines de lograr un efecto de "veracidad"; es decir, se refuerza la adecuación de esa argumentación al desarrollo de los hechos y su capacidad de predicción, y con ello la legitimidad de la organización. De todos modos, en el desarrollo de la argumentación no se recurre a la clásica voz omnisciente —a través de la voz en off o los intertítulos— sino principalmente a los testimonios de los dirigentes entrevistados.

En este modelo de interpelación expositiva se inserta el trabajo de tipo contrainformativo. Se recurre a imágenes de televisión (la publicidad institucional del "Blindaje" o el noticiero cuando la votación de la Ley de "déficit cero") que yuxtapuestas a la argumentación desplegada, funcionan como elementos de un contradiscurso (y de verificación de la propia argumentación). En el mismo sentido se recurre a la cobertura mediática de diversos conflictos sociales que, recogiendo testimonios de los actores, "ilustran" la situación descripta. Estos testimonios, en la medida que se ponen en relación con otros significantes, adquieren una significación que no adquirían en la cobertura de los medios oficiales. Operaciones de apropiación de un discurso oficial, dan cuenta de una práctica de contrainformación que utiliza los contenidos, incluso los materiales del discurso dominante y los "da vuelta" a partir de una interpretación de los hechos desde determinada perspectiva política. Por otro lado, la apelación al desarrollo de los acontecimientos (profundización de la crisis) a través de la cobertura de los medios del sistema (investidos de cierta credibilidad) refuerza la idea de un discurso racional que da cuenta del mundo histórico. En suma, a partir de este procedimiento se trabaja sobre la credibilidad de los medios del sistema y su aparato de información modificando su sentido desde una perspectiva política. El recurso a este tipo de mensaje refuerza el efecto de adecuación de la argumentación con la realidad.

La segunda parte del documental se estructura como una crónica del Congreso piquetero. Podrían identificarse en todo el documental los elementos y componentes del discurso político —en esta parte entonces las intervenciones funcionan como un discurso político dentro otro discurso político—:

descripción de la situación, análisis y explicación didáctica, propuestas, programas y llamado a la acción[28].

Es relevante para nuestro abordaje la modalidad de representación de las bases que configura posiciones de enunciador y enunciatario en el desarrollo argumentativo. En la primer parte se incorporan testimonios fragmentarios de los actores sociales que participan en los conflictos que cubren los medios (y en este sentido, se establece una diferencia con los testimonios de los dirigentes). En el Congreso, las bases cumplen dos roles: son el auditorio que "participa" a partir de los discursos de los dirigentes: largos planos secuencias con sonido sincronizado del auditorio (especialmente insertados), dan cuenta de los momentos en que el auditorio aplaude, canta (y lo que canta), silba y se enoja (cuando intenta hablar el dirigente sindical Hugo Moyano, por ejemplo). En este sentido, habría dos papales claramente diferenciados para los dirigentes y las bases.

El otro rol se representa a través de la incorporación de testimonios de militantes de base a la salida o entrada al Congreso. Estos testimonios se incorporan como pequeños fragmentos que no despliegan por sí mismos una argumentación; más bien ilustran y apoyan los enunciados desplegados desde la tribuna de oradores. Como afirma Nichols de los latiguillos o imágenes frecuentes, "subrayan puntos temáticos o sus connotaciones emocionales". La voz de los diferentes actores sociales, por ende, es subsumida en función de una voz general (en relación a la duración, contenido, aquello que puede decirse y no etcétera), a una argumentación ofrecida por el propio documental. En este sentido se puede afirmar que la inserción de los enunciados fragmentarios, o las imágenes del auditorio, funcionan en el lenguaje audiovisual como el nosotros inclusivo al que recurre la forma verbal del discurso político. Este nosotros inclusivo, según Eliseo Verón, es la forma privilegiada de construcción de los colectivos de identificación[29].

Dos interpelaciones al enunciatario se entrelazan en este dispositivo. Por un lado, el espectador o destinatario de esta modalidad expositiva, como afirma Nichols, "suele albergar la expectativa de que se desplegará ante él un mundo racional en lo que respecta al establecimiento de una conexión lógica causa/efecto entre secuencias y sucesos". Por otro lado, se exhibe un sujeto político que tiene existencia independientemente de la apelación discursiva; se recurre a él en el discurso para apoyar un argumento. En este sentido, esta intervención supone un sujeto constituido, el movimiento piquetero —aun con sus diferencias políticas— que necesita las herramientas intelectuales para orientarse a partir de una estrategia adecuada.

---

28 De todos modos, aunque no tiene sentido aquí detenerse en ello, los discursos de las distintas fuerzas -en el congreso participan la CCC, CTA, PO, PC- reciben distinto tratamiento.

29 Verón, E., "La palabra adversativa: observaciones sobre la enunciación política", en *El discurso político, lenguajes y acontecimientos*, Bs.As. Hachette, 1987.

Por último, el documental finaliza con un intertítulo en pantalla en negro donde se expresa la conclusión programática. Coherente con la primacía de la palabra y la argumentación racional, el final apela a una forma tradicional de discurso político que en este caso toma la forma de panfleto audiovisual[30].

En suma, esta intervención audiovisual, combina elementos de la contrainformación y la agitación. Intervención táctica, ligada a una coyuntura precisa, despliega en primer lugar un discurso racional que da cuenta de una coyuntura social y política, y en ese sentido se propone intervenir, a través de la orientación de la acción, en el desarrollo de los acontecimientos.

A nivel de los procedimientos de enunciación, esta intervención supone un enunciador que despliega un saber racional y construye una voz de autoridad, basada en la legitimidad de ese saber —encarnado en la organización política— y en ese sentido construye la imagen y las expectativas del enunciatario. Por otro lado, la representación del movimiento supone un sujeto que ya existe o que ya está constituido, independientemente de este discurso audiovisual que lo interpela y representa (pero que sí busca el mayor nivel de desarrollo de la conciencia). La subordinación y fragmentación de estas voces a una voz de autoridad, señalan esa pretendida correspondencia.

A modo de cierre: balances y perspectivas

Si se entiende la dimensión comunicacional de las intervenciones audiovisuales analizadas como una dimensión práctica del hacer social (por la orientación hacia un destinatario y la constitución de posiciones de sujeto en el discurso), la crítica de los documentales expuestos se articula, es en sí misma, la crítica de las prácticas políticas y los supuestos teóricos que la sostienen. En otros términos: la política no sería una dimensión externa a los discursos y las prácticas comunicacionales —si así fuera lo político sería lo que subyace o se lee entre líneas en el discurso—; sino su puesta en acto, la política como tal.

En ese sentido, resta aquí esbozar algunas implicancias entre prácticas comunicacionales —discursivas— y prácticas políticas, donde toman relevancia las representaciones sobre el sujeto y en consecuencia las concepciones del video como herramienta de intervención y el papel y la función del intelectual. Gilles Deleuze, en *La imagen tiempo*, trabaja la distinción entre el cine clásico (que va de Eisenstein y Vertov a Hollywood) y el cine moderno, cuyo particular estallido se da en el Tercer Mundo (por ejemplo en la obra de Glauber Rocha). En aquel el pueblo "está ahí, aun oprimido, engañado,

---

30 "Está a la vista que la lucha desarrollada ha tenido tal repercusión que posibilitó nuestra libertad. Nosotros sabemos que solamente cortando rutas o protestando no va a cambiar la situación política del país. El movimiento piquetero se ha instalado como un referente político. Tenemos que dar un paso hacia la construcción de una alternativa real donde los piqueteros tienen que ser los protagonistas. Pepe Barraza".

sojuzgado, aun ciego o inconsciente", mientras que en éste el pueblo "es lo que falta", o "no existe todavía"[31].

En los documentales trabajados se esbozan, a grandes rasgos, dos tendencias *en relación a la representación del sujeto político* —los piqueteros—: en una (*Matanza, Piqueteros...*) el sujeto político —el pueblo o la clase— estaría dado a priori; en la otra (*El Rostro...*), el sujeto político es lo que falta, o "no existe todavía". Estas modalidades de representación remiten inmediatamente a la función del audiovisual: en el primer caso, el sujeto "ya está ahí", pronto a exhibirse, a ser mostrado; el audiovisual, entonces, es herramienta de movilización. En el segundo, el sujeto se construye y el audiovisual es parte de su institución.

En *Matanza* y *Piqueteros...*, se muestra, se relata, un sujeto dado; el pueblo ya existe. Pero en *Matanza* esa representación remite a una esencia: se apela a una imagen, a una identidad; el pueblo pobre, luchador; es el pueblo "carente", "víctima"[32] que lucha para a recuperar un derecho adquirido. En *Matanza* la estructura narrativa renueva el mito del pueblo y los procedimientos enunciativos apelan a la identificación: sea la identificación de ese pueblo con la Nación, con un territorio (el barrio, la Patria), con un pasado o una trayectoria. Este sujeto carente no sólo supone una identidad dada, una esencia, sino una opción política conservadora: el carente demanda, exige al Estado que le restituya un derecho adquirido en un pasado y alguna vez garantizado por éste. El pueblo, "en sí", tienen derechos.

Piqueteros... también exhibe un sujeto dado. Pero ya no fundado en un mito, el del pueblo (siempre sojuzgado, siempre víctima), sino en la posición estructural en un sistema social. Los "piqueteros", como actor histórico, constituyen un sujeto dado por su posición en una estructura y, por lo tanto, tienen una misión. Así se representa: las voces de ese sujeto sostienen, dan cuerpo a una voz externa, una voz de autoridad que no es otra cosa que un discurso racional totalizador que da cuenta de esa situación: el logos de la historia. El cuerpo del sujeto social, su voz, ya no encarna una identidad como en *Matanza*, sino un saber sobre el mundo que se debe transmitir. Más que apelar a una identificación emocional, la estructura y la enunciación en *Piqueteros* busca persuadir, transmitir una información, desarrollar el nivel de conciencia.

En *El Rostro...* en cambio, el pueblo falta o no existe todavía. Si el relato mítico se basa en el esquema de inversión (un equilibrio roto ha de ser restaurado finalmente) en el que un sujeto evoluciona o toma conciencia, *El Rostro...* en tanto relato desmitificante, trabaja sobre el proceso de constitución del sujeto político haciendo imposible el esquema de inversión, el mito.

---

31 Deleuze, Gilles, *La imagen tiempo. Estudios sobre cine 2*, Barcelona, Paidós, 1985. pp 286-295.

32 Esta representación coincide en líneas generales con uno de los polos entre los que oscila la estrategia de los medios masivos. Para éstos, la representación del piquetero desocupado alterna entre la *carencia* (el piquetero como *víctima* que demanda al estado) y la *criminalización* (el piquetero como *delincuente* que ronda la ilegalidad). Svampa y Pereyra, *Entre la ruta y el barrio. La experiencia de las organizaciones piqueteras.* Bs .As., Biblos, 2003.

El sujeto se pregunta por su identidad, no porque haya alguna respuesta en algún lugar esperando ser encontrada, sino porque sabe que se construye con y a partir de la pregunta, de la ausencia, y el audiovisual revela —y es parte de— la complejidad y el trabajo de producción subjetiva. En suma, si la pregunta por la identidad estructura el relato de *El Rostro...*, es porque se pregunta precisamente por aquello que falta, y esa pregunta es "la pregunta del sujeto que se inventa faltando, que tiene la posibilidad de inventarse formulando al yo la pregunta que éste le formulaba"[33].

Estas opciones en torno a las modalidades de representación del sujeto implican directamente a la función del audiovisual de intervención política, y de toda práctica en el campo de la comunicación alternativa. Bajo el primer esquema, si el pueblo "ya está ahí", el audiovisual es el instrumento de la exhibición de este sujeto, la reproducción de aquello que tiene lugar por fuera de él: relato del mito del "pueblo" que necesita ser reconocido como tal y que busca la *identificación* emotiva como factor de movilización; o exhibición de la clase ya constituida y de un logos de la historia que a través de la propaganda o la argumentación racional se convierte en motor de desarrollo de la conciencia. Este es el modelo clásico del cine de masas.

Pero si el sujeto no existe todavía, el audiovisual se convierte en herramienta inmanente a la propia práctica, inmanente a las tareas de organización y construcción cotidianas: es parte de la invención, de la constitución de la imagen de ese sujeto más que "correa" externa de transmisión ideológica. En estas opciones los modelos de construcción política y de política comunicacional se implican. En un caso, el audiovisual es un instrumento de transmisión de mensajes: sea información en pos de alcanzar un nivel adecuado de conciencia, sea identificación en pos de poner en escena un mito movilizador. Como ya afirmara Máximo Simpson en un ensayo sobre comunicación alternativa de fines de los años ochenta, se trata de una comunicación de carácter instrumental: "se trataría, por una parte, de crear canales de comunicación *con* las masas, pero no de promover una comunicación *de* masas y para las masas (...) y, por otra, de una concepción neoconductista según la cual el núcleo de toda comunicación lo constituye una transmisión unidireccional de mensajes —en este caso, "liberadores"—, con el fin de introyectar a las masas el nivel adecuado de conciencia"[34].

En este esquema, según Simpson, se mantienen sin variables las relaciones de poder del sistema capitalista. Tomando la clásica distinción realizada tanto por Antonio Pasquali como por Jean Baudrillard, se trataría de prácticas informativas más que de relaciones de comunicación, donde la información tiene como fundamento una relación de asimetría y poder: consiste en el envío de mensajes unidireccionalmente y bajo la égida de un código establecido desde un emisor institucionalizado a un receptor masa, y la comunicación, por el contrario, supone una relación de simetría: es una inte-

---

33 Deleuze, G., op. cit., pág. 292.
34 Simpson, M., *Comunicación alternativa y cambio social,* Méjico, Premia, 1989, pág. 36.

racción biunívoca del tipo del consaber: todo transmisor puede ser receptor, y todo receptor puede ser transmisor[35].

Cuando el "pueblo no existe aún", por el contrario, el modelo de intervención política supone una acción en sí misma, donde el audiovisual y la comunicación (en este caso propiamente dicha) son herramientas de intervención y de construcción, pero que se sustraen a la lógica que disocia medios y fines. Comunicación y política se implican, son poder constituyente, sin que la primera dimensión se subordine a los dictados de la segunda. En última instancia, en esta concepción lo que se cuestiona es la tradición que tiende a la organización del partido de vanguardia y la toma del poder del Estado y la consecuente subordinación de la política comunicacional a dicha estrategia.

¿Existe una comunicación alternativa revolucionaria por fuera de esa tradición? Simpson proponía algunos principios teórico metodológicos para pensar la problemática comunicacional en relación a la sociedad global y los procesos de transformación revolucionarios. En líneas generales, cercano a posiciones posmarxistas, Simpson entiende la sociedad como una "macroestructura comunicacional" que articula relaciones de producción, relaciones comunicacionales, de poder y producción simbólica. En esta perspectiva, si bien se mantiene la especificidad de las esferas —incluso conserva el lenguaje clásico: "determinación" o "reflejo"— las relaciones comunicacionales *serían constitutivas del modo de producción*, entendido, en última instancia, como "modo de gestión", que supone e implica relaciones de poder[36]. En ese sentido las experiencias de comunicación alternativa adquirirían relevancia en la medida que ponen en práctica el aprendizaje de nuevas relaciones de poder, "en la medida en que constituyen avanzadas de nuevas relaciones sociales y, específicamente, *prácticas constitutivas de las mismas*[37]".

No obstante, se trata de una práctica no exenta de dificultades. Como se ha analizado, las políticas que tienden hacia la autorrepresentación y la democracia comunicacional directa, como hechos políticos en sí mismos, "como avanzadas de nuevas relaciones sociales y *prácticas constitutivas de las mismas*", se encuentran frente a los desafíos de no fetichizar la participación

---

35 Cassigoli Perea ha sintetizado estos conceptos en "Sobre la contrainformación y los así llamados medios alternativos", op. cit., pp. 66-67.

36 Afirma Simpson: "La sociedad en su conjunto, con sus estructuras de producción, sus organizaciones sociales, políticas y culturales y su aparato estatal, constituye una macroestructura comunicacional; en esa macroestructura comunicacional se reproducen - a través de la polaridad emisor receptor- las modalidades de la división del trabajo predominantes en el aparato productivo material y simbólico, como consecuencia de los sistemas de propiedad y control imperantes; y, al mismo tiempo, las relaciones comunicacionales en la sociedad global constituyen un reflejo de las relaciones de poder, de los procedimientos para la toma de decisiones que derivan del sistema político, de las articulaciones entre el Estado y la sociedad civil". Simpson, op. cit., pág. 29.

37 Op. cit., pág. 44. Simpson explicita en su artículo la influencia de Castoriadis, para quien lo social es esencialmente *institución imaginaria*.

comunicacional —su congelamiento en la imagen— y construir en la práctica real las condiciones de su realización, para dar cuenta en la propia representación, de las dificultades y conflictos que supone el aprendizaje de nuevas relaciones de poder.

BIBLIOGRAFÍA

Casetti. F., *Teorías del cine*, Madrid, Cátedra, 1994.

Cassigoli Perea, "Sobre la contrainformación y los así llamados medios alternativos", en Simpson, M. (comp.), *Comunicación alternativa y cambios social*. México, Premia, 1986.

Ciaffone, Victoria, y Páez, Marcelo, Revista digital *Otrocampo*, marzo 2002.

Gubern, Román, "¿La revolución videográfica es una verdadera revolución?", en *Revista Telos Nº9,* Barcelona, 1987.

Mangone, Carlos, "Campo de los medios y del periodismo", en Revista *Zigurat* ,Nº3, Octubre 2002.

Mattelart, A., y Piemme, J. M., *La televisión alternativa*, Barcelona, Anagrama, 1981.

Mestman, M., "Notas para una historia de un cine de contrainformación y lucha política", en *Revista Causas y Azares* Nº2, Bs. As., 1995.

Nichols Bill, *La representación de la realidad. Cuestiones y conceptos sobre el documental*. Barcelona, Paidós, 1997.

Ortiz, R., "El viaje, lo popular y el otro", en *Otro territorio*, Quilmes, UNQ, 1996.

Simpson, M., *Comunicación alternativa y cambio social*, Premia, México, 1986.

Solanas, Fernando y Getino, Octavio, *Cine, cultura y descolonización*, Bs.As., Siglo XXI,1973.

Svampa y Pereyra, *Entre la ruta y el barrio. La experiencia de las organizaciones piqueteras*. Bs .As., Biblos, 2003.

Verón, E., "La palabra adversativa: observaciones sobre la enunciación política", en *El discurso político, lenguajes y acontecimientos*. Bs. As., Hachette, 1987.

Deleuze, Gilles, *La imagen tiempo. Estudios sobre cine 2*, Barcelona, Paidós, 1985. p 286-295.

Vinelli, Natalia, "Una batalla directa contra el imaginario del fascismo", periódico *Resumen Latinoamericano* nro. 64, mayo 2003.

Williams, Raymond, *Sociología de la cultura,* Bs. As, Paidós, 1994.

Alternatividad en Internet: tres experiencias en la Red

Colectivo ConoSur[1]

Lo alternativo como noción

La comunicación alternativa se presenta más como una noción que como un concepto definido, noción surgida de experiencias concretas y de proyectos políticos de transformación. Es por ello que nos proponemos realizar algunas reflexiones sobre la comunicación alternativa, caracterizando sus aspectos más importantes, a fin de establecer un marco para comprender los proyectos específicos que analizaremos posteriormente.

El interés sistemático por la comunicación alternativa por parte de los investigadores de la comunicación es más o menos reciente. Surge a continuación de un proceso caracterizado por una toma de conciencia de la estructura massmediática en términos de propiedad, control y contenidos.

En perspectiva histórica, la reflexión sobre la alternatividad se remonta a los acontecimientos producidos en distintas partes del mundo en 1968, dentro de los cuales tiene preeminencia el "Mayo Francés". En nuestro continente, el pensamiento se orienta hacia la comunicación alternativa tras un

---

1 Investigaron Martín Echenbaum, Emanuel Gall, Leonardo Farías, Luciana Fleschman, Fernando Martínez, Mayra Pérez, Alejandra Salgado y Mariana Sulkes. Colaboraron Yamila Frison y Cecilia Michalik. Todos son miembros del Colectivo de Noticias del Sur (ConoSur), un proyecto comunicacional de contrainformación realizado por estudiantes y graduados de la Carrera de Ciencias de la Comunicación de la Universidad de Buenos Aires. ConoSur busca consolidarse como un espacio de participación plural, en el que todos los movimientos que luchan por derrotar la globalización neoliberal puedan expresarse y encontrarse. Es nuestra intención participar en el proceso de construcción de la unidad de estos movimientos. ConoSur está integrado por: una Agencia de contrainformación que difunde semanalmente noticias alternativas, realiza investigaciones, coberturas especiales, informes de ONGs y asambleas, notas de movimientos populares, y agenda política-cultural; un Grupo Interdisciplinario de Investigación que trabaja con el aporte de diversas disciplinas sobre el eje medios-cultura-comunicación; un Grupo de Taller de Educación Audiovisual, cuyo objetivo es generar debate sobre el rol cotidiano de los medios masivos de comunicación y desmantelar el mito de una información objetiva. Contactos: info_conosur@yahoo.com.ar / conosur@fodema.com.ar / www.proyectoconosur.com.ar

proceso de decantación producido como consecuencia del fracaso por implementar las Políticas Nacionales de Comunicación.

En el modelo de comunicación alternativa subyace una fuerte crítica al sistema de medios imperante. Crítica a la verticalidad de sus emisiones, a la imposibilidad de una comunicación de retorno, a su antipluralismo en la transmisión de mensajes. La "otra" comunicación comienza a definirse así por contraposición a las estructuras piramidales de organización y control burocrático de los medios, tanto privados como de manejo público exclusivista. Por otro lado, procura la igualdad de intervención de todos sus participantes, es decir, la posibilidad de revertir la división institucionalizada de los polos emisor-receptor. Es por ello que la comunicación alternativa debe tender a ser participativa y horizontal.

En este sentido, trata de fomentar el acceso y la participación que asegure la igualdad en la toma de decisiones, la utilización de los recursos y el acceso a la palabra, la mayoría de las veces dentro de un proyecto político definido. En esta línea, Margarita Graziano afirma: "la idea de una comunicación alternativa remite a una estrategia totalizante". Es decir, sin un proyecto político definido y abarcador, se corre el riesgo de servir de coartada al sistema. Por ello todo proyecto alternativo debe implicar una opción frente al discurso dominante.

Por otra parte, la comunicación alternativa se enfrenta a las dificultades de encarar sus proyectos autogestionados, descentralizados, dentro del marco de la sociedad capitalista, de las relaciones económico-políticas imperantes y de la mentalidad generada a partir de la propiedad privada. Así, los márgenes de alternatividad se derivan de la interacción entre el modo de producción dominante de los medios masivos, las políticas de estado a nivel de la comunicación (legislación sobre radiodifusión y telecomunicaciones) y las prácticas propias de los sectores populares.

Los medios alternativos retoman las experiencias populares y sus redes de comunicación autónoma. Mientras los grandes medios *masivos* remiten a la sociedad en términos de "masa", de una unidad amorfa e indiferenciada —o en sus variantes más modernas tendientes a la segmentación del mercado— los medios alternativos tienen como proyecto rescatar las experiencias populares para encarnarlas comunicacionalmente, para transformar al consumidor pasivo de medios en productor activo de sus propias formas de expresión, conciente de las posibilidades de transformación de sus condiciones de vida.

El discurso alternativo se presenta como posibilidad de subvertir el lenguaje dominante y sus formas institucionalizadas, sus lugares comunes tendientes a la descontextualización y despolitización de los mensajes. Tiene arraigo en las experiencias concretas de la vida cotidiana, en sus problemas, necesidades y expectativas. Produce, por otro lado, otra comprensión sobre la realidad social, una comprensión que busca las causas estructurales de las problemáticas sociales a fin de establecer propuestas de cambio. Contextualización, politización, contenido social, actitud crítica y pluralismo de posiciones, tales son aspectos del mensaje alternativo.

En síntesis, transformar la realidad social promoviendo vínculos solidarios, articular colectivos sociales a partir de redes de información, romper con el monopolio del control de los medios de comunicación, promover el acceso y la participación en los procesos comunicacionales, fomentar el pluralismo y la discusión sobre la realidad social, son indicios de comunicación alternativa.

Lo alternativo en Internet

Dentro de una sociedad en la cual la concentración económica ha sido llevada al extremo, en la que los índices de pobreza aumentan constantemente y el poder adquisitivo de los sectores populares se encuentra sometido a la baja permanente, Internet brinda la posibilidad de realizar proyectos de comunicación alternativa con bajos costos de distribución.

Los proyectos de comunicación alternativa en Internet favorecen el pluralismo y la diferencia dentro del mundo homogeneizado que propone el "ciberespacio", donde, como parece decir el discurso dominante, "todos compartimos la misma cultura y el mismo idioma".

Por otro lado, las experiencias de comunicación alternativa en Internet intentan romper con la antigua oposición, impuesta históricamente por los medios masivos, entre emisor y receptor. Más que emisores y receptores, se piensa en personas que participan en un proceso comunicativo de construcción de sentidos, de socialización de los mensajes, de producción colectiva de significaciones. Internet brinda la posibilidad de transmitir mensajes multidireccionalmente. Los chats, foros de discusión y el sistema de comunicación vía mail dan la posibilidad de respuesta más o menos inmediata, instaurando una verdadera comunicación dialógica, retroalimentada constantemente.

Pese a todo esto, no queremos caer en la visión romántica de Internet como "soporte para la revolución". El hecho de que la enorme mayoría de la población mundial no disponga de acceso a este soporte (se estima que más del 97 % de ella), traslada al primer plano el fenómeno de brecha creciente entre "info-ricos" e "info-pobres", así como los problemas de acceso / exclusión y el debate sobre las posibilidades de resistencia global.

Respecto de este último punto pensamos que a través de Internet se hace posible la instauración de formas de resistencia en red, en donde proyectos de comunicación alternativa situados en diferentes lugares del globo pueden forjar vínculos y enriquecer sus conocimientos mediante el intercambio de las experiencias de lucha, en sus contextos específicos posibilitando, en muchos casos, la acción concreta[2].

Un aspecto fundamental a destacar es que Internet es la primera nueva tecnología en la que el Estado no interviene o ejerce un control mínimo

---

2   Un ejemplo concreto es la experiencia del Foro Mundial de Porto Alegre, que se organizó íntegramente por Internet y al cual asistieron 20.000 personas al primer encuentro y 50.000 al segundo.

(límite que impone la naturaleza del soporte). Es por ello que Internet ofrece tanta variedad de contenidos, aunque rara vez escapan a la chatura del consumismo. Pese a esto, los proyectos de comunicación alternativa pueden publicar sus ideas casi sin presiones económicas ni políticas y con la esperanza, además, de que puedan ser leídas por usuarios ubicados en otras partes del globo.

Para terminar, nos interesa remarcar como potencialidades propias del soporte la posibilidad de acceso instantáneo, la multiplicidad de fuentes de información alternativas, la difusión a muy bajo costo y la disponibilidad de múltiples canales de difusión (a diferencia del espectro de las ondas hertzianas, que han de repartirse entre un número reducido de productores).

Como desventajas principales, se cuentan la restricción en el acceso (por falta de conexión o carencia económica) y el requisito de poseer una competencia determinada, es decir, estar alfabetizado y manejar las herramientas informáticas. Por otra parte, la censura está muy presente en la red, y la sufren principalmente los medios de comunicación alternativa y los organismos no gubernamentales. Sucede que las empresas proveedoras del hosting (el lugar en el ciberespacio que ocupan las páginas) tienen muchas veces la potestad de dar de baja los contenidos publicados sin ninguna explicación, y esas razones en general responden a cuestiones ideológicas.

Una matriz para el análisis

Hemos definido criterios que enmarcan los aspectos que, a nuestro juicio, son los más importantes al momento de analizar la alternatividad. Ellos son: *objetivos, proyecto político, organización, concepción de la comunicación, vínculo con el receptor, contenidos y financiación*. Estos criterios estarán, a su vez, divididos en pares conceptuales, a los fines de establecer comparaciones entre las experiencias.

En este sentido, y antes de pasar a explicitar el contenido de las categorías, dos aclaraciones. En primer lugar, nos interesa dejar en claro que los mismos no tienen por función encasillar a los proyectos, sino solamente establecer *tendencias* que los caractericen, apuntando a realizar una descripción comprensiva de los mismos. En segundo lugar, la elaboración de los criterios se ha realizado en función de establecer comparaciones *entre* experiencias alternativas, y no entre experiencias alternativas y no alternativas. De esta forma se podrán evaluar los distintos matices que componen a las diferentes experiencias, sin por ello calificar a alguna de ellas como no-alternativas.

Ahora bien, los ejes de análisis son los siguientes:

OBJETIVOS. En cuanto a los objetivos, tomaremos el par revolución / reforma. El concepto "revolución" tendrá que ver con aquellos objetivos que vinculen a la práctica comunicacional con el desarrollo de un movimiento político de transformación global de la sociedad, mientras que los proyectos que apunten al desarrollo de nuevas formas de comunicación con objetivos de informar o contrainformar, pero sin tener como horizonte de expectativas el logro de un cambio rotundo en la marcha de la realidad, serán considerados como "reformistas".

PROYECTO POLÍTICO. Por proyecto político entendemos la postura que toma el medio respecto de la producción misma de la información. En función de ello, distinguiremos aquellos proyectos que tienen vinculación con movimientos sociales de aquellos que no la tienen, a los que denominaremos proyectos insulares, —islas de comunicación alternativa en Internet—. Entre los primeros distinguimos las formas de cooperación indirecta, consistentes en recibir información de los distintos colectivos y retransmitirla, de la cooperación directa, involucrarse activamente con los colectivos en pos del intercambio de experiencias y la cooperación para el logro de objetivos mutuos.

ORGANIZACIÓN. Este eje se referirá a la participación en la toma de decisiones en cuanto a la elaboración y publicación de los contenidos. En este sentido, distinguiremos aquellos proyectos que cuentan con una estructura organizativa horizontal y descentralizada de aquellos que presentan una estructura verticalista y centralizada. En los primeros, las decisiones se toman por consenso y la división de funciones no representa jerarquías. Los segundos se caracterizan por presentar un esquema piramidal en el cual se cumplen funciones siguiendo un esquema de "mando" que se reproduce en la toma de decisiones.

CONCEPCIÓN DE LA COMUNICACIÓN. Entre comunicación y difusión hay diferencias sustanciales y, sin embargo, suelen ser comúnmente confundidos. Comunicación implica un proceso de ida y vuelta donde emisión y recepción son instancias intercambiables y así se conforma un proceso *común* de construcción de sentidos. En la difusión, en cambio, una parte —el llamado "emisor"— *transmite* a otras —los "receptores"— informaciones configuradas de antemano. Así, distinguiremos entre aquellos proyectos que desarrollan una comunicación pensada en términos de múltiples productores que participan en una construcción colectiva de sentidos, de aquellos que mantienen la división tradicional, y propia de los medios masivos, entre emisor y receptor.

VÍNCULO CON EL RECEPTOR. Este eje se refiere al protagonismo que se le otorga al receptor o productor —de acuerdo a la concepción que se tenga del proceso de la comunicación— en la publicación de contenidos. El eje se establecerá, en este caso, entre participación real y participación simbólica. Mientras que en la primera los grupos sociales y usuarios participan efectivamente en la producción de contenidos, determinación de la agenda de temas y retroalimentación de los objetivos del proyecto a través de la comunicación de sus intereses, la participación simbólica se reduce a la publicación de contenidos de los grupos sociales previamente seleccionados y reelaborados por el medio, es decir, la sensación de poseer una influencia que en la realidad es inexistente.

CONTENIDOS. Con respecto a este criterio esbozamos el par conceptual alternativo / alterativo. El reclamo por la integración del diferente (alter-ativo) olvida los condicionamientos estructurales del sistema que profundizan las relaciones de desigualdad. Asimismo, consideramos que aquellos discursos que realizan un análisis estructural de las condiciones de existencia de los grupos sociales e intentan develar el por qué de sus problemas, enfocan las relaciones sociales en función de la desigualdad. Consideramos a estos discursos como alternativos.

FINANCIACIÓN. En función de este criterio, consideraremos a las experiencias analizadas como autogestivas o económicamente dependientes. Consideraremos autogestivos a los proyectos cuya financiación dependa exclusivamente de sus miembros, y señalaremos como económicamente dependientes a los que necesiten de financiamiento externo al proyecto —vecinos, instituciones, empresas, organismos de estado— para funcionar.

Tres experiencias: Indymedia, Eco portal y Red Eco

Red Eco Alternativo[3]

Nace en el año 1998 como una red para vincular a la gente que realizaba programas periodísticos alternativos en radio. Funcionaban en una casa particular y cuando comenzaron a tener problemas económicos, por ejemplo para pagar la conexión telefónica, suspendieron su actividad por seis meses. Fue entonces cuando los convocaron del Departamento de Comunicación del Centro Cultural de la Cooperación, que tiene como uno de sus objetivos principales la generación de contracultura y la contrainformación, e incluyeron a Red Eco en el área de investigación, dándoles una oficina, una computadora y los insumos necesarios para trabajar. Allí se reúnen tres veces por semana, ya que definen su comunicación como física y no virtual.

El objetivo primero de la red, que era socializar la información entre periodistas alternativos, se modificó al ir creciendo y llegando a otros sectores populares que no tenían que ver específicamente con el periodismo. A medida que el proceso de concentración de medios se fue haciendo más evidente, la Red Eco necesitó ampliar su llegada a otros sectores de la sociedad y que esos sectores la tomaran como una fuente confiable donde enviar y buscar información. Dice Mara Curuchet, una de las fundadoras de la red: "Nuestra intención era contenernos como un grupo de medios alternativos contra el discurso único, antisistema, con una idea de articulación para batallar mejor".

Su concepción de lo noticiable implica mostrar lo que los grandes medios no informan; otra de sus características es hacer un seguimiento de las informaciones publicadas, ya que no les interesa la comunicación fragmentada de

_____
3   redeco@rcc.com.ar / www.redeco.netfirms.com

los flashes informativos, o el último momento que no profundiza el tema. Otra de las características que presentan es que se niegan a publicar información que pueda aportar división al campo popular, es decir, los debates internos que pueden tener organizaciones o movimientos. Como dice Fabiana Arancibia "no nos metemos en esas internas, justamente porque una de las definiciones nuestras es poder contribuir desde la información al proceso de unidad que nosotros creemos debe tener el campo popular". Cuando se publican notas que no son de producción propia es porque lo consideran de una fuente confiable y han podido chequear los datos, aunque siempre citan la fuente.

El boletín informativo sale tres veces por semana (lunes, miércoles y viernes). En primer lugar van las notas nacionales de producción propia, luego las de otras agencias, las notas internacionales y por último una separata donde figuran las actividades que seleccionaron, de las muchas que les llegan por día. En el boletín de los lunes envían un archivo adjunto con un listado de las asambleas populares que se realizan fundamentalmente en Capital Federal y Gran Buenos Aires, con los días, lugares y horarios actualizados. Una vez por mes se publica *La Bodega del Diablo*, un boletín cultural.

Once son los integrantes de la red y rotan en sus funciones, pero el trío que está desde el comienzo del proyecto es el que organiza el trabajo, por una cuestión de antigüedad que deriva en un mayor conocimiento para manejarse. Las notas, la información, el chequeo, la corrección, se discuten entre todos.

Debido a la importancia que le dan a la comunicación de manera más física que virtual, su lista de envío es de apenas unos 1600 correos (en su mayoría medios, organismos y movimientos populares). Para poder definir el perfil de los mismos, al recibir el pedido de suscripción se solicita saber a qué se dedica, qué utilidad le da a la red, qué le parece el boletín. Luego, la participación de los usuarios no será directa en el mismo, ya que no se publican sus opiniones. Red Eco utiliza a Internet como una herramienta de difusión, pero no lo abren como un espacio para la participación de los lectores porque lo que se publica es una selección que realizan a su criterio los integrantes permanentes del proyecto. Por otro lado, la página web está dedicada también a la difusión de las noticias que distribuyen.

En cuanto a los temas, los principales son los nacionales, todo lo que tenga que ver con lo popular y los temas concernientes a Latinoamérica que, según el análisis de lo que pasa en otros países americanos, es lo mismo que pasó, pasa o pasará en Argentina. De esto deviene su estrecha conexión con agencias de otros países de América, organismos de derechos humanos, asambleas vecinales.

La construcción de la noticia no tiene que ver con lo alternativo o no alternativo: buscan una comunicación simple y de cercanía con el otro, sin por eso dejar de respetar las reglas periodísticas.

El cruce de lo popular con lo alternativo encuentra en Internet una contradicción, ya que el popular es el sector que cuenta con menor acceso. A pesar de que cuentan con que en cada movimiento o grupo al menos uno de sus integrantes tiene un acceso a la Red, prefieren mantener una comunicación directa con los mismos ya sea de manera telefónica, cubriendo los hechos o mismo a través del boletín impreso.

La alternatividad de Red Eco consistiría entonces en que difunden lo que ningún gran medio publica, y si es una noticia importante a nivel nacional o latinoamericano tratan de hacerlo desde una nota de opinión, o desde otro ángulo. El objetivo es generar contrainformación para contraponer al discurso hegemónico, alterar el orden de las agendas que imponen las grandes agencias internacionales, siempre desde la comunicación.

A partir del 19 y 20 de diciembre se dejó al descubierto el funcionamiento de los grandes medios y el papel importante que pasaron a ocupar los medios alternativos. Al respecto dice Fabiana Arancibia que "se ve cómo el pueblo argentino está más activo e involucrado a partir de su participación en asambleas... hay más necesidad de recibir otra información distinta". Las condiciones actuales de crisis, movilización, deslegitimación de los políticos y el periodismo hegemónico, generan la necesidad de legitimar lugares propios para cada movimiento, para cada grupo. Como dice Mara Curuchet, "en todo proceso de lucha de los pueblos, o momentos revolucionarios, siempre los pueblos generan sus propias herramientas comunicacionales". La red pretende ser una herramienta a la que cualquier movimiento pueda acceder y sentir como propia.

Eco Portal[4]

Este portal que nació en el año 1999, está dedicado al medio ambiente, la naturaleza y la calidad de vida. Su principal objetivo es el de convertirse en una herramienta de consulta y un espacio informativo y educacional en esa temática.

Su publicación, llamada *Ambiente y Sociedad*, es enviada una vez por semana a más de 30.000 personas, además de Organizaciones no Gubernamentales y Organismos Estatales como Legislaturas Municipales y Provinciales.

Ahí podemos encontrar artículos de opinión y noticias internacionales, ya que cuentan con una numerosa red de colaboradores en todo el mundo (centrados pricipalmente en España y Latinoamérica) que generan material de gran calidad que casi nunca es publicado por los medios de comunicación tradicionales.

El boletín consta de una editorial de su director a modo de presentación, y luego las secciones como "Noticias de la semana", separadas por país, "Artículos de la Semana", "Eventos", "Denuncias" y una sección donde se publican las opiniones que han enviado los lectores. De la noticia sólo se puede ver el copete, ya que cada una tiene su link hacia el sitio. Este cuenta con más de 1.500 visitas mensuales.

Uno de los criterios que utilizan para definir lo noticiable es, salvo en casos muy excepcionales, no publicar lo que sale en los grandes medios. Fuera

---

4   info@ecoportal.net / http://www.ecoportal.net

de eso cualquiera tiene la posibilidad de mandar información y la única razón para que no se publique sería si no fuera posible chequear su veracidad.

La cantidad de personas trabajando en el portal es un tanto variable, ya que los corresponsales no son siempre los mismos y no están todo el tiempo trabajando para él. Con lo que sí cuentan permanentemente es con dos editores y dos correctores. La rotación de funciones se da rara vez y la organización es de tipo jerárquica ya que los responsables del proyecto y su organización son Ricardo Natalichio y Noemí Abad, porque a pesar de que las decisiones a tomar se discuten entre todos, en casos puntuales la decisión final pasa por los creadores del proyecto.

En cuanto a lo alternativo en la construcción de la noticia no creen que haya una forma especial de hacerlo, dice Ricardo Natalichio: "Lo que creemos interesante para nuestros suscriptores lo publicamos más allá de la forma en que haya sido redactado o armado". Lo que hace alternativa a esta publicación es el hecho de dedicarse al campo popular con una visión distinta a la de los medios hegemónicos, aunque siempre sea desde el lado de las problemáticas sociales en relación con las ambientales, desde aquí también se lleva a cabo el abuso hacia los grupos más desprotegidos y por lo tanto la investigación y la denuncia que genera este portal es muy válida, teniendo en cuenta que al igual que en otros temas los grandes medios malinforman u ocultan la verdad, en defensa de sus intereses. En palabras de uno de los creadores de Eco Portal, "nuestro objetivo es informar desde otro punto de vista al de los medios tradicionales de información, que generalmente responden a intereses de multinacionales o grandes empresas y no al interés del pueblo".

Las ventajas de la utilización de Internet para este tipo de experiencias alternativas, según Natalichio, es "que hay una menor inversión económica, junto con la posibilidad de llegar a una gran cantidad de personas independientemente de su ubicación". Por eso es que el cruce de lo alternativo es perfectamente compatible con lo popular, ya que consideran tanto al sitio como al boletín como "muy populares".

En un primer momento la financiación era propia y luego lograron mantenerse con algunos ingresos por servicios brindados y publicidad. Además en la página de Internet hay un espacio donde se explica que es una organización sin fines de lucro cuyos recursos provienen del apoyo institucional de Organizaciones o de las donaciones de personas, para esto dan los datos de un número de cuenta bancaria y una dirección para hacerlas.

Indymedia Argentina[5]

Indymedia es un colectivo conformado por activistas y periodistas (y activistas-periodistas), que nació en noviembre de 1999 en Seattle, Estados Unidos, con la intención de crear un Centro Independiente de Medios para cubrir las multitudinarias protestas contra la reunión de la Organización

---

5   http://www.argentina.indymedia.org

Mundial del Comercio (OMC). El sitio recibió un millón y medio de visitas durante las protestas, lo que provocó la apertura de más de cincuenta centros de información en todo el mundo.

Desde entonces, Indymedia se ha transformado en algo así como el "vocero" de la lucha contra la globalización neo-liberal, que en cada país adquiere connotaciones diferentes. De más está decir que la lucha "antiglobalización" es diferente en Estados Unidos, Europa y América Latina. Mientras en los países centrales se lucha contra los "efectos no deseados" de la globalización (la dominancia del capital financiero y las corporaciones), en los países periféricos la crítica se extiende mucho más allá, y llega a los cimientos mismos del sistema.

Como explica Sebastián Hacher, uno de los miembros del colectivo, "todo el movimiento anticapitalista se organizó en los países centrales a partir de Internet. En Argentina eso no puede ser, porque no hay Internet en los barrios". Sin embargo, sostiene Hacher, "hay un fenómeno que es que todas las organizaciones populares tienen al menos una entrada a Internet, desde los piqueteros de Salta a los ceramistas, los telefónicos, etc. Sobre eso empezamos a trabajar, y lo que hacía falta era meter todo eso en la red. Y eso hicimos".

Indymedia nació en Argentina en abril del 2001, al calor de las movilizaciones contra el ALCA[6] que se realizaron en Buenos Aires. La premisa de "dar voz a los que no tienen voz" marcó el inicio de esta experiencia novedosa de contrainformación: un colectivo de redacción abierto y horizontal, que cuenta con una sección, la más importante, abierta para que todos puedan publicar sus noticias. Y cada noticia, lejos de ser un producto cerrado, es un posible disparador de discusiones entre los navegantes.

El 19 y 20 de diciembre marcó un punto de inflexión para Indymedia. El proceso de crecimiento se aceleró rápidamente junto con las movilizaciones populares y la campaña desinformativa de los grandes medios de comunicación. "El 19 y 20 nos cambió la vida —dice Hacher—. Se cuatriplicó la cantidad de gente que quería participar en Indymedia. La gente empezó a cuestionar a los medios, empezó a ver que los medios no reflejaban su propia realidad, y ahí es donde nosotros y otros grupos ganamos un montón de público". Durante julio de 2002, Indymedia Argentina recibió 2 millones de hits y 600 mil páginas visitadas, lo que la convirtió en el sitio más visitado de la red mundial de Indymedia.

La concepción de la comunicación de Indymedia se apoya en la premisa de que cada persona puede ser un corresponsal, es decir, que desde su lugar puede aportar sus noticias. De este modo, múltiples productores construyen diariamente Indymedia con sus aportes. Por otra parte, el núcleo de gente que trabaja diariamente (y voluntariamente) se encarga de redactar las editoriales y sistematizar por temas las informaciones que envía la gente.

Lo que caracteriza a Indymedia es la posibilidad que le brinda a las personas de subir sus propias noticias, audios, fotos, videos, intentando eliminar

---

6   Asociación para el Libre Comercio de las Américas.

la distancia entre emisión y recepción, estableciendo a todos como posibles productores. Claro que esta "apertura total" de Indymedia encuentra sus obstáculos en la circulación de información muchas veces falsa o no chequeada.

Frente a la pasividad que imponen los medios de comunicación como único modo de acceder a la realidad, aparece este "difícil" concepto de "corresponsalías". Como recuerda Hacher, "nos pasa que alguien está una hora criticando porque no cubriste tal cosa, y entonces le contestás: bueno, escribí vos. Es un concepto muy difícil pero muy lindo, y cuando la gente lo entiende y se da cuenta de que tiene que ser un corresponsal, se crea un vínculo increíble. Tratamos de romper esa distancia entre nosotros y ellos".

Cuando se habla de una construcción mediante corresponsalías populares, es imposible separarlo de una concepción alternativa de la comunicación y de un modo horizontal de organización, propio de los movimientos antiglobalización.

Esta práctica de comunicación alternativa produjo localmente un vínculo directo con los movimientos sociales y organizaciones, de forma tal que Indymedia es hoy para muchos un espacio de referencia, con la consecuente apropiación del espacio por estos actores para difundir y dar información de "primera mano". Es así que se promueve un tipo de participación real, al tener un espacio de intervención y opinión sobre cada artículo publicado en el sitio.

Si bien hay contenidos que son removidos, estos pueden encontrarse en una sección aparte (se "tiran" los mensajes repetidos, comerciales, y que se alejan de la línea editorial de Indymedia). Como ellos mismos lo definen, "todo lo que sea racista, sexista, propolicial, proestatal, procapitalista, todo eso lo sacamos. Nuestro criterio es mostrar lo que los medios ocultan y tergiversan".

La cobertura temática es amplia y abarca información sobre los trabajadores, el movimiento estudiantil, derechos humanos, asambleas populares, cultura, noticias de política nacional e internacional, además de una sección dedicada a discusiones teóricas, debates, opiniones personales y de grupos, y otra de información sobre Argentina en otros idiomas.

También realizan coberturas especiales, generalmente de manifestaciones, donde cobra relevancia superior la velocidad para informar, que redunda en cierto "descuido" en las ediciones y algunas faltas de ortografía, que como los mismos miembros definen ya es característico de Indymedia. Para este tipo de informes se apoyan en otros formatos paratextuales como son las fotos, audio y video, siendo menor o casi nula la incorporación de éstos por los corresponsales populares. En cuanto al estilo, afirman ser "alternativos" al intentar alejarse del lenguaje panfletario, las primicias y las "grandes" definiciones políticas.

También se postulan como alternativos, al buscar un modelo diferente de comunicación, periodismo y sociedad. Sin embargo, reniegan que esto implique *per se* que el espacio de intervención que logren sea acotado y marginal. Como explicó Hacher: "los medios son como Mc Donalds, empresas que son máquinas de producir basura, que te venden un producto final con el objetivo de la ganancia y de envenenarte: Mc Donalds te envenena el estómago y Clarín la cabeza, con las salvedades del caso. Lo que no podíamos hacer nosotros era poner un puesto de panchos en la esquina. Desde ese punto de vista no somos alternativos".

Si bien reconocen que la red se ha convertido en "la" herramienta política a escala mundial y explotan en su página las virtudes de combinar en el mismo medio diferentes soportes como radio, video, texto y fotos, también entienden que para que la experiencia llegue a ser realmente masiva en nuestro país se necesita de un medio que supere el limitado acceso a Internet, como es la edición de una hoja con el resumen informativo y la foto del día para ser impresa y distribuida, la entrega de videos a las redes de organizaciones y las emisiones de radio en formato Mp3.

En cuanto a la estructura interna, cada Indymedia local funciona como grupo autónomo, no hay una "sede central" que baje líneas de acción para los Indy locales, aunque desde Estados Unidos se provee el servidor para Internet. Cada grupo tiene sus principios, maneja sus finanzas y toma sus decisiones en forma independiente. Ocasionalmente realizan campañas de donaciones on line en el exterior para la adquisición de equipos, sin embargo las demás actividades son autofinanciadas y los miembros realizan un aporte de su bolsillo para las producciones y el trabajo es voluntario.

Para comunicarse, además de los encuentros cara a cara, utilizan exhaustivamente Internet a través del correo electrónico y el chat. Los proyectos que tienen injerencia internacional son discutidos y algunas notas son producidas en conjunto por miembros de diferentes países utilizando el IRC (inter-relay chat) para comunicarse en tiempo real. Al no tener un lugar fijo de trabajo, algunas transmisiones llegan a realizarse desde locutorios. "Es que Indy es eso —explica uno de sus miembros— una camarita digital, un grabador, un cable para enchufar el grabador a la computadora y una salida a Internet".

La estructura horizontal se refleja en la libertad de acción de sus miembros: dejaron de lado la figura de un editor responsable y cada uno es el que toma las decisiones de edición sobre sus textos e imágenes. Hay algunos acuerdos previos y criterios en común sobre cómo posicionarse ante conflictos entre dos organizaciones, esto es, intentan dar una mirada general sobre el conflicto para abrir la discusión, aportando los elementos para que los lectores puedan tomar partido libremente.

De esta manera, Indymedia tiene como objetivo principal "empoderar"[7] a las personas a convertirse en los productores del medio. Bajo el lema internacional *"Don't hate the media, Be the media!"* (No odies a los medios, sé los medios) el Centro de Medios Independientes local se postula como facilitador de una red que aporta una herramienta de lucha para distintos movimientos que tienen proyectos de sociedad, que apuntan a un mundo mejor,

---

7　De empoderamiento / empowerment: es el autorreconocimiento y la asunción de las personas o grupos como sujetos de poder. Al tomar conciencia de estar insertos en tramas de relaciones de fuerza, los sujetos se reconocen con potencial para ejercer poder en diferentes niveles. Para una definición de poder como relaciones de fuerza, ver Michel Foucault, "Método", en *Historia de la sexualidad*, Siglo XXI, 1976.

a una revolución, ambos conceptos tan amplios y heterogéneos como organizaciones que interactúan en ese medio.

Variantes de lo alternativo

La comunicación alternativa germinó en Argentina por presentar modalidades innovadoras capaces de fortalecer el vínculo con los movimientos sociales y por inducir, al menos de modo tibio, nuevas maneras de recrear un clima democrático en un contexto en donde la cultura de la privatización ilimitada ha vaciado de contenido todo lo que pueda hacer alusión a una vida compartida y sin fines de lucro. La información alternativa, contrahegemónica u oposicional al sistema neoliberal dispone una reconstrucción de las coordenadas espacio-temporales que las personas necesitan percibir para construir su sentido de lo real. Mientras que la información impartida por los medios reconocidos como "del sistema" se percibe como interesada y siempre atada a finalidades económicas y políticas de los poderosos, las pequeñas agencias alternativas configuran un tipo de percepción vinculado (aunque de modo todavía muy desarticulado) con diferentes proyectos emancipadores, liberadores y democratizantes de los pueblos oprimidos que conforman nuestra tierra. Se debe resaltar, y esto no es un detalle menor sino un síntoma del carácter "transicional" de este período histórico, que las agencias alternativas no conforman un conglomerado coherente y homogéneo. Muchas veces se presentan como alternativos y caen en esa categoría proyectos comunicativos totalmente contrapuestos y filiales de valores políticos distantes y en constante disputa.

Si bien es enriquecedor organizar las diferencias sustanciales que exponen los distintos proyectos de comunicación alternativa (agencias de información alternativa) resulta importante rescatar aquellos puntos en los cuales todos encuentran un terreno de intersecciones que los aglutina en los diferentes espectros que conforman el denominado campo popular. Las agencias alternativas de información posibilitan en todos los casos un acceso rápido, barato y creativo donde tanto en su esfera productiva como receptiva se cuenta con un enorme potencial de participación de toda la población. Ese es el principal contrapunto oposicional con la lógica que organiza la estructura de los grandes medios, reducto sólo concebible a partir de la existencia de una élite que los dispone y los manipula de modo discrecional y privado. O sea, hay concentración mediática en un contexto de pronunciada desigualdad social y de fuertes signos antidemocráticos con poca participación, y es por eso que la comunicación alternativa (y el nacimiento de las agencias de información en Internet) debe necesariamente ser asociada a una de las tantas luchas de los pueblos por subsistir y por liberarse de las cadenas que los oprimen y los excluyen.

Por otro lado, existen promesas de índole estética que encuentran cauce y difusión en el espacio cibernético que, más allá de las diferencias en los proyectos, también manifiestan una necesidad social que los grandes medios no están en condiciones de proveer. Mientras que los grandes medios encuentran en su tratamiento mercantil de la noticia los límites que la condicionan a ser un mero "fast food" intelectual y así las desligan de la necesaria contextualización política, social, económica e histórica, las agencias de noticias alternativas se proponen como un campo fértil para recuperar la tradición analítica y reflexiva en el tratamiento de la noticia. Al desmonopolizar la palabra, al no contar con la existencia de periodistas "estrella" que usufructúan el derecho social de informar y ser informado (como sí tienen los medios gráficos y audiovisuales) Internet expande condiciones para facilitar una lógica más plural (aunque no idealmente pluralista) y con elementos democratizantes. Múltiples productores de noticias comunican a múltiples receptores que a su vez encuentran los canales (mucho más dinámicos que la simple carta de lectores de los diarios) para transformarse en escritores de nuevas noticias, provocando así un necesario feed back que transforma una participación simbólica en otra de tipo real.

Por último, una dimensión que debería ser indagada con mayor profundidad pero que al menos redime una sospecha social en constante ebullición: los medios masivos son poderosos no sólo por lo que cuentan, no sólo por la capacidad de difundir masivamente lo que relatan, sino también por su capacidad de "omitir" acontecimientos, de generar olvidos deliberados o de banalizar con análisis sesgados (o directamente con falta de análisis) fenómenos relacionados con todos los movimientos cuestionadores del sistema neoliberal. De esto surge la necesidad social de una nueva narrativa, de información de primera mano que evite los artificios estetizantes de los medios que, en su potencial retórico expuesto en el montaje extremo, reducen todo suceso a lo anecdótico, lo pintoresco, y lo superficial. La primera mano de la noticia alternativa se contrapone "al vivo y en directo" de las tecnologías mediáticas que proponen audiencias pasivas dispuestas a recibir desde el apoltronamiento hogareño la noticia ya deglutida y empaquetada. La primera mano de la noticia alternativa propone la participación colectiva, la puesta del cuerpo en acción, el cuerpo que registra y cuenta con voz propia desde el lugar de los hechos, y exige de ese modo la toma de postura, el posicionamiento ideológico frente a lo que acontece. Si cada lector puede al mismo tiempo ser un corresponsal, si sus capacidades expresivas encuentran vías de expansión para el debate, se produce un salto cualitativo que diseña un panorama cultural verdaderamente inédito y promisorio.

En consecuencia, esta nueva manera de producir y difundir noticias abre un marco de horizontalidad que desprovee de sentido al organigrama de las empresas de noticias (se vuelve inútil imponer la idea de editor responsable o la de jefe de redacción, por ejemplo) ganando de ese modo dinámica y profundización en el debate.

Con estos conceptos establecidos como base y sin perder de vista que Internet es aún hoy un espacio reducido[8] de participación (con amplias posibi-

---

8   De acuerdo a los estudios realizados por la consultora Prince&Cooke el porcentaje previsto en la Argentina (10%) para el aumento de las conexiones a Internet no sólo no se verificó sino que disminuyó. En julio/2001 se verificó la conexión a la red de 3.8 millones de argentinos con respecto a los 33 millones de habitantes del país.

lidades de expansión aunque, por la marginación y exclusión que propone este sistema, no logran concretarse) vamos a desarrollar ahora algunas líneas de contraste que pueden establecerse entre las experiencias desarrolladas anteriormente.

Las tres agencias se vinculan con un abanico muy diverso de organizaciones, pero sólo Indymedia ofrece una participación directa y abierta a los movimientos sociales, porque sólo esta agencia posibilita desarrollar de manera plena la idea de que cada persona es un corresponsal. El principio de funcionamiento de Eco portal y de Red Eco está basado en la retransmisión de la información que reciben pero con algunas diferencias en el manejo que realizan de sus fuentes. Mientras que Red Eco se núclea a las primeras líneas de los movimientos sociales para chequear la información y asegurarse su retransmisión a las bases, Eco portal se limita a chequear la veracidad de la información que reciben para su posterior publicación. Como ellos mismos lo establecen el contacto con los movimientos sociales del portal ecológico se realiza solo vía correo electrónico. Indymedia propone con su estilo directo y de primera mano un marco de discusión que funciona al estilo de los foros de opinión con un grado bastante ostensible de horizontalidad. Además asimila su objetivo como agencia con los objetivos de los movimientos sociales y crea así las condiciones que facilitan el desarrollo de actividades conjuntas con éstos y una fuerte cooperación.

Por otra parte, el tratamiento de los contenidos, las elecciones editoriales, o la simple elección de lo publicable o noticiable también diseña algunos pasajes de diferencias marcadas entre las tres agencias. Red Eco elige presentar una agenda oposicional *"a la agenda de los medios grandes"* y mostrar *"lo que los medios no muestran"* a través de un boletín que se reparte virtualmente tres veces por semana. Intenta apegarse a los mandatos de un amplio concepto acerca del *"campo popular"* y, sin entrar en dirimir divergencias internas dentro de proyectos muchas veces ambiguos o contradictorios, publica todo lo que reciben de organizaciones provenientes de los sectores populares. El apoyo a todas las iniciativas que reciben de este amplio abanico hace que Red Eco no pueda ubicarse como un proyecto de apoyo a un programa político partidario y sí como una agencia que se propone manifestar representaciones de la realidad diversas y opuestas a las que proponen los medios hegemónicos. Resulta interesante rescatar que en su negativa a difundir noticias *fragmentadas o descontextualizadas* se dibuja un espíritu bastante problematizador e inquieto, que intenta proyectar una realidad compleja y que se presta para una reflexión más seria y elaborada.

Eco portal también utiliza como criterio de lo noticiable la información que no aparece en los medios tradicionales. En general son publicaciones científicas que sin embargo no dejan de la do el cuestionamiento del sistema y del accionar del poder hegemónico en relación con la ecología. A pesar de que la alternatividad pasa por la diferencia de contenidos con los "grandes medios" se realiza un análisis crítico de las condiciones ambientales y constantes denuncias de cómo esas condiciones afectan al campo popular y son ignoradas por las esferas de poder. Entre los temas que más cuestionan al sistema económico se encuentran los alimentos transgénicos y los contaminantes ambientales además de la cuestión del combustible y otros.

Indymedia es una página a la que se accede y en ese sentido multiplica las potencialidades participativas de las personas porque eleva su número hacia niveles difícilmente calculables. No sólo no tiene un número de lectores fijos sino que los propios lectores son escritores de sus columnas, opiniones, y editoriales, ellos mismos cuentan lo que ven con sus propios ojos y gritan lo que escuchan con sus propios oídos. Indymedia no es un espacio donde se leen publicaciones de personas con ideologías comunes, o de intelectuales respetados por su trayectoria, sino un sitio donde la noticia de último momento y la noticia de análisis se encuentran de modo más anárquico y muchas veces desordenado. Así, esta página permite no sólo visualizar lo que *los medios hegemónicos no muestran,* sino que presta al debate público, las opiniones muchas veces divergentes, encontradas, contrapuestas, problemáticas, enemistadas y muchas veces irreconciliables de los grupos provenientes de los sectores populares que, desde una lógica sistémica, se visualizan siempre como grupos homogéneos con nombres diversos. De este modo, Indymedia presta un servicio que posibilita superar dos barreras que el sentido común nos impone: destaca lo que nunca aparecería en los medios tradicionales pero al mismo tiempo indica los verdaderos límites y contradicciones de los movimientos que prometen el cambio o la revolución.

Sin embargo puede resultar contraproducente para este proyecto la falta de comprobación de la veracidad de la información que usualmente lleva a la publicación de noticias falsas en relación con el campo popular. El servicio dual que provee Indymedia no solo no se realiza en estos casos sino que permitiendo la publicación de este tipo de información se produce un efecto adverso al que la página desea brindar.

Red Eco y Eco portal también poseen páginas web en las cuales se encuentra ampliada la información que hacen llegar a través de los boletines virtuales. En ambas páginas la información recibida podrá ser publicada con alguna imagen y a través de ellas el ingresante podrá comunicarse con quienes realizan el portal. Eco portal posee un foro de debate y carta de suscriptores a través de los cuales recibe información e intercambia opiniones con quienes ingresan en la página, Red Eco en cambio solo pone a disposición teléfono o mail para quien desee contactarse.

En este sentido Indymedia es un espacio de producción de mensajes que aprovecha casi todos los recursos tecnológicos de los que dispone la web y esto multiplica sus potencialidades estéticas, porque deja de ser una simple difusora de textos y se transforma en una fuente de generación de mensajes textuales y audiovisuales (fotos, videos, música, etcétera). Con esto no sólo se hace más atractiva sino que abre el panorama de participación concreta tanto a personas cuyo fuerte es la expresión escrita, como también a aquellas personas que se alimentan de una natural tendencia plástica y una marcada necesidad de informar a través de las imágenes o de relatar a través de los comentarios auditivos.

De la misma manera, Indymedia es un conjunto de nodos que se mueven ágilmente por el mundo, que no encuentran una sede de producción fija sino que se hallan inmersos en un proceso de constante expansión a medida que se abren nuevos nodos a nivel internacional. Por ello existen tantos Indymedia como países en donde las realidades comunicativas vividas por sus pueblos han aportado las bases para la justificación de propuestas de comunicación alternativa. En este sentido, esta agencia presenta alternatividad también en lo que concierne a su estructura de funcionamiento, dado que ésta es abierta y permite una incorporación casi constante de nuevas personas interesadas. No se debe descuidar el detalle de que la amplia estructura con que cuenta Indymedia le posibilita la explotación de un abanico mucho mayor de recursos, la producción de muchos más formatos y hasta la innovación de nuevos géneros de la información a partir de una tecnología flexible y en constante desarrollo.

En relación con la apertura y la interrelación con otras experiencias de comunicación alternativa, Red Eco es precursora de la formación del Foro de Medios Alternativos a través del cual se propone generar un ámbito de debate y de producción de conocimiento colectivo en el campo de lo popular. Como lo establece en la declaración de principios, el Foro busca zanjar las dificultades concretas de los espacios de comunicación alternativa (por ejemplo, la financiación), y además potenciar la difusión de la producción de los medios que adhieren a esta propuesta.

Bibliografía

América Latina en Movimiento (ALAI), "La contrainformación debe construirse con la verdad". http://alainet.org

Calcagno, Alfredo Eric, y Calcagno, Eric, "Al cabo de la gran estafa", *en Le Monde Diplomatique*, Enero 2002.

Chartier, Roger, "¿Muerte o transfiguración del lector?", *Las Revoluciones de la Cultura Escrita. Diálogo e intervenciones* , Ed. Gedisa, 2000.

Graziano, Margarita, *Para una definición alternativa de la comunicación*. Rev. ININCO nro. 1, Venezuela, 1980.

Mestman, Mariano, "Notas para una historia del cine de contrainformación y lucha política", en *Causas y Azares* nro. 2, Buenos Aires, 1995.

Rodríguez Esperón, Carlos, *Breve introducción a la comunicación alternativa*, Mimeo, Bs. As., 2000.

Simpson Grinberg, M., "Comunicación alternativa: tendencias de la investigación en América Latina", en Simpson Grinberg, M. (comp.), *Comunicación alternativa y cambio social*, México, Premia Editora, 1986.

Sirvent, María Teresa, "Estilos participativos, sueños o realidades" en *Revista Argentina de Educación*, Año 3, nro. 5, AGCE, Bs. As., 1984.

El rol de los medios alternativos

INDYMEDIA ARGENTINA[1]

Sobre Emilio Alí y la prensa argentina

by Pepe Alzamendi 5:46pm Mar 12 '02
(Modified on 9:34am Mar 15 '02)

Breve reflexión que busca enfatizar el rol fundamental de una nueva generación emergente de periodistas-militantes. DON'T HATE THE MEDIA, BE THE MEDIA!

Hoy a la noche en el programa de Lanata se pasaron fragmentos de una entrevista a Emilio Alí, quien estaría por salir en libertad tras un año y medio de prisión por haber organizado un pedido de comida en Mar del Plata. La liberación de Alí, como él mismo lo reconoció, sería el premio a las campañas por su libertad llevadas aquí solidariamente por una gama de organizaciones sociales y políticas, así también como por ciertas iniciativas de solidaridad internacional. Alí señaló que una vez en libertad va a poner todos sus esfuerzos en continuar la lucha. Dijo que la cárcel ha fortalecido sus convicciones. Las imágenes fueron conmovedoras y estimulantes al mismo tiempo.

Ahora bien: se trató de la primera nota televisiva realizada a Emilio Alí, y fue hecha por tres periodistas extranjeros, una de ellos la periodista-militante antiglobalización Naomi Klein. ¿Tuvieron que venir ellos para que la prensa argentina reparara en la figura de Emilio Alí, en los miles de militantes sociales perseguidos? ¿A Lanata no se le había ocurrido antes?

Uno de los elementos novedosos de la revuelta argentina ha sido el modo en que las organizaciones populares han conseguido presionar a los pro-

---

1   El presente texto fue tomado del sitio web de Indymedia Argentina (argentina.indymedia.org). Se trata de un debate abierto en torno al rol de los medios alternativos, donde diferentes usuarios fueron dejando su opinión. El último artículo, "Piquetes en el aire", no corresponde al mismo debate. Sin embargo, y dado que transita los mismos temas a partir de la crónica de una experiencia, decidimos publicarlo junto a la serie.

pios medios de comunicación. Los escraches a Clarín, a TN (con excelente resultado: la aparición de los cacerolazos antes silenciados), los boicots de compras por un mes a Clarín, etc., son medidas muy importantes que hicieron mella en los medios hegemónicos. Más importante aún, esta crítica militante del imperio de la media oficial se viene acompañando de un redespliegue de un frente de contrainformación independiente y de base, que tiene a Indymedia y a Argentina Arde, además de varios colectivos de video locales e internacionales, como principales impulsores.

Manuel Vázquez Montalbán recientemente decía que en los medios, más allá de ser propiedad de empresas vinculadas al sistema, los mismos periodistas terminan anestesiados, y que el argumento de que ellos no pueden hacer nada porque son sólo trabajadores de una empresa es sólo parcialmente cierto: hay un espacio de libertad que casi ninguno utiliza. La prensa argentina es, en líneas generales, y salvo algunas excepciones (Bonasso, Marta Dillon, a veces *Tres Puntos* y *Le Monde,* y unos pocos más) muy mediocre, acomodaticia y muy desvinculada de una perspectiva política. Contra ese periodismo conformista y cínico que se consolidó en los años '90 (exponentes asquerosamente prototípicos: Lanata, Rodrigo Fresán, el dibujante Rep), una nueva generación de periodistas-militantes (así, inescindiblemente) está surgiendo.

Todo esto lo digo en función de un primer balance de algunos de los elementos ricos de este proceso: DEBEMOS CONTINUAR PRESIONANDO Y BOICOTEANDO A LOS MEDIOS! HAY QUE REFORZAR Y DESARROLLAR NUEVOS PROYECTOS DE CONTRAINFORMACIÓN!

Como dicen en Indymedia Internacional: DON'T HATE THE MEDIA. BE THE MEDIA!

Somos el medio

by Carlos Balmaceda 9:42pm Tue Mar 12 '02

Totalmente de acuerdo, e insisto en algo que ya escribí en este espacio: la prensa argentina pudo correrse a la izquierda durante el menemismo dado el desplazamiento de toda la sociedad hacia la derecha. Esa postura les permitió posar de denunciantes, contestatarios y de héroes cívicos. Hoy, que los tiempos han cambiado de dirección, Majul —el que escribiera *Los dueños de la Argentina*— invita a Eduardo Amadeo y a Patricia Bullrich a su programa, Silvina Walger se sienta en la mesa con Sofovich, Grondona lanza desde *La Nación* un editorial que glorifica la represión y se hace cruces porque no se ha procesado a los que quemaron las camionetas de OCA el 20 de diciembre. Ser el medio, y no odiarlos, contarles las costillas día a día, línea a línea, ponerlos en evidencia, señalar la nota bochornosa de *Clarín* en la que bajo el nombre "La pesificación no es licuación de deudas" se hace un "análisis" de por qué las deudas que se pesificaron, como las del grupo, no les restan ni un ápice de la pesada carga en que incurrieron para bien del país. Ese es un ejemplo que traigo a colación por lo bochornoso, lo descarado, por el modo en que suponen que la mayoría de sus lectores son perfectos imbéciles.

¿Qué es un periodista-militante?

by Pepe Alzamendi 10:48pm Tue Mar 12 '02

Agrego algunos comentarios más pensados luego de la lectura del breve texto de Carlos. ¿Cuáles son los contornos que dibujan la figura del periodista-militante emergente? Me animo a señalar algunos rasgos tentativos que he venido observando y que dotan a esta figura de un perfil y un peso político propio:

— Un periodismo en el que la lógica periodística está subordinada a la lógica política: como decían los compañeros de Indymedia Rosario·en su texto de presentación, se trata de un periodismo guiado por la idea de que la noticia no es una mercancía, sino un arma política más.

— Es un periodismo muy distinto al desplegado en los periódicos partidarios y sectoriales. El halo político que lo guía no cae nunca en panfletarismos. El panfleto está excluido de sus prácticas de escritura. En otros términos, hay un compromiso con la verdad que debe excluirlo de cualquier sesgo sectario, corporativo o de autopromoción (he aquí lo que algunos militantes de la izquierda partidaria que publican en Indy no vienen comprendiendo).

— Es un periodismo propio de la era de la globalización: un periodismo difuso, que busca dar a conocer las luchas en todo el mundo y contribuir a su articulación. En ese sentido, además, es un periodismo librado del nacionalismo infecto presente en la media oficial, para el cual un choque con heridos leves en Buenos Aires es noticia, pero 5 mineros muertos en Bolivia no. No en vano, la figura del periodista-militante ha emergido sobre todo en las filas del movimiento antiglobalización, en una era posnacional. Imagen vista en varios videos: un militante con pasamontañas y una cámara de fotos enfrentando un pelotón de la policía en Génova. La información, las imágenes, son hasta cierto punto un antídoto contra la represión.

— La noticia como mecanismo de articulación: la noticia de una lucha inspira otras luchas, a veces en lugares muy lejanos. El relato de una lucha provoca empatía, genera solidaridad, produce lazo social imaginario que puede ser lazo social real (ejemplo reciente, el lazo entre Indymedia Italia y los piqueteros argentinos). El poder (el contrapoder) de la palabra, transformado en vehículo de contaminación y contagio de unas y otras luchas. En suma: la noticia como elemento de construcción de contrahegemonía.

— Un periodismo de base y descentralizado: he aquí un principio central de Indymedia. Todos somos periodistas. Lo decían los compañeros de Indymedia Italia: podrán capturar material físico, pero no detener el irresistible crecimiento de una fuerza que simplemente está tanto en ninguna como en todas partes.

— El periodista-militante como conector de las luchas territoriales, como elemento nomádico desterritorializado que une geografías y territorios diversos. El periodista-poeta (una poesía cargada de futuro), que excita la imaginación. El periodista-militante como cronista de las acciones y construcciones de la multitud. DON'T HATE THE MEDIA. BE THE MEDIA! VIVA INDYMEDIA!

Hate the media, be the media

by sh 8:01am Thu Mar 14 '02

¡Bien, bien, buena discusión! ¡Aire fresco! Se podría estar casi en todo de acuerdo con vos a simple vista, al releer el texto con atención me surgen cada vez más preguntas y reflexiones.

La primera impresión es por el rol que le asignás a las "excepciones" que salvás de la "mediocridad de los medios". ¿Qué diferencia hay entre Lanata y Bonnaso? ¿Qué encontrás de bueno en *Le Monde,* el que denunció la batalla del 20 de setiembre como una "sospechosa mezcla de delincuentes comunes, provocadores profesionales de la policía y los servicios de seguridad e inteligencia, 'punteros' políticos y gremiales y los tradicionales 'revolucionarios' de izquierda infiltrados hasta el hueso por la policía"? (*Le Monde Dipló* edición argentina, N° 31)

Creo que allí confundís un problema de "ráting progresista" con lo que realmente son y hacen los medios. Si ellos hoy están en alza en cuanto a aceptación social —sobre todo entre la clase media porteña— no significa que estén dando pasos hacia la contrainformación o elevándose por arriba de lo que vos llamás mediocridad y yo prefiero llamar corporativismo de los medios.

Porque más allá de lo que escriban (más a la derecha, más a la izquierda) los ideólogos periodistas de los grandes medios —diferenciando a los trabajadores periodistas, a los que me referiré en otro momento— como Bonasso, Lanata, Grondona, Verbitsky, Haddad, etc., lo que hacen es propagar una ideología determinada por su posición social, sus intereses políticos y personales y de los medios en que se mueven. Estos intereses, que en todos los casos son diferentes y hasta opuestos, tienen sin embargo algo en común, que está en el nudo de las cosas: todos propugnan por la naturalización, y por lo tanto perpetuación, del sistema capitalista.

Espero entiendas que no pretendo decir simplemente que "todos son la misma mierda"; una cosa semejante no sólo sería erróneo, sino patético y hasta, se puede decir, estúpido.

Pero este punto nodal compartido, que en algunos casos es patente y hasta burdo —mirámelo sino a Haddad— en otros es más sutil, y allí es donde me quiero detener unas líneas.

La función de los periodistas "progresistas", ideólogos de los *Página/12,* es la de pulir los inocultables conflictos para presentarlos como fragmentos de una realidad inabarcable, o como fenómenos naturales desprovistos de toda raíz profunda y sistémica.

Si sus trabajos fueran noticias sobre el clima, sus notas serían descripciones precisas y a veces sorprendentes de la velocidad con la que está bajando cada gota de lluvia, la cantidad de milímetros caídos y hasta, si querés, el efecto que producen sobre los pétalos de una rosa al caer sobre ella. Pero nunca explicarían por qué aumentaron realmente las lluvias, ni buscarían los elementos que permitan construir una nueva realidad para pararlas.

Esto, que en el clima no es tan grave, llevado al terreno social significa quedarse a los umbrales de una explicación de la realidad como proceso de conjunto, explorando sus últimas causas y su estructura interna para poder vislumbrar las posibles salidas. El periodista "progresista", en cuanto ideólogo, sólo se limita a presentar la realidad de acuerdo a que la conclusión inducida —muchas veces implícita, como en el caso del fordiano y frenapiano Verbitsky— sea la de "mejoras paulatinas" de la sociedad capitalista tal cual la conocemos hoy; totalmente inhumana e irreformable.

Nos regalan pequeñas porciones, a veces jugosas, como parte de una realidad fragmentada e irreconocible, de las que sus denuncias sólo son astillas sueltas.

Para ellos, la culpa de la lluvia la tiene, en el mejor de los casos, dios.

¿Qué significa si no la denuncia de golpe de Bonasso, o los análisis de cualquiera de los que vos nombraste? Mutilar la realidad, estructurarla de tal forma que se traten de "manzanas podridas" de nuestro cajón social, es su principal tarea.

¿Cuál es entonces nuestra misión, como periodistas-militantes?

Creo que en primer término zambullirnos en la realidad tratando de captar no sólo la superficie sino el proceso de conjunto, contribuyendo a desentrañar los elementos que permitan a los oprimidos construir su propio andamiaje ideológico. El periodista-militante, como yo lo entiendo, es en primer término como un arqueólogo de la realidad; desentierra los elementos ocultos y dispersos por la ideología dominante, y los articula de tal forma que desnuden la verdadera naturaleza perversa del sistema en el que se desarrollan. No actúa desde un punto de vista parcial sino desde el fenómeno social y de lucha en su conjunto, tratando de tener una visión honesta de la realidad, no cayendo ni en panfletismo ni en el —siempre presente— fetiche de los acontecimientos desconectados entre sí o encadenados como en un video de la MTV, cayendo en una especie de "crónica TV alternativo", juntando imágenes de la misma forma en la que uno pincha chorizos para ser cocinados.

El periodista-militante se ubica, así, desde el punto de vista de la clase social a la que defiende, tratando de hacer inteligible la realidad que ellos mismos protagonizan.

El periodista-militante no es, sin embargo, un escriba de la realidad. Al sumergirse en ella con esa perspectiva, pero desde su punto de vista particular, se vuelve protagonista activo de las luchas en las que participa y una victoria de éstas es una victoria de sí mismo. Cada foto, cada reporte es una doble acción; política y artística al mismo tiempo. Es política, porque se dirige a ayudar a que las luchas que está cubriendo se desarrollen y triunfen, y a la vez se articulen dentro de un proceso más general. Es artística, porque esa construcción se hace desde el punto de vista particular del periodista, articulando estéticamente la realidad que sus sentidos percibieron y registraron con cualquier soporte técnico.

Las ideas previas, la posición social y el contexto en el que trabaja el periodista-militante, determinan hasta cierto punto el recorte que hace de la realidad, y tamizada por su propia subjetividad, la noticia nunca escapa a su propia ideología, que bienvenida sea.

Por eso no me solidarizo en lo más mínimo con la suerte de los bonassos y compañía, por más que pueda compartir algún dato o utilizar los que ellos mismos nos brindan.

Volviendo al punto de vista general, digamos que el periodista militante está comprometido con un cambio social radical, que en su subjetividad adopta las formas y contenidos que sus propias ideas les dan.

En cuanto al intento de ruptura con la lógica mercantil de la información, creo que tiene también dos facetas entrelazadas; una es la utilización como arma política, y la otra es un intento de ruptura con la lógica de la información (paquete cerrado que sólo se puede comprar) a favor de la comunicación (el receptor convertido en sujeto y emisor de la noticia). Esta última es una característica que tiene antecedentes en experiencias anteriores, como —por nombrar una concreta— la experiencia de Rodolfo Walsh con "cadena informativa". Bertold Brecht soñaba con ese rol para la radio, pero la realidad le dio un mentís. La radio se convirtió rápidamente en un medio corporativo, y la posibilidad técnica de la realización de la comunicación fue convertida rápidamente en *feed back*, una especie de opinión acotada, seleccionada y hasta inducida, generada como reacción al mensaje recibido, carente de todo poder creativo propio.

Hoy, gracias a tecnologías como Internet, podemos tener experiencias tan maravillosas como Indymedia, que quizás en ese terreno sea ya la más grande que haya conocido la humanidad.

Pero sabrás entender los límites que tiene todo intento en este terreno; en un sentido práctico, esta posibilidad está acotada todavía a una pequeñísima minoría que tiene acceso a los medios tecnológicos, sin contar las profundas raíces ideológicas que presentan a las noticias como un objeto de consumo pasivo, tan típico de estos años.

En ese sentido, la tarea del periodista-militante es jugar un rol no solamente de producción, sino de distribuidor y facilitador de la comunicación. Su tarea no se centra solamente en recrear la realidad, sino en tratar de funcionar como puente y, si querés, como maestro para que los oprimidos puedan generar la noticia.

Y, para ponerle un límite más, su tarea se vuelve imposible si intenta con ello superar evolutivamente a los medios tradicionales; hacerlo significa dejar de asignarle a su práctica un rol de "arma política" para otorgarle un carácter todopoderoso y utópico en el mal sentido de la palabra.

Porque no se puede hablar de una comunicación verdadera mientras millones de personas no tienen acceso a los medios básicos para realizarla. La primer censura del sistema consiste en que millones no tienen acceso al pan y la cultura, y están separados de los medios de producción de ambas cosas.

Por eso, desde mi particular punto de vista, hay que separar los grandes medios de comunicación de sus actuales dueños, y ponerlos bajo el servicio y control de la mayoría explotada y oprimida de la sociedad, para poder hablar de una comunicación verdadera. Para que ese aspecto de desenterrar la noticia como mercancía se realice en plenitud, hace falta que la causa última del periodista-militante, el cambio radical de la sociedad, se realice en total plenitud.

En ese sentido, yo diría "hate the media, be the media".

Después, creo que hay algunos aspectos parciales que se podrían discutir. Si bien el nuevo periodista nace de lo que vos llamás globalización, ¿juega el mismo rol en todas partes o nace como subproducto de los particulares procesos en los que vive? Si bien no está infecto de nacionalismo, creo que el periodista-militante se debe exigir a sí mismo atender honestamente a las particularidades del lugar donde vive. Digo esto, porque mucha gente confunde las cosas y pretende seguir ejemplos de otras partes en disonancia con la realidad que lo rodea.

Bueno, y así un montón de cosas, pero por ahora basta, porque otra de las características de los periodistas-militantes es tratar de escribir cosas digeribles y más o menos cortas.

Piquetes en el aire

by sebastián hacher ((i)) Sunday December 07, 2003 at 08:39 PM

—¡Don, don! ¿a qué hora salimos en la tele?
—¡Fílmele las costillas a él, mire qué flaco que está!

Los pibes vienen jugando y llenos de barro desde la cara hasta los pies descalzos, llevando a uno más chiquito en un carro con ruedas. Se emocionan un poco cuando el camarógrafo los enfoca en medio de los preparativos para la transmisión. Y aunque quizás no lo saben, la pregunta no está dirigida a un presentador de televisión que vino a cubrir algún delito, choque o incendio, sino a un piquetero que está colgado de un poste tratando de montar una antena para hacer la primer emisión de un canal itinerante en el barrio San Rudecindo, en Florencio Varela.

"Si tiene cable, se puede desconectar un rato y poner la antena de aire. Una antena cualquiera de pie es útil. Como última posibilidad se puede armar una antena con dos tenedores de metal conectados al cable de la antena del televisor y pinchados en una papa. También sirven". Esas pocas instrucciones fueron repartidas durante la semana en afiches y volantes confeccionados por el Movimiento Teresa Rodríguez (MTR) y el grupo de Cine Alavío, anunciando la llegada de la TV Piquetera el sábado 6 de diciembre a partir de las 14 horas.

El barrio, que fue cuna de éste y otros movimientos, está a 5 kilómetros de la estación Bosques. Tiene unos 5.000 habitantes, calles de tierra, casas de chapa y madera donde suena la cumbia a todo volumen, y hay tanta desocupación como en cualquier barrio del conurbano. El motivo, la excusa para que llegue la TV es inaugurar una bomba de agua comunitaria para el barrio que acaba de terminar el movimiento.

A las dos de la tarde, cuando los pibes del carrito vuelvan a aparecer bañados y peinados, comenzará el desenlace de un mes de trabajo para los miembros de la comisión de prensa del MTR. Con una imagen de las mujeres, los hombres y sobre todo los chicos del movimiento, se abrirá la transmisión.

Por algunas horas dejará de sonar la cumbia pegadiza y las familias se amontonarán frente a pequeños televisores para presenciar un acontecimiento casi mágico; la televisión a la vuelta de la esquina. Y en manos de los piqueteros.

Cortar la ruta de la información

El Canal 4, la TV piquetera, se ganó ese nombre luego de entender que lo que estaban haciendo era "un piquete en el aire" para trasmitir información que no tiene cabida en los medios oficiales. Uno de los hitos de esta nueva etapa fue la transmisión, poco difundida, desde Plaza de Mayo el 20 de Diciembre del 2002 y desde un corte de ruta en septiembre de este año.

Ricardo Leguizamón, pionero en la materia, nos explica que "a partir del 20 de Diciembre nos dimos cuenta que era el momento para fortalecer esta movida". Pero el proyecto, en realidad, comenzó mucho antes. Allá por 1983, Ricardo era un estudiante de ingeniería que quería trabajar para montar radios y televisoras comunitarias. Construir un transmisor parecía un sueño; todos los materiales eran carísimos y casi nadie sabía como hacerlo. Pero no era imposible; un ingeniero polaco que había trabajado durante la segunda guerra mundial construyendo radares y desencriptando comunicaciones para los aliados, le dio a Ricardo la llave para hacerlo.

El polaco había tenido una experiencia mística que lo llevó a abandonar todo y dedicarse a experimentar técnicas para hacer hablar a las plantas. Cuando Ricardo lo visitó, en el jardín del viejo ingeniero había aparatos que emitían diferentes sonidos al ver llegar a extraños. "Se ve que le caí bien a sus plantas —sonríe ahora Leguizamón 20 años después— y el tipo me enseñó. La única condición fue que nunca figurara su nombre en el proyecto, porque él se movía en otro ambiente".

Con el transmisor funcionando, se montó el primer canal de televisión comunitaria del país; el Canal 4 de Alejandro Korn, en la provincia de Buenos Aires. Con el tiempo los medios comunitarios se fueron multiplicando y en 1992 se formó una asociación; AATECO (Asociación Argentina de Teledifusoras Comunitarias) con más de 250 canales en todo el país, entre ellos el mítico Canal 4 Utopía en la Capital Federal.

La lucha por una televisión comunitaria se desarrolló a lo largo de toda la década del 90 y renació con la revuelta del 19 y 20 de diciembre del 2001, cuando muchos —entre ellos Leguizamón— vieron una oportunidad para que la idea se vuelva a hacer carne en las miles de personas que recuperaron la palabra.

Ahora los equipos están a disposición de las organizaciones sociales. "Nosotros ponemos lo técnico y ellos los contenidos", explica Ricardo. Y aunque se muestran dispuestos a ayudar a que cada uno pueda construir sus transmisores, reconoce que hasta ahora "son pocos los que aprendieron a hacerlo".

Esto lo digo yo

La transmisión va alternando los videos preparados con intervenciones en vivo del público presente "en estudio", entendiendo por ello el terreno donde está la huerta y el comedor que todos los días da alimento a unas 10 familias con dos docenas de chicos. Todas las entrevistas, muchos de los videos y los debates son hechos por los mismos piqueteros. El presentador es Nicolás Vega, que sorprende a todos con sus cualidades de locutor; hasta seis meses antes de hacerse piquetero, y por ocho años, tuvo su propio programa de radio en FM Popular, que cayó —como muchos— víctima de la falta de anunciantes.

Viviana, la otra presentadora, es una de las referentes de la zona. Anima a los compañeros a salir al aire y se preocupa por que estén todos los chicos. El de ella —como el de casi todos— es un perfil muy diferente de lo que se suele imaginar mediáticamente cuando se habla de piqueteros "duros". Con casi treinta años de edad y más de seis en el movimiento, habla con palabras simples y es a la vez panadera, madre y un poco maestra de todos los chicos. Cuenta que entre cuatro compañeros organizaron la venta de pan, y que cuando ella aprendió un poco sobre contaminación, se les ocurrió usar lo que salía de la panadería para hacer el pozo de agua, porque con lo que había, además, no podían ni siquiera regar las plantas.

La programación de la TV recién montada recorre toda la vida del movimiento piquetero; desde la ruta hasta el trabajo, desde el reclamo hasta la construcción comunitaria y la discusión política. Entre los proyectos productivos se muestran la elaboración de productos de limpieza, adornos, cortinas de plástico, la huerta y la próxima inauguración de una fábrica donde se albergarán los proyectos más grandes, que pueden ir desde una fábrica de zapatillas hasta un pequeño hospital, como los que ya funcionan en otras zonas de Florencio Varela.

Los videos y los oradores van pasando, y los productores-piqueteros hacen un esfuerzo por conciliar el entusiasmo de la gente que accede al micrófono con una programación que pretendía mantener un orden. Y en ese feliz desorden, el momento más fuerte de la programación es la aparición de las mujeres, encargadas de explicar a la teleaudiencia cómo se organizan ellas. Doña Argentina dice que ella viene al movimiento a trabajar, que su función en los piquetes y en los comedores es "cocinar para miles de personas, y se imaginarán, los que cocinan para una familia, que es un trabajo muy grande".

Las palmas se la lleva Porfiria, que se enorgullece de lucir sus "canas y arrugas como trofeo". "Nosotros —dice con fuerza— usamos el pañuelo celeste para que nos identifiquen como trabajamos. No queremos que ni Duhalde ni Kirchner digan que somos vagos, porque los únicos vagos son ellos". Antes de que diga "esto lo digo yo, que me llamo Porfiria", el aplauso estalla desde tres casitas más allá, donde algunos vecinos se juntaron abajo de un árbol para verla en la pantalla.

Tomar la palabra

El que no estuvo nunca en un piquete, seguramente no entenderá lo que significa y encierra. El corte de ruta no es simplemente un bloqueo de caminos; es también liberar una porción de territorio donde se desarrolla un mundo entero y nuevo, nacido de la necesidad pero caminando despacito hacia la dignidad.

Se trata de un acto de lucha, pero no solamente reivindicativa. Atrás de las gomas y de las caras responsable y lógicamente tapadas, se construye todo un entramado de relaciones, de valores, de vida comunitaria. Se le pone el pecho a la marginación y se gana una esperanza.

Reducir el piquete a un bloqueo de tránsito es tratar de esconder su verdadera esencia, y es verlo desde la cómoda programación de Crónica TV. Pretender que desaparezcan es simplemente eso; tratar de volver a convertirlos en desaparecidos sociales, gente sin rostro, sombras sin futuro.

La analogía del piquete en la ruta con la TV piquetera es casi perfecta, porque no se la puede tomar nada más que como una irrupción en la frecuencia radioeléctrica; no se trata solamente de apropiarse del espacio que suele estar dominado por los monopolios de la comunicación, sino de la puesta en marcha de nuevas relaciones entre el hombre y los medios de comunicación.

Cuando Porfiria dice a los cuatro vientos "esto lo digo yo", está esgrimiendo todo un programa, y consumando a la vez un acto de liberación. Recupera su propia voz negada, y habla para sus compañeros y para quien quiere oírla; dice lo que piensa y lo que siente sin intermediarios, editores o deformadores de su discurso. Y si hay gente mirando del otro lado de la pantalla, es un detalle más; si fuera solamente el acto mágico de tomar la palabra y hablar con el corazón, alcanzaría para justificar toda la jornada.

En tiempos en que los medios se dividen entre los que piden a gritos represión y los que esbozan una nueva teoría de los dos demonios, hace falta pegarse una vuelta por lugares como San Rudecindo para aprender un poco. Y hacen falta, también, unos cuantos piquetes al aire.

La importancia del periodismo alternativo en la actual lucha liberadora latinoamericana

CARLOS AZNÁREZ[1]

Nuestros pueblos de Latinoamérica —y agregaría todos los del Tercer Mundo— están soportando como nunca, una ofensiva mediática que no sólo apunta a manipular y desinformar sobre cada uno de los aspectos políticos, económicos y culturales que se producen en los respectivos países, sino que en muchos casos —Cuba, Venezuela, Colombia, Palestina, por citar los más conocidos— generan una abierta desestabilización y apuestan decididamente a la guerra contra los movimientos populares.

Los medios de comunicación —la gran mayoría de ellos— representan hoy una de las principales columnas del ejército de ocupación que la llamada mundialización ha puesto en marcha en todo el Tercer Mundo. Corporación privilegiada y generalmente muy bien recompensada por quienes desde Washington construyen tanto la táctica como la estrategia intervencionista, los medios colaboran con la generación de opiniones desfavorables cuando se trata de comenzar a roer los cimientos de países que están intentando construir una alternativa independiente al discurso único existente y se vuelcan con todo en la ofensiva de dar cobertura a la represión, a la tortura, al asesinato, a las detenciones indiscriminadas, a la guerra desigual entre opresores y oprimidos, en el resto de las naciones del planeta.

No es problema alguno para los medios (generalmente auténticos holdings informativos, que agrupan agencias de noticias, radios, TV y cadenas de diarios en un solo entramado), "construir la noticia" que ayude a maquillar cada una de las realidades de miseria y corrupción que viven nuestros pueblos. Ellos son los que hablan de "guerra entre dos bandos" o de que se hace necesario "desarmar al terrorismo palestino" en la lucha popular que lleva adelante ese pueblo para recuperar sus ultrajadas tierras hoy en manos de los fascistas israelíes. Son estos "medios asépticos e independientes"

---

1 Carlos Aznárez es periodista y director del periódico *Resumen Latinoamericano* (editado en Argentina, Venezuela y Europa). Dirige el programa televisivo del mismo nombre (Canal 57 de Multicanal, viernes 21 hs.) y en soporte digital los *Diarios de Urgencia*, de suscripción gratuita (resumen@nodo50.org). Es autor de varios libros, entre ellos *Los sueños de Bolívar en la Venezuela de hoy* y *Rebeldes sin Tierra. La historia del MST de Brasil.*

los que apuestan al Plan Colombia y sus consecuencias militaristas y devastadoras para los sectores populares y el campesinado de ese país. Se burlan soezmente de los levantamientos indígenas o apuestan al camaleonismo cuando un día nos venden la imagen descafeinada de un Fujimori o de un Montesinos, y tiempo después con las mismas voces y gestos, nos hablan del "cruel dictador" y su "corrupto" ladero.

Disfrazan sus "noticias" (muchas veces textuales comunicados de la estrategia del Departamento de Estado yanqui) edulcorando la participación de la "sociedad civil" (un concepto del que también se han apoderado) en el "rechazo" a la insurgencia colombiana, o cargan las tintas sobre "la resistencia indígena" a los "actores armados", coincidiendo en este concepto con algunas ONGs europeas que actúan también como nuevas aliadas de la estrategia imperial en el continente.

Ni qué decir de lo que la avalancha mediática ha significado para la lucha de nuestra querida Cuba Socialista en su afán de romper el criminal bloqueo norteamericano. Son los medios de comunicación occidentales los primeros en sumarse a hurgar en Cuba como no lo hacen con ningún otro país, con la idea de encontrar "disidencia" donde sólo hay terrorismo anti cubano, o "violaciones de derechos humanos" cuando se sanciona —como no lo hace casi ningún país del continente— a la corrupción, el bandidaje o la violación grave de medidas que afectan a la seguridad de un país atacado por el ejército más poderoso del mundo.

Ahora, la miserable campaña de los medios se suma —al compás de lo que determinan las directrices del documento de "Santa Fe IV" (elaborado por los halcones del presidente Bush)—, para intentar deslegitimar el apoyo popular con que cuenta la Revolución Bolivariana de Venezuela. Obviamente, les molesta a los llamados defensores de la libertad de expresión (empresaria, para ser más exactos), que la Revolución que dirige el comandante Hugo Chávez Frías comience a horadar las raíces del discurso explotador oligárquico venezolano, e intente desarrollar —contra viento y marea— una política de transformaciones y revalorización para los sectores que fueron sumergidos en la miseria durante los últimos 40 años de "democracia representativa". Y que a la vez apunte a poner de pie en el continente una política exterior que, junto con la cubana, prioriza a los No Alineados, a los pueblos que luchan por su autodeterminación, a los que no se arrodillan ante la hegemonía impuesta por los Estados Unidos.

Son estos medios "libres" los que afilan su sagacidad a la hora de descubrir "rasgos de fascistización" o de "cubanización" (según les convenga a su discurso difamante) en los gobiernos populares, y de no ver jamás los avances sociales (las campañas alfabetizadoras como las llevadas a cabo por Cuba o ahora por el gobierno venezolano, en países donde antes de dichos procesos los niños, los jóvenes y los ancianos siempre habían sido tratados como ciudadanos de cuarta clase). Son los mismos que construyen términos que caben a sus políticas desinformativas (como "catástrofe climática" o "castigo de los elementos") cuando se trata ni más ni menos que de violaciones producidas a la estabilidad de la tierra y su Naturaleza por parte de las políticas depredadoras y criminales contra el ecosistema, que practican los países llamados desarrollados en detrimento de los que pujamos por asomar la cabeza en este mundo demencial.

Frente a estas actitudes que a veces parecen imposibles de enfrentar y mucho menos, de vencer, se levantan miles de expresiones mediáticas, de perfil diferente a las anteriores, con los pies plantados precisamente en la calle de los marginados, de los que no dejan jamás de luchar por sus derechos más elementales, de los que se enfrentan por todos los medios y vías posibles —desde la electoral hasta la armada— contra el imperialismo y el capitalismo. Son los medios alternativos, los que nacen en condiciones de precariedad y van desarrollando, paciente pero efectivamente, tareas de pequeñas hormigas frente a los gigantes de la desinformación.

Recoger el guante, pasar a la ofensiva

La primera comprobación que se puede hacer sobre este desigual enfrentamiento entre los medios de comunicación populares y los que abiertamente están jugando en el campo de juego de quienes nos oprimen, es que —al decir de las queridas Madres de Plaza de Mayo— "la única batalla que se pierde es la que se abandona".

Se puede. Claro que se puede ayudar a que nuestros pueblos estén más y mejor informados sobre sus realidades. Y si bien el factor económico influye muchas veces decisivamente para descorazonar a quienes se lanzan a este combate, no es menos cierto que el ingenio y la sabiduría de la gente de abajo siempre ha sabido reemplazar el poder de los aparatos y el dinero con elementos surgidos de la propia historia de nuestras luchas.

Para enfrentar un discurso mentiroso, manipulador o insidioso, valen todos los medios a nuestro alcance: desde expresar nuestras opiniones en las blancas paredes o muros con que las burguesías autóctonas intentan demostrar que "todo va bien", hasta ir construyendo —como lo hacemos a diario y desde siempre— nuestros propios medios de comunicación oral, escrita o, en el mejor de los casos, televisada.

Allí está el ejemplo de nuestros hermanos de Brasil, los compañeros del Movimiento de los Sin Tierra, que no sólo están construyendo poder popular con cada una de sus ocupaciones sino que además están llevando a cabo una vastísima experiencia de desarrollo cultural. El MST tiene sus propios medios de prensa, como el diario *Sem Terra* o la revista del mismo nombre, amén de radios locales que trasmiten la voz y el quehacer de este gigantesco movimiento que aglutina a millones de hombres, mujeres y niños.

Renglón aparte representa la prensa popular cubana. Pese a los mil inconvenientes trazados por el bloqueo genocida, al pueblo de Cuba jamás le faltó en estos 42 años la posibilidad de recibir información a través de sus órganos de prensa, que por cientos de miles circulan en todo el país, siendo los más populares el *Granma*, *Juventud Rebelde*, *Trabajadores* y la revista *Bohemia*.

Pero es precisamente en estos últimos años, cuando muchos agoreros de la historia se sumaron al discurso desestabilizador impulsado desde Miami, cuando se redobló la batalla por una mayor y mejor información. Así, en el marco de la lucha por recuperar al niño pionero Elián González, secuestrado por la gusanera y la política nefasta de la adminstración norteamericana, es que surgieron las Tribunas Antiimperialistas y las Mesas Redondas por TV. Verdaderos pilares de una información sin censura, donde no sólo se planteó la respuesta al agresor sino que se fue desnudando minuciosamente lo que en realidad significan las llamadas democracias del continente y del mundo.

La prensa popular, alternativa y revolucionaria

Obsesionadas en su idea de enfrentar la desinformación —una de las herramientas de la injusticia que desde siempre les ha tocado vivir—, las Madres de Plaza de Mayo también pusieron en marcha —hace años— su propio periódico, que por el vigor que estas mujeres le imponen a todo lo que hacen, se fue convirtiendo en otra herramienta necesaria de consultar por los y las que luchan en Argentina.

La prensa de las Madres desenmascaró a los nuevos asesinos, a los ladrones y corruptos de los llamados gobiernos democráticos que sucedieron a los generales. Ahora, en un salto cualitativo que está vinculado al lanzamiento de la Universidad Popular que han levantado para que los jóvenes de hoy se formen en las ideas revolucionarias, las Madres diversificaron sus medios y crecieron pensando en las distintas formas de llevar a los que resisten sus palabras.

Otra experiencia para rescatar es la que cumple el periódico *Voz*, de los comunistas colombianos. No se trata —como muchos pudieran pensar— de un típico órgano partidario, sino de un medio de comunicación que se ha ido convirtiendo en una indispensable fuente de verdad en un país donde casi todos los grandes medios apuestan al discurso opresor y, en las difíciles circunstancias actuales, a poner trabas en una auténtica negociación de paz, que como todos saben no significa que el bando de los explotadores termine de aniquilar a los explotados.

Quedan muchas experiencias en la recámara, todas tan valiosas como las nombradas. Todas tan vitalmente desafiantes ante la avalancha de mensajes negativos y desalentadores que suele producir el poder para quebrar nuestras posibilidades de plantarle cara. Lo evidente es que no nos conformamos ni damos el brazo a torcer. Frente a su discurso único aletargante, se levantan miles de palabras, gestos y consignas volcadas en papel o a través del éter para denunciarles y combatirles.

Estamos convencidos de que no es necesario el dinero que a ellos les sobra para hacer oír nuestros discursos o explicar lo sustancial del pensamiento liberador latinoamericano, que tan bien sintetizaron el Libertador Simón Bolívar, el general José de San Martín, José Gervasio Artigas, los jefes de pueblos originarios como Túpak Katari, Quintín Lame o nuestros contemporáneos: Eva Perón, Francisco Caamaño Deñó, Torrijos, el Che Guevara y Fidel Castro. Mientras exista la necesidad de contestar y debatir, mientras surja la posibilidad de informar y analizar, ante la doctrina del silencio de los corderos, seguiremos oponiendo el mensaje de la prensa popular, alternativa y, por ambas razones, revolucionaria.

SEGUNDA PARTE

Las prácticas se cuentan a sí mismas

Aportes para la construcción
de un colectivo de medios alternativos

FORO DE MEDIOS ALTERNATIVOS[1]

Introducción

El siguiente trabajo es el producto de la elaboración colectiva de quienes estamos participando del Foro de Medios Alternativos (FODEMA). La diversidad de opiniones refleja la heterogeneidad de sus componentes. La misma tiene su fundamento en que quienes lo integramos venimos de variadas experiencias puestas en práctica en cada uno de los medios en los que desplegamos nuestra labor periodística. Además, el Foro apenas ha comenzado a caminar, lo cual limita en cierto sentido la posibilidad de hacer una síntesis más rica y con un mayor grado de aporte al debate acerca del papel que desarrolla hoy el periodismo alternativo y del significado de la alternatividad, entre otras cosas. Sin embargo, los hilos conductores de las reflexiones encuentran sus puntos de contacto en el análisis que hacemos al momento de ubicar a los grandes medios como soporte ideológico del poder y, en la necesidad del desarrollo articulado de los periodistas alternativos, para poder hacer frente a los mismos desde nuestro compromiso con un proyecto de cambio social. Nuestro trabajo parte de la ética y de un compromiso con los derechos del pueblo al que pertenecemos.

El Foro de Medios Alternativos surge como producto de una necesidad de ir construyendo un espacio social y político, en el que distintos periodistas, programas y medios de comunicación e información podamos trabajar colectivamente para lograr la ruptura del discurso único de los medios hegemónicos de difusión, funcionales al poder económico y político. Este espacio de confluencia de distintos medios alternativos es una experiencia inédita en nuestro país, ya que el planteo es lograr una dialéctica entre el desarrollo de los proyectos individuales y el desarrollo de este espacio colectivo. No es casual que la constitución del Foro haya ocurrido con posterioridad a los hechos del 19 y 20 de diciembre de 2001. Estos acontecimientos hicieron, por

---

1   Foro de Medios Alternativos: www.fodema.com.ar Correo electrónico: info@fodema.com.ar

un lado, madurar aún más la necesidad de construir espacios de confluencia como única salida posible para enfrentar al poder y avanzar en procesos de cambio; por otro lado, nos reafirmó en el lugar que ocupamos como periodistas alternativos: somos parte del pueblo y su lucha, somos actores junto a los distintos movimientos sociales, políticos y culturales.

Estamos convencidos que la dispersión no permite avanzar sobre los puntos de coincidencia y, en ese marco, la discusión no se transforma en mecanismo de crecimiento y de unidad sobre la diversidad de opiniones, sino que se plantea en obstáculos que destruyen muchas veces trabajos realizados en común.

"Nuestra división es condición necesaria para aumentar la concentración y la obtención de máximas ganancias para el capital. Se trabaja para desarticular las identidades colectivas, como camino para deteriorar las solidaridades y para negar nuestra propia existencia. Como seres autónomos, con el fin de desarticular las posibles resistencias, las acciones comunes, la capacidad de confrontación. El deseo encarnado en otros momentos en la batalla por el cambio social, se lo canaliza hacia el consumo individual desenfrenado"[2].

El Foro de Medios Alternativos se encuentra en la búsqueda constante que le permita ir definiendo en cada etapa su papel en concreto. Esa búsqueda deberá necesariamente andar el camino de una intensa práctica y debate acompañados de las síntesis teóricas que las mismas nos permitan ir realizando.

Otros compañeros desarrollan también sus proyectos en este sentido. Creemos imprescindible compartir con ellos debates y acciones. Así concebimos al Foro, no como un espacio en sí mismo, sino como un aporte más a distintas experiencias que se vienen desarrollando.

¿Por qué somos alternativos?

Las diferentes luchas sociales llevadas adelante por nuestro pueblo y/o sus vanguardias fueron acompañadas e incentivadas de acuerdo a los momentos históricos en que se dieron por un periodismo que le disputaba la "opinión pública" al poder hegemónico.

No sólo los que conservaron y hoy han acrecentado su poder político-económico pudieron escribir las primeras páginas de la historia, sino que aquellos que aún resisten e intentan cambiar el régimen establecido han creado formas alternativas de llegar a la subjetividad del pueblo, disputando, aunque en forma muy desigual, la formación de opinión que induzca a reconocer que hubo y hay otra historia y por lo tanto tuvimos y tenemos otro periodismo.

Desde *La Gaceta* de Mariano Moreno pasando por los fanzines, volantes, periódicos de diferentes tendencias políticas populares (anarquistas, socialistas, comunistas, etc.) hasta los canales de televisión y radios alternati-

---

2   Korol, Claudia, "Subjetividad y Cambio Social, en Revista *América Libre,* N°15.

vas de la actualidad, siempre que hubo algo que decir se buscó, la mayoría de las veces con muy pocos recursos, la forma más efectiva de hacerlo.

A partir del 19 y 20 de diciembre de 2001 (con procesos de luchas que se venían dando desde mucho antes) aparecen nuevas formas de participación organizada del pueblo. La crisis no sólo económica sino de representatividad se expresa dentro de los diferentes sectores del poder que están librando una batalla por mantener los lineamientos del modelo existente para poder reacomodar las piezas dentro del sistema capitalista. Ante esta crisis de representatividad que cuestiona a los partidos políticos, a los sindicatos, a las instituciones religiosas, los medios pasan a ser una herramienta fundamental para el poder, como soporte ideológico del sistema. Estos medios son hoy producto de un entrelazamiento de empresas periodísticas con empresas de telecomunicaciones y corporaciones financieras. Para ellos, la noticia es una mercancía que sólo es posible venderla si mantienen este sistema que les permite acumular ganancias. Por eso, les resulta necesario establecer mecanismos, a través del manejo del mensaje, que cultiven en los destinatarios de la información valores tales como: el individualismo, la resignación, la impotencia, la pasividad y la desconfianza en el otro.

En el Congreso de Periodistas Latinoamericanos y Caribeños realizado en Octubre de 2001 en la ciudad de La Habana (Cuba), José Fernández, periodista uruguayo, sintetizaba parte de esta idea: "La información que es suministrada dura el instante que precisa para ser exhibida. No hay un antes y un después como continuidad entre el ayer y el futuro. El proceso de meditar la información para confrontarla con la realidad y tomar posición frente a ella, está así condicionado por la realidad de lo fugaz. La noticia es tal mientras dura en la imagen, en la radio o en los diarios. Sólo sucede lo que las grandes cadenas de información eligen difundir. Las guerras duran lo que dura la necesidad política de difundirlas, los resultados serán los que necesita el sistema que sean. Hasta los muertos son 'más muertos' según quién ataca a quién. Frente a esto, podemos realizar denuncias testimoniales como método o ejercer una acción positiva junto a ella en el plano de la acción organizada, sumando voluntades que se expresen en movilización desde organizaciones sociales y políticas. A este proceso debe aportar el periodismo alternativo"[3].

Podemos agregar que cuando el pueblo se convierte en protagonista descubre que los grandes medios tergiversan, ocultan, desinforman y muchas veces mienten. Esta situación se vio claramente reflejada durante las jornadas posteriores al 19 y 20 de diciembre de 2001, con la clara consigna, producto del ingenio popular, "Nos mean y los medios dicen que llueve".

Podemos observar hoy cómo los grandes medios han tenido que salir a defender su "credibilidad" frente a sus consumidores. Así vemos un proceso en el que se reflejan en ellos noticias e informaciones que parecieran contactar con las agendas que manejamos los medios alternativos. Este fenómeno

---

3   Fernández, José, Conferencia en el Congreso de Periodistas Latinoamericanos y Caribeños, La Habana, Cuba, 8 al 11 de octubre de 2001.

es en parte producto del trabajo que periodistas alternativos vienen realizando con algunos periodistas de esos medios a los que acercan información de distintos movimientos sociales y políticos. Pero, por otra parte, los grandes medios no pueden ocultar realidades que por su dimensión llegarían a la opinión pública por distintos canales. Además, con el objetivo puesto en la rentabilidad, esas noticias "venden". Sin embargo, analizando los espacios que existen dentro del poder mediático para ir metiendo nuestras informaciones, no debemos perder de vista que los mismos son circunstanciales, sólo "muestran" el hecho deseado sin contextualizarlo, dan a la información el remate, cierre o conclusión que mejor se adapta a los intereses de los medios que representan; el "valor" de la noticia es parte de un bombardeo gradual y uniforme de la información, en la que los diversos contenidos se nivelan y pierden sus diferencias.

Así pudimos observar cómo la información de actividades piqueteras en distintas oportunidades hacía hincapié fundamentalmente en la utilización de palos y capuchas como símbolos violentos; cómo se limita la acción de distintos movimientos al solo hecho de "pedir comida y planes de trabajo" sin ir a fondo con las propuestas políticas que algunos de ellos plantean para lograr un modelo de país diferente; cómo se cerraba una nota en la que miles de desocupados coparon la Estación Constitución y fueron requisados para poder salir de ella, con la cámara de TV guiada por el comisario a cargo del operativo que mostraba palos y tuercas tiradas en el piso avalando de esta forma la necesidad de la requisa para evitar hechos violentos, etc.

Entendemos al periodismo alternativo como parte de la lucha política. No somos independientes ni neutrales. Somos parte de la batalla de ideas que expresan la resistencia y la necesidad del cambio social.

"La relación entre los periodistas alternativos y los movimientos populares debe ser una relación orgánica en la que el esfuerzo comunicacional forme parte de los esfuerzos del movimiento popular y comparta su suerte. Es el compromiso militante con el campo popular. Así forma parte del trabajo la disputa a los medios del poder del discurso de cambio, del optimismo de la autoconfianza. (...) Replantear un proyecto de periodismo popular-alternativo implica necesariamente participar en la lucha contra el sistema y la tarea rebasa los estrictos marcos de la actividad periodística. Sin una asociación profunda con los esfuerzos de construcción que, a nivel político y social se desarrollan en el campo popular, las iniciativas no pasaran de ser buenas ideas", señala el periodista chileno Rodríguez Encina[4].

Los rasgos que nos definen como alternativos son: el carácter colectivo, nuestro trabajo orientado a ligar al pueblo entre sí, de crear vínculos solidarios, de acercar a grupos dentro del movimiento popular, de socializar la información, de ser camino para la construcción de un proyecto popular, de generar agendas propias no sólo para enfrentar a las impuestas por los

---

4   Rodríguez Encina, Conferencia en el Congreso de Periodistas Latinoamericanos y Caribeños, La Habana, 2001.

grandes medios, sino fundamentalmente para crear opinión, de evitar la dispersión informativa que desfragmenta la realidad. En este sentido planteamos también la necesidad de ir construyendo agendas comunes con el objetivo de potenciar nuestros mensajes. Vemos en este punto momentos de maduración diferentes. Por un lado significará organizar entre los que formamos parte del Foro los temas a los que daremos seguimiento, cada uno dentro de su propio medio con su ámbito de alcance. Por otro lado la incorporación de dicha agenda como información generada desde el propio Foro.

Pero creemos que el mayor grado de efectividad sólo será posible lograrlo en un proceso por el cual la producción de la información se colectivice. Claro que esto implica un grado de desarrollo del trabajo en el ámbito del Foro que nos plantee una identidad muy fuerte con este espacio, producto del trabajo común, del debate y del desarrollo de un proyecto que nos permita ir sintetizando experiencias en la practica y en la teoría.

La información como mercancía o la socialización de la información

Una de las razones por las cuales se conformó el Foro, esta especie de energía que tiende hacia un proyecto en común, es la voluntad de potenciar el trabajo del periodismo alternativo. Por lo que creemos que para que esto sea posible es necesario, con un espíritu solidario, socializar la información entre estos mismos medios.

Esto contrasta con la valoración que hacen los multimedios de la noticia y su caracterización de la primicia como simple mercancía. Éste es uno de los elementos que comprueba la lógica comercial que rige en los grandes medios.

La primicia como mercancía introduce el ráting en el periodismo, la primicia es la zanahoria del empleado del mes. Fomenta la competencia en el mercado de la información, en donde los periodistas pasan a ser agentes de Bolsa. Por otro lado, y hacia fuera, la sociedad pasa a ser parte de la cuantificación típica de la lógica de mercado.

Por lo tanto, la primicia es perniciosa a dos puntas para el ejercicio del periodismo: se podría decir que para el interior mismo, o sea, para los valores que rigen la actividad, y para el "afuera" donde se muestra como una profesión útil para la sociedad.

Perjudica al interior por la relación que establece entre colegas y entre medios. Las noticias son tomadas como botines, como novedades. Cuanto más espectaculares sean, más ráting va a conseguir el medio que las publique. Por consiguiente, el periodista responsable va a ganarse una buena palmadita en el lomo y la satisfacción de ser reconocido en ese duro oficio de responder a las expectativas del jefe: el gozo por la subordinación.

De esta manera, la relación entre periodistas ya no es de colegas, de compañeros de ruta que los lleva hacia la verdad, sino de competidores. La codicia, la envidia, el egoísmo se tornan frecuentes, se naturalizan. La búsqueda ya no pasa por encontrar la verdad sino por mostrar lo nuevo, aunque no sea esto útil para la sociedad, siempre siguiendo las instrucciones consecuentes a una política de comunicación.

Para fuera, en donde el producto del periodismo se introduce en la sociedad, la primicia incluye lo comercial, convirtiendo las noticias en mercancías. Esto hace que una lógica de exclusión se instale en el acceso a la información, quedando afuera aquellos que no tienen los medios prácticos y simbólicos para adquirirla.

De esta forma, la escala de valores capitalistas rige en la actividad periodística. La ambición por una mayor tasa de ganancia, los intereses corporativos político-empresariales, la consecuente corrupción de este sistema, entre otros, regulan la profesión. La actividad de los grandes medios no puede escapar a la lógica del capitalismo donde cada vez se centraliza más la riqueza en pocas manos. Como consecuencia directa, se produce la concentración de los medios de comunicación que se torna aún más grave cuando tiene como resultado la unicidad ideológica que rige a estos verdaderos monstruos generadores de opinión pública, verdaderas fábricas de consensos.

La socialización de la información significa romper con la estructura con la que los grandes medios vienen trabajando. Significa sobreponer los intereses generales por sobre los particulares. También tiene que ver con una forma más democrática de desarrollar la profesión y con un compromiso más claro con la sociedad. La información constituye una herramienta de lucha para los medios alternativos. Una sociedad informada está en condiciones de decidir su camino.

La socialización es causa y consecuencia de la inserción de los medios en la sociedad y de ésta en los medios. Una forma de garantizar la anulación del poder que hoy en día retienen los grandes medios.

Hay que tener en cuenta que el poder mediático lo tienen corporaciones que dentro de la democracia son las menos democrática de todas, que son capaces de "funcionar al margen de todo control democrático eficaz, y que cualquier crítica independiente dirigida en su contra, cualquier solución de recambio, son desconocidas por el gran público, simplemente porque no tienen ninguna posibilidad de ser difundidas con amplitud".

Por otro lado, que la información circule libremente hace que la estructura piramidal organizativa de los medios deje de tener sentido. Aquí la horizontalidad ofrece una nueva opción de organización en la estructura de un medio alternativo. Las funciones pueden especializarse, pero la información debe circular libremente[5].

El uso que las grandes empresas hacen de los avances tecnológicos en materia de medios apunta al incremento de su poderío en detrimento de la socialización de la información. Es el caso de Internet, que impulsa y promueve la segregación, naturaliza la marginación, ya que apenas un 2% de la población mundial tiene acceso a ella.

---

5   Virilio, Paul, citado en Horvath, Ricardo, "Periodistas, medios y poder hoy". Revista *Enfoques Alternativos*, noviembre de 2002, pág. 22.

Éste es el estado de las cosas cuando el periodismo es regido por los valores capitalistas; donde la libertad no es más que la libertad de mercado; donde el compromiso no es con la verdad sino con las esferas de poder que no quieren más que ver aumentada sus ganancias. Un verdadero sistema de valores que naturaliza la espuria actividad de muchos periodistas condescendientes con el poder; desechando los principios de lo que es una profesión ética, de compromiso con la verdad.

La utilización de la información como factor de influencia en la opinión pública, fue lo que construyó el poder de los grandes medios de comunicación. Su poder se edificó a partir del poder que ejercen en la sociedad. De esta manera, se constituyó no ya como el cuarto poder, encargado de supervisar a los otros tres poderes políticos, sino como un poder tanto o más fuerte que el poder político en suma.

Enterado de esta nueva realidad política, de la efectividad de las campañas de propaganda masiva que torcían la voluntad de la sociedad, los dirigentes impulsaron una relación que fue siendo cada vez más íntima.

Así se da una representación de lo real en un escenario que ya ha sido construido por los grandes medios, en una sociedad influida, educada para aceptar, para creer que el espectáculo que se presencia es la verdad misma. Así las personas son convertidas en meros espectadores en donde les es imposible modificar la realidad. Y cuando esto se torna insostenible, ahí está el poder político que ofrece herramientas de dispersión: el estado de guerra, tan utilizado en la modernidad en donde todos los valores son subordinados al valor de unión patriótica, es un ejemplo. Otro ejemplo son los procesos electorales de esta pseudo democracia, verdaderas compensaciones simbólicas. En consecuencia, Política y Comunicación, nunca antes tan fundidas en una misma ciencia, en donde pequeños círculos reunidos en las esferas de poder determinan las estrategias político-comunicacionales para llevar adelante sus intereses corporativos, porque "la lógica es clara y sencilla: la propaganda es a la democracia lo que la cachiporra al estado totalitario"[6].

Lo expuesto contrasta con los propósitos que los medios alternativos vienen sosteniendo de mayor participación de la sociedad en los medios, de una verdadera democratización de la información, de la anulación de valores neoliberales en la actividad periodística. Todos estos preceptos no sólo apuntan a los medios de comunicación sino a los valores de toda la sociedad. Por eso pensar en una estrategia comunicacional, es pensar en un compromiso de inserción en una estrategia política general para una verdadera transformación.

---

6   Chomsky, Noam, "El control de los medios de comunicación", publicado en *Argenpress*, www.argenpress.info

La cultura y los medios alternativos

Creemos aquello de que el periodismo es la primera versión de la historia. Desde 1492 hasta nuestros días, la historia de nuestro pueblo está dictada por los conquistadores. Siempre ha habido opositores que lograron resistírseles. Pero a la vista queda el resultado de la pericia que han tenido los vencedores para sortear los inconvenientes.

Por lo menos desde entonces las diferentes versiones de la historia han estado plagadas de intencionadas parcialidades. Aún atendiendo a todos los atenuantes que podemos tener los que no comulgamos con esa versión de la historia, resultaría sano realizar una fuerte autocrítica, ya que las herramientas que construimos para contraponerla no fueron suficientes.

Dada la disparidad lograda por la acumulación de medios y recursos al servicio de la historia oficial, no es nuestra idea ser imparciales ni objetivos. Es necesario que el pueblo conozca la versión de la historia que le fue negada. La primera versión de la historia negada, en estos momentos, es el periodismo alternativo. Tanto la historia como el periodismo oficial son instrumentos de una sistemática operación destinada a perpetuar la versión de los conquistadores de turno. No se puede aislar la falsificación de la historia de la creación y existencia del aparato que ha construido la superestructura cultural del país. La política, las ciencias y las artes, han estado a disposición de ese instrumento. La falsificación de la historia y de la realidad que vivimos es necesaria para crear "la cultura del esclavo" que acepta su destino como algo irreversible.

Es imposible construir un entendimiento de la realidad sobre los cimientos de una historia falsa. El desafío es enorme, ya que a la versión que queremos dar, debemos adosarle el "por qué" negado por la historia. Lo que nos sucede hoy no es más que la consecuencia de lo que nos ha sucedido y nos han tergiversado. Consecuentemente chocamos con la dificultad de dar a conocer una noticia y desconocer su "por qué", por eso la primera tarea es que nosotros mismos debemos intentar conocer ese por qué, que no está escrito en los libros oficiales con que fuimos formados. Debemos reconstruir la historia y revisar las ideas impuestas, aun aquellos con las que estamos de acuerdo.

Diferentes doctrinas nos han llegado con su bagaje literario que las sostienen, defendidas a su vez por grandes hombres del pensamiento universal. Muchos de nosotros hemos comprado esas doctrinas formadas en otros lugares, en otras épocas y por hombres con historias distintas a las nuestras.

Nosotros debemos asumir en nuestra práctica un fuerte compromiso con nuestra cultura, ya sea la que va desde lo barrial, a lo local, nacional o latinoamericano. En nuestros países, ricos en diversas etnias, algunos pensadores del "campo popular" postulan que el indianismo que existe en algunos dirigentes surgidos del pueblo, puede ser una traba. Se postula que las nacionalidades Quechua, Aymará, Mapuche, etc., se oponen a las temáticas de los trabajadores e intelectuales avanzados. Subestiman la lucha por la liberación de una etnia oprimida desde hace siglos y postulan un economicismo que soslaya los factores culturales y étnicos, reduciéndolo todo a las contradicciones de clase. Es decir, desconocer de un plumazo a las culturas milenarias de nuestra tierra por ideas de otros continentes creadas hace menos de un siglo. "Si yo pudiera crear todas las canciones de un pueblo, no me importaría quien cree las leyes", podría ser un principio que los conquistadores lo usaron muy bien. Por eso bogamos en el entendimiento profundo de las riquezas culturales e ideológicas de nuestras tierras, sin dejar de tomar lo que mejor se acomoda a nosotros de otras culturas.

Construir un espacio solidario, trabajando sobre las coincidencias y las diversidades. Combatir el aislamiento y la fragmentación

Según Eduardo Galeano, "el mundo al revés nos enseña a padecer la realidad en lugar de cambiarla, a olvidar el pasado en lugar de escucharlo y aceptar el futuro en vez de imaginarlo. En su escuela son obligatorias las clases de impotencia, amnesia y resignación. Pero está visto que no hay desgracia sin gracia, ni cara que no tenga su contracara, ni desaliento que no busque aliento. Ni tampoco hay escuela que no encuentre su contraescuela".

El Foro de Medios Alternativos surge como necesidad de crear un ámbito que permita superar dificultades concretas, como son la difusión de la producción, la ampliación de redes de comunicación alternativa y el financiamiento de espacios; todas ellas dificultades que se acrecientan con el aislamiento y la fragmentación que afecta a sus integrantes, que también son parte de esta sociedad. Aislamiento y fragmentación que por otra parte imponen los medios masivos de comunicación, como forma de promover y mantener las estrategias de dominación. La separación del individuo de su especie, su enfrentamiento respecto de los otros hombres y su ruptura con la naturaleza y su comunidad, es producto de la imposición más violenta de la relación capitalista que desgarra el tejido social, atomizándolo. Esta enajenación del hombre en todas sus dimensiones es la que crea un individuo que al obturar sus lazos comunitarios y sociales, y permanecer aislado, se torna más débil y vulnerable.

La falta de proyectos alternativos fue lo que durante muchos años fortaleció la penetración de la desesperanza y la sumisión en los imaginarios sociales, y nos condujo a un mundo en el que la competencia y el mercado se transformaron en productores de significados y subjetividades. Así, se impuso un modelo de pensamiento puramente racional, reduccionista y lineal, sustentado sobre la base de expansión, competencia, dominación.

Desde ese lugar, y en complicidad con los medios masivos de comunicación, se apuntó a la construcción de un sentido único que aceptara ese tipo de sociedad como algo natural e imposible de ser modificado, donde sólo quedara el lugar para la adaptación. Se trata de un discurso que sustenta un programa orientado a la destrucción metódica de propuestas e identidades colectivas; y que socavando el potencial para la construcción de alternativas, amenaza con anestesiar nuestra mente, distorsionar la percepción de la realidad, destruir utopías, sepultar subjetividades y lograr que la pluralidad y la diversidad se diluyan en la fragmentación. Colonización ético-cultural cuya fuerza radica en su capacidad de penetración en los sustratos más profundos de la personalidad y del inconsciente colectivo, y que neutraliza la capacidad crítica, de transformación y cambio, a la vez que fortalece la adaptación y el conformismo generalizado, consolidando relaciones de dominación jerárquica.

El Foro de Medios Alternativos, por el contrario, como espacio que se enmarca en la necesaria y urgente tarea de participar en el proceso de construcción de unidad de los movimientos populares, busca la integración, sostener la diversidad y la multiplicidad desde un criterio pluralista y crítico, en el que prevalezca la capacidad de asociación, cooperación y solidaridad. Es decir, búsqueda de coexistencia de dimensiones múltiples que permitan superar los antagonismos y lograr una articulación estratégica de la diversidad, evitando que se transformen en divisiones mudas y pasivas que llevarían a más fragmentación y aislamiento.

Más aún, desde este espacio se busca la creación de redes; es decir, formas de organización más complejas que se retroalimenten, que desarrollen vínculos, que fortalezcan identidades plurales y verdades no instaladas; que posibiliten la emergencia de nuevos significados y nuevas subjetividades que potencien un espacio de resistencia. Así, el Foro se constituye en un sistema vivo, que a diferencia de los sistemas cristalizados que tienden al equilibrio, es decir, a la quietud y a la muerte, está sujeto a una tensión entre estabilidad y transformación permanente como sinónimo de vida. Como sostiene Paulo Freire "donde hay vida, hay inacabamiento, hay incompletud", así, el Foro, como otros espacios que nacen con la ruptura del discurso único, se constituye en un espacio vivo; es decir, inacabado, incompleto, en transformación constante, en proceso de creación permanente.

BIBLIOGRAFÍA

Congreso de Periodistas Latinoamericanos y Caribeños, La Habana, Cuba, del 8 al 11 de octubre de 2001. Conferencias de José Fernández y Rodríguez Encina.

Chomsky, Noam, "El control de los medios de comunicación", publicado en *Argenpress*, www.argenpress.info

Horvath, Ricardo, "Periodistas, medios y poder hoy". Revista *Enfoques Alternativos*, noviembre de 2002.

Korol, Claudia, "Subjetividad y Cambio Social", en revista *América Libre,* N° 15.

ANEXO
DECLARACIÓN DE PRINCIPIOS DEL FORO DE MEDIOS ALTERNATIVOS

El Foro de Medios Alternativos se constituye como un espacio social y político en el que confluyen periodistas, programas y medios de comunicación e información que desde su tarea proponen la ruptura del discurso único de los medios hegemónicos de difusión del poder económico y político. Pretendemos ser además un ámbito de debate y producción de conocimiento colectivo en el campo de lo popular.

Con él intentamos combatir el aislamiento y la fragmentación en el que frecuentemente nos encontramos quienes desde el trabajo periodístico y cultural sostenemos un compromiso con el hacer y el padecer de nuestro pueblo, generando un espacio solidario tanto para zanjar dificultades concretas, como pueden ser las de financiamiento de nuestros espacios, como para potenciar la difusión de nuestra producción.

Quienes lo integramos nos reconocemos como parte del pueblo y su lucha. Nos paramos claramente desde una posición antiimperialista y de liberación de nuestra patria.

Nuestro compromiso de trabajar sobre las coincidencias que nos unen se enmarca en la necesaria y urgente tarea de participar en el proceso de construcción de la unidad del movimiento popular a partir de la lucha contra el sistema.

El Foro de Medios Alternativos se halla abierto a todos aquellos programas o medios radiofónicos, televisivos, gráficos y de Internet que coincidan en las siguientes propuestas:

— Reconocernos como periodismo emergente del malestar, la lucha y el logro de nuestro pueblo, y no como mero repetidor de las agendas de los grandes medios.
— Valorar y sostener la diversidad con un criterio pluralista, y a su vez crítico.
— No permitir que las necesidades económicas condicionen nuestro pensamiento y nuestra palabra. El cierre de cualquier medio alternativo por cuestiones económicas significa el cercenamiento de la palabra.
— Considerar como fraude el investir a un espacio publicitario como nota periodística o de opinión.
— Asumir en nuestra práctica un fuerte compromiso con nuestra cultura, ya sea la que va desde lo barrial, a lo local, nacional o latinoamericano.
— Socializar la información en desmedro del criterio individualista y competitivo del 'valor' de la primicia. La información constituye para nosotros una herramienta de lucha y no una mercancía.
— Regirnos por un periodismo riguroso, profesional, superador, que incluya las voces de quienes no tienen acceso al aire o al medio gráfico.
— Comprometernos con el perfeccionamiento constante.
— Buscar soluciones, dentro del campo popular, a las dificultades de sostenimiento de nuestros espacios y la maximización de su difusión en forma colectiva y solidaria.
— Construir agendas comunes potenciando nuestros mensajes.

Wayruro Comunicación Popular

ARIEL OGANDO[1]

*El Wayruro es una semilla de fuerte contenido mítico-religioso entre
los grupos aymaras y quechuas del área andina. Es creencia en los Andes
centro-sur que juntando estas semillas rojinegras en un recipiente,
las mismas se reproducen, crecen en tamaño y cantidad...
De ahí nuestro nombre, bajo la idea de juntarnos, discutir y crecer en busca de
una sociedad donde los valores como la solidaridad, la igualdad y la justicia
sean los ejes sobre los cuales se realicen las distintas actividades.*

Objetivos, proyecto político

Wayruro es una agrupación independiente de toda organización sindical o
partido político, pero al abordar la realidad desde un lugar determinado, los
sectores subalternos, constituye un colectivo de trabajo, una agrupación que
podríamos definir como política y cultural.

Nosotros creemos que la comunicación es una herramienta fundamental
en los tiempos que vivimos, pero no constituye un fin en sí mismo..., queremos vivir en otra sociedad, queremos vivir mejor, queremos apuntalar, empu-
jar, sostener, en la medida de nuestras posibilidades, aquellas experiencias
de construcción histórica existentes dentro de nuestra sociedad; la comunicación es un instrumento que nos ayuda a conseguir esos fines.

No pertenecemos a ningún partido pero mantenemos relaciones frater-
nas con muchos de ellos (algunos enfrentados entre sí), así como también te-

---

1   Ariel Ogando es miembro de Wayruro Comunicación Popular. Al cerrar estas líneas, a
    mediados de 2002, Wayruro cuenta con 14 números de la revista que lleva el mismo
    nombre, las últimas con 32 páginas. El grupo editó dos cartillas: "Resistencia al ajuste
    y derechos Humanos" y "¿Qué hacer en caso de detención?", además de un cuaderno so-
    bre "El Cordobazo, 30 años (1969/1999)". Publicó dos pequeños libros de bolsillo: *Sin Tie-
    rra, conversando con los dirigentes del MST del Brasil* y *Latinoamérica Lucha*. En lo que
    hace a audiovusal, Wayruro cuenta con uno de los archivos en video más importante de
    las luchas populares en la provincia de Jujuy. Además han realizado más de una doce-
    na de documentales, entre ellos *Desocupados y Cortes de ruta en el Noroeste Argentino*
    (2002) y *Ni olvido ni perdón* (2000). Contacto: Wayruro Comunicación Popular, Casilla
    de correo 83, S.S. de Jujuy (4600), Jujuy, Argentina. Correo: wayruro@arnet.com.ar

nemos vinculaciones con otros grupos y colectivos como las Madres de Plaza de Mayo, sindicatos, centrales sindicales o grupos de organización y lucha campesina. Desde nuestro trabajo buscamos hacer un aporte crítico a aquellas formas de trabajo y organización que nos parecen valiosas, interesantes.

Buscamos vincularnos, mediante nuestro trabajo, al movimiento real de la sociedad, no haciendo un aporte pasivo, sino crítico, que sume, que empuje la rueda hacia delante, que dé valor a la solidaridad, a la cooperación, a la lucha por una vida más digna. En síntesis que colabore en la batalla cultural por la construcción de una subjetividad superadora, que ponga en claro quiénes son los culpables y por qué estamos como estamos, nuestro fin apunta a buscar colectivamente, junto con los demás movimientos, salidas a esta situación de miseria y pauperización que sufre el pueblo argentino.

Nuestros orígenes

Hacia comienzos de los años '90, un grupo de compañeros de la Facultad de Humanidades de Jujuy, vinculados a la carrera de Antropología, entre los que estaban Caro, Pablo, quien les escribe y algunos otros amigos que vivían en otras provincias como Joaquín, Carlos, Gustavo y Miguel, surgió la necesidad de vincularnos a lo que sucedía en nuestra provincia, contar lo que pasaba, "hacer algo". Eran los años del gobernador De Aparici en la Provincia de Jujuy y el recién conformado Frente de Gremios Estatales venía dando una dura lucha contra el corrupto y ajustador gobierno provincial. Desde este grupo de compañeros se nos ocurrió tratar de comunicar, de hacer conocer lo que pasaba en la provincia, de la valiosa lucha del Frente, de la dura represión ejercida por los gobernantes, etc.

En aquel entonces, el luego reconocido dirigente sindical Carlos "Perro" Santillán era nuestro compañero de Facultad, dirigente del Centro de Estudiantes, además de secretario adjunto de un gremio pobre de la provincia, el SEOM (Sindicato de Empleados y Obreros Municipales). Nuestra militancia no estaba vinculada a ningún partido y nuestro trabajo pasaba por el Centro de Estudiantes de Humanidades en donde quien esto escribe era el Secretario de Cultura. Los primeros años fueron entonces de trabajo hacia el interior de la universidad y casi siempre vinculado a la militancia universitaria.

Pasaron un par de años hasta que pudimos concretar esta idea de trabajar "comunicando e informando lo que pasaba", y esto comenzó de la mano de una mala noticia. Hacia 1992 un compañero, Juan, es despedido de YPF, y él decide con la plata de su indemnización y previas charlas en donde al calor de los mates fuimos redondeando la idea, comprar unos modestos equipos SVHS de video para tratar de abordar alguna actividad vinculada a este proyecto de producción audiovisual ligada al "documentalismo".

Así pasaron los primeros meses en los que tuvimos que hacer de todo para tratar de subsistir, y darle a estos equipos alguna ocupación que permitiera, no sólo su amortización, sino también juntar unos pesos para poder vivir... Filmar y editar casamientos, cumpleaños de 15, bautismos y realizar publicidades de todo tipo. Estas fueron algunas de las tantas cosas que tuvimos y tenemos que hacer para que este proyecto de Comunicación Popular no se viniera abajo. La productora siguió su camino independiente incorporando a otros socios, pero nos permitió tener acceso a sus equipos; Wayruro no tiene tecnología propia pero puede utilizar, cuando estos están ociosos, los equipos de esta pequeña productora local.

Un poco de nuestra "historia"

En los meses de abril y mayo de 1994 el Frente de Gremios Estatales de Jujuy (FGE) libra una fuerte lucha en la provincia conocida como "El jujeñazo". Esta lucha que movilizó a miles de trabajadores sacó del poder al gobernador Carlos Ficoseco. Nuestra actividad fue intensa en aquellos días de lucha, represión y enfrentamientos con la policía.

Fue una experiencia valiosísima dentro de nuestro grupo de trabajo y pudimos registrar decenas de horas de filmación de aquella histórica lucha. Nuestro archivo de imágenes de aquella época es hoy uno de los pocos existentes, por no decir el único en el Noroeste Argentino. De aquellos días de lucha y represión nació nuestro *Apuntes de Lucha I y II*, un video muy querido por nosotros, que narra en imágenes aquellas épicas jornadas de lucha de los trabajadores jujeños, a la par que muestra el surgimiento como líder nacional de Carlos "Perro" Santillán.

En Julio de ese mismo año se realiza la primera gran movilización contra el entonces presidente Carlos Menem, la "Marcha Federal". Esta marcha contra las políticas neoliberales del menemismo, nacida al calor de las luchas de Jujuy y donde distintas columnas desde los diferentes puntos cardinales del país confluyeron en Plaza de Mayo, fue otro de los temas que abordamos en nuestro video *Norte en Marcha*. En él mostramos el recorrido de la "Columna Norte" de esta masiva movilización de trabajadores que comenzó en la ciudad fronteriza de La Quiaca para llegar seis días después, junto a decenas de miles de trabajadores, el 6 de julio, a Plaza de Mayo.

Estos pasos nos fueron consolidando como grupo, fuimos creciendo, se sumaron compañeros como Jorge, Vani, Leticia y Ana y nos fuimos vinculando a otros grupos y asociaciones como las Madres de Plaza de Mayo. Esos seis días de viaje de la Marcha Federal, con actos y movilizaciones en distintas ciudades y pueblos de Tucumán, Córdoba, Santa Fe, etc., junto a Hebe de Bonafini y Elsa Manzoti nos fueron dando una idea más "nacional" de la lucha de los trabajadores, nos sirvió para abrir más la cabeza y para poder vincularnos con otros compañeros y grupos de trabajo, rompiendo un poco nuestra pequeña estructura provincial.

Luego de la marcha Federal, ya en agosto, y en la muestra del Sindicato de Luz y Fuerza del video *Norte en Marcha*, presentamos el primer número de nuestra revista *Wayruro*. Ese primer ejemplar consistía en una pequeña y muy modesta publicación de 16 páginas que intentaba reflexionar sobre la lucha de los trabajadores, tomando como ejemplo al FGE (Frente de Gremios Estatales).

Los primeros números de la revista tenían como eje la temática sindical y la lucha de los trabajadores, pero al poco tiempo de sacar *Wayruro* empezaron a surgir los primeros problemas... La continuidad que en principio habíamos pensado bimensual, pasó a ser trimestral y luego cuatrimestral; los temas y artículos que escribíamos y que nos acercaban los compañeros quedaban desactualizados, la lucha también no atravesaba su mejor momento, estoy hablando hacia fines de 1995 y esto hacía que el tema sindical no fuera central en ese momento, sino más bien el político. Así comenzamos a incorporar otros temas en la revista, empezamos a mirar la realidad más allá del tema sindical, esto nos abrió las puertas y nos permitió vincularnos con otras experiencias de trabajo en comunicación popular y alternativa de otras partes de la Argentina.

En este camino y hacia esa misma época (fines de 1995) tuvimos la posibilidad de viajar, primero yo y después Carina Borgogno, a España, becados por la Universidad Internacional de Andalucía a contar nuestra modesta experiencia en comunicación. Pudimos mostrar nuestros videos y participar de importantes charlas con otros grupos que venían trabajando en el mismo sentido en otras partes del mundo. Esto nos permitió tener una mirada más abarcativa y aprender de otras valiosas experiencias.

Los siguientes años fueron de un trabajo persistente en donde aparte de nuestra revista y los videos, realizábamos charlas, conferencias (como la de las Madres de Plaza de Mayo o de los compañeros del MST del Brasil, etc.), formamos grupos de trabajo y discusión de distintos materiales teóricos, colaboramos con la organización de la cátedra Che Guevara en la Facultad de Humanidades, coordinada por el Centro de Estudiantes, etc.

Fueron naciendo, poco a poco, a lo largo de los años siguientes los videos *Salud y Luchas Sociales,* que cuenta la situación sanitaria de la provincia y la participación en la lucha de los gremios vinculados a la sanidad, *Los hijos del ajuste,* corto que narra en 10 minutos de música e imágenes la situación de la niñez jujeña en medio del ajuste menemista; *La revolución de los pañuelos,* de 1997 y a 20 años del nacimiento a la lucha de estas heroínas, que fue el primero de una serie de tres videos sobre nuestras queridas Madres de Plaza de Mayo.

Luego realizamos videos sobre la situación del campesinado andino, así nació *Un día en la vida de la familia Vilte,* video realizado en un caserío del departamento de Cochinoca en plena Puna Andina a más de 3500 metros sobre el nivel del mar, contando cómo viven nuestros hermanos de aquellas tierras. En esta temática también abordamos distintas formas de resistencia cultural de los campesinos altoandinos: *Purmamarca tierra de coplas* nos muestra el encuentro de copleros, un evento que se realiza todos los años en el corazón de la Quebrada de Humahuaca y que intenta rescatar el canto popular de aquellos copleros anónimos de nuestras tierras del norte; *Toros en Casabindo* es otro de nuestros videos que aborda la religiosidad popular de la mano de una jornada taurina en el pequeño pueblo de Casabindo, esta fiesta en honor a la Virgen de la Asunción se mezcla con cultos prehispánicos que homenajean a la "Pachamama" o madre tierra. Dentro de la misma temática también abordamos los intentos de organización, la lucha por una vida mejor, por parte de estos campesinos de tradición indígena de la Quebrada de Humahuaca y la Puna jujeña por medio del video *Red Puna, un proyecto de todos*.

En 1998 viendo las posibilidades que presentaba Internet, subimos a la web nuestra revista *Wayruro*, http://www.geocities.com/wayru.geo, lo que nos permitió ampliar nuestra llegada y vincularnos con distintos grupos y compañeros de otras latitudes que sin esta valiosa herramienta hubiera sido imposible. A lo largo de más de cuatro años en la web, publicamos cientos de artículos, recibimos decenas de colaboraciones de distintos lugares del globo y tratamos de sumar nuestro modesto aporte a esto de la "comunicación popular".

Comunicación popular y contrainformación

Wayruro es "Comunicación Popular" básicamente porque nos sentimos parte de ese magma difuso llamado pueblo, porque nos consideramos parte del campo popular. No vemos contradicción entre ésta y otras corrientes de comunicación llamadas de contrainformación o comunicación alternativa... Básicamente al surgir Wayruro, a la sombra de la lucha sindical en la provincia de Jujuy, nos parecía pertinente la utilización de "Comunicación Popular" frente a los medios conocidos por todos (a nivel local) que estaban vinculados o eran funcionales al poder político de turno en la provincia.

A la comunicación popular la ponemos en la primera línea dentro de la "guerra de posiciones", al decir de Gramsci, en la construcción de contrahegemonía. Considecramos que uno de los principales frentes donde deben batallar los distintos movimientos sociales es el de la comunicación ya que es allí donde los sectores dominantes tratan de operar generando división, desarticulando, fragmentando, desvirtuando lo que pasa hacia el interior de la sociedad. Como decía Rodolfo Walsh, "nuestras clases dominantes han procurado siempre que los trabajadores no tengan historia, no tengan doctrina, no tengan héroes, ni mártires. Cada lucha debe de empezar de nuevo, separada de las luchas anteriores: la experiencia colectiva se pierde, las lecciones se olvidan. La historia aparece así como propiedad privada, cuyos dueños son los dueños de todas las otras cosas".

Compartimos la definición de contrainformación que realizan los compañeros de Nodo 50, en España, quienes tienen un portal de Internet donde concentran información, artículos, noticias sobre las luchas en los distintos rincones del planeta, y en su sitio comentan: "¿Qué entendemos por contrainformación? Contrainformar es trabajar por legitimar los discursos insurgentes frente al pensamiento único neoliberal, destruir el mito de la objetividad, servir de vocero de los movimientos sociales, dar la palabra a quienes callan por falta de oportunidades para hablar. Contrainformar es también hacerse con herramientas que permitan la difusión horizontal de información, construir puentes que hagan circular contenidos con valor de uso, romper el monopolio de la producción de discursos sobre el mundo social, desbaratar la ilusión de una 'opinión pública libre'. Contrainformar es también romper la atomización que el capitalismo global está generando, entrelazar realidades sociales transformando la aventura individual en una relación social comunicable y comunicada".

Lo sucedido recientemente con el asesinato por parte de la policía de dos militantes de la Coordinadora de Desocupados Aníbal Verón (Maxi y Darío), es ejemplificador para entender de lo que estamos hablando cuando tratamos de entender el papel de la comunicación popular. Frente a una movilización de trabajadores desocupados que piden trabajo baja la orden del gobierno de reprimir. Frente a la represión policial y el enfrentamiento de estos con los trabajadores desocupados los principales medios de información, gráficos, radiales y televisivos, levantan la versión oficial y comienza lentamente el montaje. El primer paso es satanizar el movimiento social corriendo el eje de la discusión, "los medios" discuten si los piqueteros deben o no estar con la cara cubierta, se preguntan ¿por qué usan palos en la movilización?, etc. No se discute el porqué de la protesta, porqué existen 15 millones de pobres en Argentina, si se puede continuar con un sistema que genera seis millones de desocupados y subocupados y más de tres millones de indigentes.

El papel que cumplió la comunicación popular, la que crece al calor de los movimientos populares, la que siente y sufre en carne propia la situación de miseria de millones de hermanos fue revelador. Por un lado aparecieron decenas de fotos de cronistas populares, imágenes de filmadoras no profesionales, etc., que develaron la trampa, que quebraron el montaje; foto a foto se fue reconstruyendo cómo la policía infiltró a los manifestantes, cómo utilizó balas de plomo para reprimir, cómo asesinó a sangre fría a trabajadores desocupados, las fotos no dejaban de aparecer, circulaban por Internet, llegaban vía e-mail a los distintos medios comprometidos que quisieran levantarlas y contar la verdad. Fue aleccionador ver cómo los medios que ponían en tapa "La crisis se cobró dos muertos" al día siguiente debían dar marcha atrás y reconocer la represión policial.

Ponemos este ejemplo por lo burdo de la actuación de los medios, pero creemos que situaciones como ésta se viven cotidianamente en distintos lugares del país. El compromiso político de los medios del interior con el poder de turno es más visible, la posibilidad de un bloqueo informativo por parte de los medios en provincias chicas es más común y, por lo tanto, el papel de la "Comunicación Popular" cumple un rol central, importantísimo en la información de lo que pasa.

Organización, forma de trabajo, financiamiento

Hay varios puntos en los que consideramos que tenemos que mejorar. Nuestro funcionamiento y forma de organización es bastante anárquica y cada uno aporta desde el lugar que quiere o puede. Es decir que las tareas son autoimpuestas y no hay un "centro de decisiones" muy claro, algunos compañeros participan acercando algún artículo, otros vendiendo nuestra revista o exponiendo un video, otros organizando alguna charla. Esto si bien compromete nuestro crecimiento, debemos reconocer que nos permitió perdurar, ya que nadie ordena lo que hay que hacer y cada compañero que se acerca lo hace desde su trabajo y sumando algo a nuestro proyecto. Mi tarea como coordinador del grupo, un grupo siempre en constante formación, tal vez es darle a estas distintas actividades o colaboraciones un criterio de unidad, una lógica que aunque simple, empuje a Wayruro hacia delante.

Con respecto al financiamiento debemos decir que "fracasamos". No pudimos generar un proyecto autosustentable, los distintos intentos que fuimos tirando como ideas a lo largo del tiempo nunca lograron los resultados esperados, desde incorporar publicidad a nuestra modesta publicación por parte de sindicatos o pequeños comercios y empresas, hasta buscar formas de financiamiento externa vía fundaciones y colectivos de trabajo de otros países.

Hasta ahora el magro financiamiento que logramos fueron por las ventas de nuestros videos (que no persiguen el lucro), y aportes voluntarios de los miembros. Estos pequeños fondos nos permitieron "sobrevivir" pero nos impidió crecer, e hizo que no pudiéramos realizar algunos de los proyectos que habíamos planificado.

Para contrarrestar la "pobreza franciscana" de Wayruro buscamos formas y acciones que involucren poco o ningún dinero. Un dato obvio, que no habíamos mencionado, es que ninguno de nosotros, los que colaboramos, cobra un centavo, por lo que cada uno de los miembros tiene un trabajo del cual vive y Wayruro sigue siendo un espacio de construcción, de militancia, de aporte político.

Vinculación con otros grupos y revistas

Toda construcción, por pequeña que sea, involucra la participación y colaboración de distintos grupos y colectivos afines. Todo intento en este caso de conformación de un grupo de análisis y registro de la realidad, exige haber tenido otros que lo precedieron, ejemplos en los que uno se apoyó. En lo audiovisual el cine documental y político de Raimundo Gleyzer o el grupo de Pino Solanas, Octavio Getino y Gerardo Vallejo, de Cine Liberación, son referencias y ejemplos indiscutidos, así como lo es la ética y el trabajo de Rodolfo Walsh desde el periodismo escrito.

Desde nuestro lugar, en el norte argentino, buscamos vincularnos, aportando, ofreciendo nuestro trabajo, haciendo. Así fue como comenzamos a relacionarnos con publicaciones (algunas ya desaparecidas), redes y agencias de información alternativa, sitios de Internet, etc.

De esta manera fue como comenzamos a colaborar con valiosas publicaciones como el *Diario de las Madres de Plaza de Mayo,* la revista *América Li-*

bre o la revista *Herramienta;* periódicos como *Reunión* o *Deuda Externa* y más recientemente con publicaciones como *La Maza* o *Trabajadores* (de la Universidad Obrera de México), a la vez que hemos realizado y distribuido cientos de gacetillas de prensa entre listas de correo, redes de información y agencias de noticias sobre la realidad local, luchas, movilizaciones, compañeros detenidos, etc. Nuestra tarea hacia fuera era contar lo que pasaba en estas tierras, difundir las luchas y contar las experiencias. Hacia el interior, formarnos, discutir con otros grupos, organizar charlas, talleres de discusión y prepararnos intelectualmente para darle batalla al "Pensamiento Único".

A medida que transitábamos este camino, no dejaba de sorprendernos la cantidad de compañeros y pequeños grupos de trabajo que existían, que aparecían desde distintos lugares poniendo su trabajo como testimonio. Grupos que la pelean día a día por sobrevivir desde los distintos rincones de la Argentina, que ponen su trabajo solidario, su valioso aporte en este camino de la construcción de una sociedad mejor.

Wayruro e Internet

Mucho de nuestro crecimiento y vinculaciones en los últimos años las pudimos lograr gracias a un adecuado uso de los medios disponibles. En esto, a Internet y a las posibilidades que presenta le corresponde un párrafo aparte.

Al vivir en el norte Argentino, a más de 1.700 km de la Capital Federal, las posibilidades de vincularnos por correo común, por teléfono, viajar, en relación a nuestros magros recursos, es un obstáculo difícil de superar. Hacia fines de 1997 comenzamos a pensar la idea de utilizar Internet como una forma de aprovechar el potencial que ésta presentaba. Ya en 1998 teníamos la primer página de nuestra revista *Wayruro*, esto nos permitió una rápida vinculación con otros grupos y compañeros, logramos en poco tiempo lo que hasta allí nos había llevado más de cuatro años. Difundir noticias de estas tierras, buscar solidaridad por compañeros o dirigentes presos, enviar artículos a otras publicaciones, difundir artículos enviados por compañeros de otros países y latitudes, dar a conocer el material audiovisual disponible para ser proyectado en otras provincias y países, etc., todo se hacía más fácil por medio de Internet. Por supuesto que no es un medio ideal y que debido a la diversidad de material y recursos existentes en la web, es más difícil focalizar y dirigir la información, pero para un grupo de trabajo como el nuestro, pequeño y sin recursos, ésta fue una gran ayuda y lo sigue siendo hoy.

En la actualidad tenemos cuatro sitios de Wayruro Comunicación Popular: uno —el "histórico"— de nuestra revista *Wayruro* (www.geocities.com /wayru.geo), que tratamos de actualizar cada 15 o 20 días aproximadamente con notas, artículos, entrevistas, etc. Otro de nuestros sitios es el de video documentales http://www.geocities.com /videodocumentales/, allí se pueden bajar algunas promos de nuestros videos así como leer entrevistas y artículos sobre cine y video, además de formas acerca de cómo acceder a nuestros videos. Los mismos se venden no teniendo como afán el lucro, sino que intentan ser una fuente genuina de recursos para continuar produciendo. De este sitio tenemos un espejo en http://www.hostultra.com/~wayruro/. Por último, tenemos el sitio de nuestro último video *Desocupados y Cortes de Ruta en el Noroeste Argentino,* en el que damos a conocer aspectos, imágenes y entrevistas de nuestra reciente (mediados de 2002) producción audiovisual.

Mirando hacia el futuro

Planificar con certeza en la Argentina de hoy constituye una utopía (otra más). Muchos de nosotros estamos tratando de "sobrevivir" en condiciones difíciles, sin embargo son muchos los planes que tenemos. Por lo pronto seguir consolidando un espacio de producción y construcción alternativa y popular vinculado a las herramientas que tenemos disponibles: la web, el video, la revista en papel. Esto al servicio de temas y problemáticas que atañen al campo popular, como ya comentamos antes; nuestra idea es seguir vinculándonos a las luchas que empujan a la sociedad hacia adelante, nos interesa el "movimiento real" y en función de eso ponemos y pondremos nuestro trabajo y nuestro esfuerzo.

Para terminar le tomaremos prestado un texto al Subcomandante Marcos, que dice: "No somos quienes, ingenuos, esperamos que de arriba venga la justicia, que sólo desde abajo se crece; la libertad que sólo con los todos se logra; la democracia que es de todos los pisos y todo el tiempo luchada. No seremos. No somos la moda pasajera que echa tonada y se archiva en el calendario de derrotas que este país luce con nostalgia. No seremos. No somos el taimado cálculo que finge la palabra y en ella esconde nuevo fingimiento. No somos la paz simulada que anhela guerra eterna. No somos quien dice tres y luego dos o cuatro o todo o nada. No seremos. No somos el arrepentido de mañana, el que se convierte en la imagen aún más grotesca del poder; el que simula sensatez y prudencia donde no hubo sino compra-venta".

La paja en el ojo ajeno

EL FISGÓN[1]

Cuando alumbramos la idea de *El Fisgón* (una revista mensual en una provincia como La Pampa), no teníamos conciencia de que se trataría de un producto de contrainformación. En aquellos días simplemente nos dejamos llevar por nuestros deseos, por nuestra bronca, por nuestros ímpetus, y fundamos —más desde lo visceral que desde otro lugar— una experiencia distinta de periodismo gráfico.

Estábamos cansados de trabajar para medios "tradicionales" (así decidimos bautizarlos) que mentían, manipulaban información y censuraban. Un par de despedidos de esos diarios (*La Arena* y *El Diario*) y otro par de desencantados con lo que hacíamos o dejábamos de hacer en nuestros trabajos como periodistas, fueron suficientes para que diéramos el primer paso, con la modestia inevitable a la que nos condenaban los recursos escasos, la infraestructura inexistente y la ausencia de billete.

Pasados cinco años, y más allá de las definiciones académicas sobre alternatividad y medios alterativos —que siempre nos envolvieron en discusiones no del todo cómodas— podemos aceptarnos como una revista de "contrainformación": por la importancia que le damos al discurso del resto de los medios para rebatirlo; por el modo en que nos consideran los demás y por el espacio que, saben los periodistas de los medios "tradicionales", tienen en *El Fisgón* cuando los censuran en su lugar de trabajo, cuando les manipulan sus entrevistas, cuando sus jefes consideran que sus inquietudes son poco importantes o cuando interpretan que determinadas formas no son políticamente correctas o vulneran el "estilo" de determinado periódico.

También por nuestro funcionamiento interno, por el modo de distribución y financiamiento, y por nuestra decisión de que sea una revista sin fines de lucro, *El Fisgón* es naturalmente una publicación alternativa y de contrainformación.

---

1   Contacto: elfisgon@uol.com.ar

Quiénes

Los cuatro fundadores de *El Fisgón* fueron Gustavo Silvestre, Juan Pablo Gavazza, Luciano Gaich y Ramiro Rodríguez, todos periodistas de entre 22 y 25 años. Los últimos tres siguen formando parte del equipo editor y de redacción, junto a Juan José Beascochea, Marcelo Terrón, Martín Cantariño y Facundo Baraybar. Todos tienen menos de 30 años. En la primera época fue inestimable el aporte de Ricardo De la Serna (armador) y Adriana Maldonado (correctora/diagramadora).

María Cecilia Fernández y Rubén María Corral son fotógrafos. Han colaborado activamente, según la época, Alejandro Milton Fernández, Sergio Sarik, Jimi Rodríguez, Armando Núñez, Walter Brandimarte, Tito Moreira, Silvio Tejada. Entre los colaboradores de redacción se incluyen Juan Manuel Schulz, Rosanna Aimetta, Paula Haag, Gastón Balbo, Guillermo González Schain, Sergio Romano, Pablo Cucchiarini.

Sergio Ibaceta, Débora Valenzuela y Rubén Schaap son los ilustradores habituales. Ana Paula Di Nardo, Marcelo Pifarré y Gustavo González han colaborado en esa materia.

El que más tiempo y mejor diseñó la revista desde su fundación es Carlos Martín Cruz, también dibujante.

La enorme mayoría de mencionados —y con casos muy puntuales como excepción— trabajan o trabajaron en medios "tradicionales" como empleados. Sólo dos de ellos superan los 35 años de edad. Desde ya, en la nómina hay trabajadores en negro, trabajadores en blanco y desocupados. Una mayoría son hoy en día empleados de diarios locales, pero además hay operarios de empresas privadas, trabajadores de instituciones cooperativas o gremiales, productores independientes en el área de la comunicación o de la agricultura.

Y a ese equipo, que fue mutando, hay que agregarle una pila de fieles colaboradores —siempre ad-honorem, y preferiblemente desde el anonimato— que nos dieron una mano donde hiciera falta: lo tecnológico, la distribución, lo legal o las sugerencias y consejos que casi siempre vienen bien.

Objetivos en dos direcciones

Los objetivos que nos planteamos en el inicio no han variado demasiado, por más que transcurrieron cinco años en los que fuimos cambiando con la revista, del mismo modo en que la revista fue cambiando con nosotros. Los que tenían 23 años hoy tienen 28, los que tenían 25 tienen 30. Y desde el punto de vista social fueron ocurriendo cosas demasiado especiales como para que hubiéramos permanecido en el mismo sitio.

Cuando dimos el primer paso, los objetivos apuntaban en dos direcciones. Una tenía que ver con nosotros mismos: queríamos sentirnos un poco más dignos, decir algo más aproximado a la verdad, hacerlo desde un lugar que nosotros mismos construyéramos, sacarnos las ganas de decir que nuestros jefes "periodistas" eran unos mentirosos.

El otro objetivo era mirando hacia fuera, hacia la comunidad. Entre otras cosas por eso es que la revista es una publicación absolutamente regional, cuyas temáticas, personajes y problemáticas están relacionadas con lo que le sucede a los habitantes de la provincia.

Escribimos textualmente —entre otras cosas— en aquel "proyecto original": *El Fisgón* apunta a dejar de lado la urgencia que demanda la actualidad; dejar espacio para la reflexión y el entretenimiento; profundizar en críticas a las que los medios 'tradicionales' que circulan en Santa Rosa no suelen brindarle espacio ni importancia; generar debates sobre grandes temas pero siempre alejados de la información de 'último momento' (...); realizar investigaciones serias, certeras y profundas sobre cuestiones políticas, económicas, judiciales, deportivas y de interés general; dejar un importante espacio para la crítica sobre eventos culturales y especialmente incluyendo en ese rubro a programas televisivos o radiales del medio; dedicar en cada edición un lugar al humor y a las artes. *El Fisgón* quiere establecer claras diferencias con los medios existentes (por más que estos sean de una aparición diaria, semanal o quincenal), marcándolas en la agilidad del diseño, el tipo de lenguaje a utilizar, el modo de ilustración, los temas abordados y la forma en que se los trata, apostando al mayor pluralismo posible, independizándose en absoluto de intereses económicos y/o comerciales, rechazando presiones de cualquier tipo y tratando de pulir al máximo los textos a publicar".

Una identidad por oposición

Desde un primer momento nuestra identidad se conformó por oposición a lo existente. Si uno define lo que es, determinando primero lo que no es, nosotros estábamos bien seguros. Ibamos a hacer todo lo que dejaban de hacer los medios "tradicionales". Ibamos a dejar de hacer todo lo que los medios "tradicionales" tenían incorporado como rutina.

La idea era más o menos así... Si esos medios tenían un objetivo centralmente mercantilista, íbamos a ser una publicación sin fines de lucro; si censuraban y mentían, íbamos a decir la verdad y a publicar TODO, aún cuando pudiera malinterpretarse o fuera en contra de nosotros mismos; si la hipocresía del lenguaje estaba instalada en todos los diarios, íbamos a apelar a un léxico llano, a veces hasta la exageración; si lo tradicional era la seriedad más absoluta, íbamos a permitirnos el humor en donde fuera; si el manejo interno de todos los diarios era verticalista y en ocasiones despótico, el de nuestra revista sería horizontal y en ocasiones enquilombado; si lo tradicional era ponerse de un lado o del otro (ejemplo: el gobierno o la oposición), íbamos a hacer lo posible por desenmascarar a unos y a otros; si en esos medios había una desidia absoluta por el diseño, la estética, la belleza de la imagen, a nosotros eso nos iba a resultar una parte central; si en los medios no se hablaba de los otros medios, mucho menos para criticarlos, íbamos a inventar una sección llamada "El Destripador", dedicada a las críticas sobre las producciones mediáticas; si no había lugar para las expresiones artísticas, acá lo iban a encontrar; si entre los periodistas estaba vigente un espíritu corporativista, íbamos a hacer lo posible por romper esa tradición; si en los diarios se desechaba la profundidad en beneficio de la urgencia, íbamos a darnos licencia para escribir textos largos y atemporales. Si los medios estaban habituados al "ombliguismo", autoelogiándose y haciendo bombo sobre sí mismos, íbamos a ridiculizarnos. Si la autocrítica estaba prohibida en los diarios, íbamos a asumir cada falencia en público y de cara a los lectores.

Conseguimos una identidad, en base a eso. Lo "nuevo" que pretendíamos representar, lo "distinto", fue teniendo algunas mutaciones, pero desde siempre con un objetivo, un estilo y un modo que nos confrontó a los medios "tradicionales". Casi sobreactuamos en esa diferenciación.

Los trabajadores de prensa de los distintos medios lo supieron primero y mejor que nadie. Ya conscientes de lo que se podía y no se podía en los medios para los que trabajaban, se hizo costumbre la frase: "esto es para *El Fisgón*". Ofrecían una foto, una anécdota, un texto, un editorial que sabían que en otro lugar no tenía cabida. Esa frase, tal vez mejor que ninguna otra cosa, nos fue demostrando que éramos algo, que teníamos una identidad.

Es lo mismo que seguimos intentando, aunque tal vez hubo un punto en que menos respetamos aquellos "principios fundacionales": íbamos a ser una revista de "des-actualidad". Ocurrió que la coyuntura nos fue empujando y terminamos cada vez más atados a la información del día a día. Aunque siempre nos dimos espacio para lo otro, y nunca dejamos de ser una revista de "información general": con la política y lo social como temas más importantes, pero sin dejar de echar un vistazo al arte y al deporte y siempre —pero siempre— con el humor como un pilar fundamental.

Después, a lo mejor resulta obvio marcarlo, pero siempre pretendimos (y pretendemos) ser una apuesta al pluralismo y la defensa de valores como los derechos humanos, la justicia, la libertad, la solidaridad, la verdad, la honestidad, la tolerancia. Nuestras páginas pretenden siempre estar abiertas a las más diversas opiniones de sectores representativos de la comunidad. Y queremos poner en evidencia una preocupación por la estética: una de las aspiraciones y prácticas permanentes es otorgar espacios a trabajadores de prensa y artistas que muchas veces no encuentran canales de expresión en los medios tradicionales. Medios tradicionales que —vale la pena aclararlo, aunque pueda resultar obvio— tampoco son todos iguales todo el tiempo.

Sin embargo, una identidad parida por oposición inevitablemente adolecía de una debilidad: los objetivos de referencia propios del proyecto siempre resultaron difusos. El debate acerca de lo que cada integrante se proponía lograr con *El Fisgón*, independientemente de lo que pretendía dejar de hacer por oposición a los medios tradicionales, se resolvía (o no) con el hecho concreto de la publicación de todo, absolutamente todo, en virtud de un pluralismo que en más de una oportunidad resultó cómodo para esquivar discusiones y definiciones, que podían poner en crisis un grupo de trabajo que evolucionaba no siempre de manera convergente.

Paradojas del contexto

Transcurrieron casi seis años desde aquellos primeros pasos, cuando en ocasiones queríamos hacerlo todo: ser al mismo tiempo una revista política, masiva, alternativa, independiente de todo, cultural, artística, popular, deportiva, social, de debate, de investigación, de propuesta, de humor...

Obviamente que tanto no se podía: La Pampa no es una provincia en la que exista un mercado masivo; el producto que hacíamos —que por sobre todas las cosas, era el que queríamos, sentíamos y pensábamos— no era popular; los recursos y el tiempo apenas si nos alcanzaban; la economía general se estaba viniendo en picada; no teníamos a nadie como "aliado" ni nunca los supimos (¿ni quisimos?) conseguir (ni el oficialismo, ni la oposición, ni el comercio, ni las cooperativas, ni las instituciones "populares" o "progresistas"); y los potenciales avisadores se iban ahuyentando a medida que el mensaje que traducía la revista se parecía más a lo que queríamos decir exactamente.

La Pampa es una provincia en la que el empleo público es sustancial en su vida económica. El que no está en la planta permanente de la administración pública tiene un plan de empleo transitorio o es un pequeño comerciante que le vende al Estado o una mediana empresa que licita habitualmente para los distintos Ministerios o un desocupado asistido por los organismos del Estado que se confunden con el aparato partidario.

El asistencialismo dejó su marca en esta provincia especialmente durante los últimos diez años. El gobernador es el mismo desde el año '83, a excepción de un período en que —desde las sombras porque la Constitución se lo impedía de manera transparente— siguió siendo el hombre más poderoso. Después de sucesivas reformas a antojo y conveniencia de ese poder hegemónico, la degradación institucional de una provincia que antes era presentada como una "isla" se patentizó. Y La Pampa se convirtió en un estado con algunas características semi-feudales, como buena parte del resto del interior del país: nepotismo, verticalismo a ultranza, autoritarismo, corrupción, prebendas, asfixia a todo lo distinto, a todo lo independiente, a todo lo alternativo.

En esa década, además, los medios que aparecían como virtuales organismos independientes de control del poder, fueron amortiguando los choques con el oficialismo, cuidando las formas y amansando su línea editorial con el objetivo de no poner en riesgo su solidez económica. En ese sentido, el comportamiento del tradicional diario *La Arena* es emblemático: aunque sigue siendo —tal vez— el más influyente y osado a la hora de vigilar al gobierno, bajó sensiblemente el calibre de sus críticas e investigaciones.

Ese es el contexto en el que, paradójicamente, fue creciendo *El Fisgón*. Esa situación nos perjudicó como parte de la comunidad, y nos benefició en el sentido de que nos fue renovando cotidianamente el desafío de seguir comunicando lo que sabíamos que ningún otro medio iba a comunicar, de un modo en que sabíamos que ningún otro medio lo iba a hacer.

Además, semejante presión oficial "despertó" a las fuentes potenciales que residen en cada oficina donde se traman los negociados públicos y privados: los arrepentidos, los desencantados, los indignados y los resentidos no sólo se convirtieron en informantes habituales de la "nueva revista", sino también en usinas de información para los otros medios. No es casualidad que en la misma época —como imitando un fenómeno que también se produjo a nivel nacional— florecieran otros varios proyectos de publicaciones gráficas alternativas en nuestro ámbito.

Sal en la herida

Una abuela puso los primeros 1.000 pesos con que se financiaron la impresión de la primera edición (en abril del '98) y la campaña publicitaria a pulmón, que consistió en llenar de afiches la ciudad, apelando al modo de la militancia política: un par de noches de brocha y engrudo para que los puntos neurálgicos de una capital de provincia amanecieran teñidos de rojo, con unos ojos impresionantes en trazos negros, advirtiendo casi amenazantes: "No te des vuelta. Alguien te está mirando".

Sonaba macabro, es cierto. Casi como del proceso militar. Pero la advertencia pretendía ser exactamente hacia el polo opuesto. Nos proponíamos vigilar, a nuestro modo y hasta donde nos fuera posible, a los que ostentaban el poder en la provincia y a los que, sutilmente o no tanto, se estaban "dando vuelta" en contra de los intereses de la mayoría.

Nos marcaron especialmente las definiciones que Horacio Verbitsky hacía del periodismo, y que quedaron asentadas en nuestra primera edición a forma de compromiso. Aquello de que había que echar sal en la herida y guijarros en los zapatos. Aquello de que periodismo es publicar lo que alguien no quiere que se sepa, porque lo demás es propaganda. Esas sentencias coincidieron con el eslogan que ya habíamos elegido para presentarnos en sociedad: "La paja en el ojo ajeno".

Estaba definido también ocuparse del pago chico, casi despreocupándose de los grandes temas nacionales. Definíamos: el que quiere leer esas cuestiones, que compre *Clarín*, *Noticias* o *Gente*. También sabíamos, en el fondo, que apuntábamos a un público acotado: suponíamos, por ejemplo, que el que comprara *El Fisgón* era un lector informado, que más o menos estaba al tanto de lo que ocurría, que tenía los diarios leídos, así que se trataba de presentar otras cosas, de otra forma, con una vueltita de tuerca más.

Sabíamos que en Santa Rosa, una ciudad de menos de 100 mil habitantes con muchas costumbres de pueblo, en donde uno se cruza cada día con los funcionarios a los que hay que darles con un caño, la idea iba a resultar revulsiva. Nadie estaba acostumbrado a que se caricaturizara a los buenos vecinos, por muy expuestos que estos estuvieran públicamente. Estábamos decididos a ser mordaces, irónicos, casi crueles.

Escandalizamos con los primeros números. Misteriosamente (o no tanto), las ediciones que se agotaron fueron aquellas en que el tema de investigación era una situación que ya todos comentaban antes en el café, en la casa o en donde fuera. Una circunstancia que se daba prácticamente por hecha.

El nepotismo no era ningún secreto, pero cuando apareció impreso el nombre de la cantidad de parentescos cruzados entre los poderes ejecutivo, legislativo y judicial, las revistas no nos alcanzaron. Nos pasó también cuando desenmascaramos al operador de prensa oficialista por antonomasia, y a sus costumbres propias de un espía. Ya todos lo detestaban y lo llamaban "hijo de puta", pero compraron la revista cuando publicamos su biografía sistematizada, como si fuera una novedad.

La lectura era sencilla: la gente estaba dispuesta a leer en *El Fisgón* lo que en otros medios ya se descontaba que no iba a aparecer. Por miedo, por conveniencia, por interés, por costumbre, por desidia, por incapacidad, por falta de espacio o por lo que fuera. Los lectores de los que nos fuimos haciendo nunca fueron tantos como consecuentes, casi fanáticos de una "causa". De la misma manera, nos ganamos enemigos acérrimos, irreconciliables, tan fanáticos como los otros.

Una tensión interna

Con el correr del tiempo (por un lado, lamentablemente; por el otro, saludablemente), determinadas secciones y estilos que habían resultado una novedad se volvieron "normales". Los mismos que al principio abrían los ojos como el "2 de Oro" por un calificativo que les sonaba demasiado ponzoñoso, ahora se quejaban de que los textos les sonaban un poco "blandos".

Ciertas filtraciones se produjeron en los medios "tradicionales", siempre sobrios hasta la pacatería: temas que antes nunca trataban se convirtieron en habituales. Y hasta la terminología se modificó. Un ejemplo inocente, pero que a la vez habla de cierta ridiculez de los diarios locales: el neologismo "marinismo", para referirse al hegemónico sector liderado por el gobernador Marín, prácticamente no existía. Sonaba demasiado a menemismo, podía resultar ofensivo. Hoy es moneda corriente, porque "marinismo" siempre fue "marinismo", aunque hubiera épocas en que era mejor maquillarlo con eufemismos varios.

También por oposición a esos medios tradicionales, siempre tan esquivos a admitir los errores, creamos una sección de una página especialmente dedicada a que los lectores nos dieran con un caño. "La Viga", bautizamos el espacio por aquello de "la viga en el ojo propio" y en contraste con la tapa que anunciaba que éramos "la paja en el ojo ajeno".

Con los años, hasta esa misma sección es criticada por los lectores. En general, y sobre todo en estos tiempos donde la podredumbre satura, se nos quejan de que siempre denunciamos, protestamos, criticamos, nos quejamos. O sea: que seguimos viendo la paja en el ojo ajeno.

Desde el nacimiento y aún hoy existió y existe una especie de tensión en el grupo de trabajo: por un lado, hacer la revista que queremos; por el otro, hacer la revista que está esperando la gente que vale la pena, y con la que nos unen un montón de cosas.

Siempre corrimos riesgos, y posiblemente ahuyentamos lectores para darnos algunos gustos personales. Al margen de las metidas de pata no intencionales (algún error de información, apariciones retardadas, diseño confuso, ausencia de algunos temas que debieron estar presentes y tantas otras cosas...) hicimos cosas adrede que algunos lectores no están dispuestos a aceptar, sobre todo en una comunidad tan chica y con algunas características especiales como ésta: reírnos de todo (pero de todo) con la excusa de que "reírse en la cara de quien te quiere joder es la forma más sublime de la resistencia", publicar textos burlescos respecto de la fe religiosa, darle espacio a cuentos "groserísimos", olvidarnos de la participación de la comunidad en emprendimientos dignos que están más allá de lo institucional, en fin... eso potenció esas tensiones respecto de qué era (qué es) la revista: ¿un lugar donde sacarse las ganas o un contacto con la comunidad? ¿Un lugar donde sacarse las ganas en contacto con la comunidad o un contacto con la comunidad donde sacarse las ganas?

Tampoco es fácil de comprender, en algunas situaciones, el humor absurdo. Hay quienes se adaptan (y quienes no) a un staff que contiene al mismo tiempo los nombres "verdaderos" y otros "inventados". Las tapas a veces son más "artísticas" que impactantes, y se supone que eso está mal si lo que se buscan son lectores. Hay secciones "incómodas", que sólo alcanzan a entender definitivamente aquellos que conocen todos los códigos, que ya son "cómplices" de la revista. No había (¿no hay?) en esta provincia lectores acostumbrados al fotomontaje, a la sátira, a que una falsa boleta electoral se conforme con pintorescos vecinos de la ciudad, a la caricatura, a las "malas palabras"... Esa generalizada "mezcla" entre investigación profunda y humor, ¿resulta buena? ¿Contribuye a la falta de credibilidad?

El interrogante entre los lectores es el mismo que a veces marca las discusiones internas de la revista. La única encuesta que se hizo al respecto (elaborada por un estudiante de la licenciatura de Comunicación Social de la UNLPam) arrojó como resultado que el 86% (el 100% de los diputados, el 100% de los sindicalistas y el 100% de los periodistas) contestó que *El Fisgón* es una revista creíble; el 6% que no sabe y el 8% "más o menos". El 35% definió a la revista como "más creíble" que los diarios y el 50% como igual de creíble.

Como sea, la aparente contradicción entre "joda" y "seriedad" rige desde el primer día, está explicado: se trata de un proyecto personal que nació desde las vísceras, en repudio a las instituciones que nos enajenaban; pero a la vez de un proyecto colectivo que pretende aglutinar, debatir, influir, propiciar, ser parte.

Alianzas frustradas

Esa pretendida alianza con otros sectores de la comunidad existe, por parte de *El Fisgón*, más en el discurso, en el mensaje, en los contenidos, que a través de otras prácticas.

Nunca pudimos entablar formales contactos con agrupaciones de otro tipo.

Hay en ello un poco de decisión de apartarse por la imparcialidad que —quiérase o no— exige el periodismo bien hecho. También porque Santa Rosa es una comunidad donde la participación política y comunitaria es más bien escasa, donde las asambleas populares no duraron más que un par de semanas, donde las instituciones intermedias o brillan por su ausencia o son utilizadas como botín de guerra y campo de batalla por los partidos políticos.

Hay sectores que saben, conocen y sienten que *El Fisgón* está "de su lado", pero nunca lo hemos expresado explícitamente, porque creemos que además no corresponde.

La participación de los "fisgones" en otras expresiones sociales se ha dado individualmente: hay en el equipo militantes partidarios, allegados a determinados gremios, involucrados en emprendimientos cooperativos. Pero no lo hemos hecho desde la revista.

Lo tradicional, además, suele ser que los emprendimientos periodísticos, están de una parte o de otra. En nuestra comunidad vendría a ser algo así como estar con el gobierno o en contra. Para nosotros nunca fue así. Aun en aquellos casos en que pueden aceptarse coincidencias con actores públicos o instituciones, nosotros nos ocupamos, también en esos casos, de mirar "la paja en el ojo ajeno". Estamos convencidos de que es nuestro trabajo, por más que haya que marcar diferencias entre los unos y los otros.

Aunque parezca mentira, en ocasiones el nivel de tolerancia a las críticas suele ser menor en la oposición que en el oficialismo. La dirigencia política, más que ningún otro sector, interpreta —al menos aquí en La Pampa— que el periodismo tiene que estar de un lado o del otro.

Al margen del posicionamiento frente a esa realidad, también hay que reconocer las propias incapacidades de elaborar proyectos colectivos que aúnen voluntades y agrupen esfuerzos desde distintos sectores. No hemos sido capaces, ni siquiera, de organizar un recital, una muestra artística, una charla-debate, o un club de lectores, en asociación con centros de estudiantes o agrupaciones artísticas. Todas ideas que aparecían como acompañantes casi naturales de *El Fisgón*. Nos hemos tenido que conformar, en todo caso, con un mutuo aval publicitario, es decir de difusión y económico.

Acaso allí podamos encontrar algunas de las consecuencias de no haber podido definir en sus inicios algunos objetivos propios, como proyecto, como construcción, en los que se pudieran sustentar estrategias para hacer hincapié en las coincidencias más que en las disidencias, algo que difícilmente conseguimos, en una evidente impotencia para superar los errores, las diferencias personales, la diversidad y dispersión de metas que impedían concretar iniciativas colectivas más allá de la publicación misma.

Eso pasó —por ejemplo— cuando al fundarse esta revista existía en la ciudad un proyecto de características similares —que finalmente quedó a mitad de camino—, ideado por gente con la que teníamos numerosos puntos en común. No fueron suficientes como para que las dos iniciativas se tradujeran en una.

A su vez, en esa misma época, desde la carrera de Periodismo de la Universidad Nacional de La Pampa se motorizó otra iniciativa con aires alter-

nativos. Hoy en día circula en Santa Rosa otra publicación con características que —en cuanto al grueso de la línea editorial y a las temáticas más importantes— tiene marcadas coincidencias con *El Fisgón*, aunque priman las
diferencias entre los productos como para que no se hagan uno solo.

No obstante, esa comunión de objetivos con esas iniciativas, ese respeto por el pluralismo, esa coincidencia hasta ideológica, se expresa en mutuos
respaldos. Tanto con alguna prensa gráfica como con las radios de frecuencia modulada que —por sus objetivos, sus formas y sus recursos— ocupan la
vereda de enfrente de los medios tradicionales, que parecen dispuestos a seguir ignorando y dándole la espalda a esa parte de la comunidad.

Por ejemplo, hay una explícita censura por parte de los tres diarios de la
provincia a las publicaciones alternativas (ni hablar del canal televisivo del Estado que se maneja como un apéndice familiar-partidario, o de los pasquines
oficialoides que circulan). Hasta notas por escrito han circulado internamente
prohibiendo la mención de *El Fisgón* aun cuando se tome información publicada en sus páginas, por ejemplo. En otros casos, las amenazas que —si se trata
de un periodista de un medio tradicional— merecen la impresionada condena
de ADEPA, en otros casos —si afectan a un cronista de un medio alternativo,
como *Lumbre*— son ignoradas por más gravedad institucional que representen.

Es comprensible: esos medios suelen ser criticados. Otra tarea que parecía improbable en Santa Rosa: que la prensa hable de la prensa; que el periodismo ventile las reales causas de los cambios en la línea editorial del diario
más importante de la provincia; que se difundan los conflictos laborales en los
grandes medios de comunicación locales; o que "Jack El Destripador" describa
desde su mordacidad a determinado programa televisivo. Contrainformación.

Una revista antidemocrática

Las formas de gestión fueron modificándose de acuerdo a la disponibilidad, presencia e interés de los integrantes. Lo que siempre estuvo claro es que nadie iba
a ganar plata con *El Fisgón*. Cada peso que sobró fue reinvertido en la revista.
Así pasamos de los modestos primeros ejemplares de 24 páginas en papel obra
a una revista "en serio", con tapa en papel ilustración color y 36 páginas también en ilustración, ¡¡y siempre al mismo precio, durante casi seis años!!

Nunca tuvimos "director" ni "directores": la toma de decisiones se hizo
del modo más horizontal posible, en reuniones cotidianas o encuentros diarios. Claro que hubo vaivenes también en el staff: la falta de tiempo, la ausencia de remuneración, la aparición de complicaciones cotidianas, hicieron
que algunos fueran y vinieran, que otros llegaran, que algunos pudieran
comprometerse más que otros.

Hubo épocas en que el grueso del material eran creaciones colectivas, y
de ahí que —al contrario de lo que se estila hoy en día— no se firmaran las
notas. En otras etapas la tarea fue menos articulada. Pero siempre se respe-
tó la variedad de opiniones, intereses e ideología: alguna vez dijimos, en los
primeros tiempos, para referirnos a nuestro funcionamiento interno, que

éramos una revista "antidemocrática". En el sentido de que preferíamos publicar una nota con la que sólo uno de los integrantes estuviera de acuerdo antes de dejarla afuera porque había una mayoría en contra.

También nos desvivíamos por tener colaboradores provenientes de distintos sectores. A veces nos parecía que el grupo fundador había adquirido tal comunión que el estilo llegaba a saturar. La disposición que tuvimos para abrirnos hacia otros nunca la supimos comunicar del todo bien. Siempre dimos la impresión de ser un grupo "cerrado", autosuficiente. Fue (es) uno de nuestros errores. Fue (es) también uno de los recurrentes motivos de discusión y de tensión al interior del grupo. Quienes se fueron sumando se sintieron ajenos al proyecto durante mucho tiempo, meros colaboradores de una "ocasionalidad" cada vez más frecuente. "Yo no me siento un fisgón", decían, haciendo referencia a lo que se había transformado casi en un mito: el del clan fundacional de una revista irreverente para el medio.

También suele ocurrirnos que los colaboradores de los que se espera que aporten variantes, a veces "copian" —consciente o inconscientemente— el estilo que tanto nos gusta pero que a veces satura.

Nunca tuvimos un lugar propio de funcionamiento, sino que alguna vivienda de alguno de los integrantes fue haciendo alternativamente de "bunker" para centralizar todo el material de una edición, pero cada cual trabajando en su propia casa, con su propia máquina. Siempre usamos nuestros propios teléfonos, grabadores y vehículos.

La coordinación —suele pasar cuando el trabajo es gratis— se vuelve compleja en más de una ocasión: el tiempo sí que es tirano cuando se requiere la participación de distintos periodistas, dibujantes, fotógrafos. Parece una cosa menor, pero recolectar el material y coordinar los tiempos, cuando además existen trabas técnicas y obstáculos económicos y de tiempo, no es sólo un detalle.

En los primeros meses, más por falta de posibilidades que porque fuera nuestra intención, hubo cierto desinterés por la tarea de diseño y diagramación. Antes del número 10 pegamos un salto cualitativo en ese sentido. Hoy, que llevamos editados 42 números, la preocupación por la estética sigue siendo central, al menos mientras existan las actuales condiciones: gente que está dispuesta a poner su capacidad y esfuerzo sin cobrar un peso.

La revista siempre fue confeccionada por nosotros hasta el último detalle: la escribimos, la ilustramos, la diseñamos, la diagramamos y armamos, la corregimos. Apenas contratamos el servicio de impresión, en una empresa local. Cuando la publicación está lista, también la distribuimos.

Nos financian los lectores

El financiamiento surge pura y exclusivamente del aporte que hacen los lectores al comprar la revista. El precio de tapa es de 3 pesos, y sabemos que es una publicación cara si se la compara con la calidad de impresión de las revistas nacionales, por ejemplo. Pero no nos quedaba otra que apostar a esa estrategia: una "alianza" virtual con parte de los lectores para que también ellos financien el proyecto.

Obviamente tenemos que restar de los ingresos el importe con el que se quedan los kiosqueros y puestos de venta (un peso). Hay un par de canjes con comercios del medio, y aportes escasísimos por publicidad.

La respuesta de la enorme mayoría de los negocios locales cada vez que se les sugirió que ocupen un espacio publicitario fue muy parecida: todos conocen la revista, a todos les parece bárbaro que exista "un lugar donde digan estas cosas", todos creen que es importante en la comunidad, pero nadie está dispuesto a que el nombre aparezca como presunto "colaborador" del emprendimiento: otra vez el miedo que siembran el Estado y sus funcionarios, y esas conductas serviles y temerosas para hacerles el juego. "Los mismos a los que están escrachando son mis clientes, imaginate..."; "Si llego a aparecer ahí no agarro una puta licitación en mi vida..." y otras contestaciones así.

A esto hay que sumar otra característica —que contribuyó a forjar nuestra identidad por oposición a los medios "tradicionales"—: los diarios, radios y canales de televisión locales generaron una cultura "chivera", según la cual los comerciantes que contratan un espacio publicitario no sólo compran ese lugar, sino también el derecho a una nota comercial, y encima tienen participación en el contenido del espacio. Rechazamos desde un primer momento esa interpretación aberrante, pero sigue vigente.

Aunque posiblemente un negocio registraría resultados positivos desde el punto de vista estrictamente comercial si auspiciara en *El Fisgón*, la consideración generalizada impide archivar esa costumbre de que los que ponen avisos tienen directa relación con el contenido que los rodea. Es decir: "si pongo un aviso en *El Fisgón*, van a creer que avalo lo que dice *El Fisgón*, y no quiero que sea así".

En contra de esto, durante los primeros meses hubo algunos avisos publicitarios. El más increíble resultó ser el que propició la re-reelección del gobernador Marín. De caraduras nomás una mañana le sugerimos al Consejo Local de Unidades Básicas que publicara una propaganda paga. Nunca sabremos si fue por simpatía, porque no sabían lo que hacían o para quedar como "pluralistas", pero durante un par de ediciones pusieron los avisos. ¡Y los pagaron! Los lectores "normales" siempre creyeron que había sido una joda nuestra. No podían creer que en la misma página en que decíamos que Marín se afanaba todo, hubiera un aviso pago propiciando la reelección del propio Marín.

Lo que en el primer momento aparecía como una clara voluntad de no dedicarnos más que a escribir, con el tiempo, cuando el financiamiento se convirtió en tema de debate interno, quedó en evidencia cómo siempre fuimos especialmente ineficientes e incapaces con las cuestiones económicas. O para decirlo sin eufemismos: hemos sido, en ese sentido, unos reverendos pelotudos. Un remanido tema de estas experiencias alternativas. Posiblemente la decisión de que el proyecto fuera "sin fines de lucro" nos volcó a cierta despreocupación por esas cuestiones. Como sea, siempre nos quedan por cobrar dineros en todos lados: distribuidores que deben, promotores que cosecharon algunos avisos publicitarios también... en fin...

También —por error— le restamos importancia a temas como la promoción, o la relación con distintos ámbitos. Lo máximo que llegamos a hacer en pos de la auto-promoción, en un capítulo que merece ingresar en la historia de las contradicciones, fue un programa radial (Radio Fisgón). Lo inverosímil fue que saliera al aire en uno de los medios más "tradicionales" de la provincia, y encima del Estado: Radio Nacional. Fue increíble. "¿Te imaginás *El Fisgón* en Radio Nacional?", fue el auspicio, porque de veras que era una experiencia difícil de creer. El contenido de la radio, su cultura, su historia, sus personajes, no tenían nada que ver con nosotros, pero aprovechamos la amplitud de la gestión de un director. Cuando un par de meses más tarde ese director se tuvo que ir, nosotros debimos seguir el mismo camino...

Obstáculos y limitaciones

En cuanto a las limitaciones, hay momentos en que el tiempo de un día no alcanza para todo: terminar la investigación, gestionar una rebaja en la imprenta, llevar más ejemplares a un kiosco, convencer al ilustrador, consultar al abogado, confirmar un aviso publicitario, lograr la publicación de un colaborador, reparar la computadora, contestar los mails... todo fuera del horario de trabajo "habitual".

Entre otras cosas por eso es que la real circulación de *El Fisgón* quedó reducida a Santa Rosa, por más que haya algunos ejemplares que se venden en las otras ciudades más importantes, como General Pico, General Acha o Eduardo Castex. También desde las temáticas fue, siempre, una revista "para Santa Rosa".

Otros obstáculos son los habituales del periodismo: alguna amenaza, alguna agresión, alguna indisimulada "sugerencia" en los lugares de trabajo, cierta sensación de debilidad ante la posibilidad de que haya juicios o arremetidas institucionales. Y después, claro, situaciones casi risueñas: funcionarios que rompen la revista, otros que la fotocopian y la leen de ahí para "no colaborar" con el emprendimiento, empleados públicos que la tienen que leer a escondidas o personajes y oficinas públicas que —como castigo por haberlos criticado— no aceptan entrevistas y esconden información.

Cuestiones económicas

La economía todo lo cruza. Y ha sido factor fundamental de las dos "desapariciones" de *El Fisgón*. Un par de veces vimos interrumpida la salida por distintos factores, pero en los que influyó que —por razones económicas— algunos de los integrantes del equipo tuvieron que dar un paso al costado o buscar otros horizontes.

También cuando hubo que afrontar un juicio por daños y perjuicios la plata hubo que buscarla en algún otro lado, porque los "ahorros" de la revista no existían. Por cuestiones económicas la publicidad en otros medios es muy restringida. Por cuestiones económicas a partir de la devaluación que modificó todos los precios del sector prensa hubo que hacer algunos recortes en la calidad del papel. Por cuestiones económicas *El Fisgón* sigue siendo un mensuario pese a que existe material para acortar la periodicidad de aparición.

En el primer caso de interrupción, en marzo del año 2000, se sumó una circunstancia especialísima: *El Fisgón* fue desmantelado. Los amigos de lo ajeno se apropiaron de las escasas pero imprescindibles máquinas con que esta revista se venía confeccionando. Ni las habituales mudanzas despistaron a los cacos. A un "gran medio" local no le pasa que tenga que interrumpir su salida por una situación de este tipo. También en nuestras debilidades somos lo opuesto a los medios "tradicionales".

Aunque el robo de los elementos no había sido la única razón por la que dejamos de salir. También existía cierto desánimo por la caída de las ventas, alguna saturación con la cantidad de tareas que había que afrontar (desde escribir textos hasta distribuir, desde ilustrar hasta armar algún aviso), cansancio generalizado. Cuando las máquinas fueron recuperadas en octubre de ese mismo año, *El Fisgón* volvió a salir a la calle.

Tras otro paréntesis en marzo, en agosto de 2001 se produjo un regreso que parece definitivo, porque hoy en día la revista está funcionando, instalada como nunca antes en la comunidad, organizada, autofinanciándose, y pese a la omnipresente crisis económica, segura de sí misma.

Más allá de aquellos diez meses de ausencia, el proyecto lleva casi seis años de antigüedad, lo que es todo un récord para la historia de este tipo de emprendimientos periodísticos gráficos alternativos en nuestra provincia.

La verdad... una situación casi imposible de imaginar cuando en los albores de la peor recesión alumbramos *El Fisgón* pensando que se lo íbamos a vender a parientes, amigos, conocidos y unos pocos más.

Desde ya que el futuro es incierto, como todo futuro. El contexto nacional —y también provincial— puede derivar en cualquier situación impensada: un caos económico de proporciones tan irreversibles que ni una guerra civil hay que descartar y un clima político espeso que puede generar más censura y represión; pero al mismo tiempo, justamente porque todo se mueve y está demasiado raro, tal vez haya más espacio para las cosas "nuevas" que no se vieron contaminadas por el modelo en esta época de cinismo, hipocresía e injusticias.

La gran desgracia de *El Fisgón* es que, hoy en día, se trata de un proyecto que, sinceramente, no puede pensarse que cierre económicamente. Al menos tal como está diseñado y concretado hoy en día, y en una provincia "chica" como La Pampa. Tendrían que cambiar demasiadas cosas para que el sueño de subsistir en base al trabajo digno, y sin responder a superiores, se concrete.

Mientras tanto, le damos para adelante, porque nos gusta, nos hace sentir bien y creemos que también a la sociedad civil le es útil y necesario que haya una advertencia ("alguien te está mirando") que desnuda cuál es nuestra razón de ser: echar sal en la herida y guijarros en los zapatos. Ver la paja en el ojo ajeno.

Agencia de Noticias Red Acción

RedAcción[1]

Breve introducción

El proyecto de Red Acción ha experimentado diferentes mutaciones desde su comienzo, hace más de siete años. El objetivo original de crear una red comunitaria de noticias que contribuyera a la recomposición del tejido social, y batallara contra la fragmentación de las organizaciones populares, fue enriqueciéndose y reformulándose con las nuevas exigencias que surgieron en la práctica concreta.

En ese hacer, muchas veces errático, Red Acción cambió repetidamente su fisonomía, incursionó por nuevos trayectos, evitó viejos errores y cometió algunos nuevos. Muy posiblemente, la noción de *búsqueda constante* es la más adecuada para ilustrar las idas y vueltas de Red Acción, sus virtudes y falencias.

En este sentido, como experiencia organizativa del campo popular, Red Acción no escapa a ciertas *regularidades* que, en general, intervienen en la dinámica de construcción de las organizaciones populares. Su historia es también consecuencia de nucleamientos, alejamientos y posteriores reagrupamientos.

Sin embargo, existe un hilo conductor que le otorga cierta *coherencia* a esos vaivenes. Por un lado, el esfuerzo consecuente de varios compañeros, que en épocas de viento en contra mantuvieron con vida el proyecto; por otro, la firme convicción de que la comunicación es un arma que las organizaciones populares deben apropiarse para utilizarla en su lucha por la transformación social.

De Red Acción Sur a ANRED

A mediados del año 1994 se realizó en la facultad de Ciencias Sociales de la UNLZ una asamblea por los derechos sociales en donde participaron organizaciones sindicales, estudiantiles, barriales y culturales. El objetivo era avanzar en la coordinación y el trabajo conjunto y parte de las discusiones giraron en torno a la comunicación interna entre las organizaciones y externa hacia los medios masivos. En esa asamblea se decidió organizar una Red de Comunicación Comunitaria.

---

1   ANRED: Red Acción (La Plata – Berisso - Ensenada), Colectivo de Trabajo – Periodismo (UNLP), Fuera de Discurso (UBA), Quemar Las Naves (UNLZ).

El paso concreto se dio un año después, luego de varias idas y vueltas. La puesta en funcionamiento de Red Acción tuvo lugar en octubre de 1995, cuando un grupo de trabajo se empezó a reunir para darle forma al proyecto. Éste estaba integrado por estudiantes de la Facultad de Ciencias Sociales de la Universidad de Lomas de Zamora, trabajadores estatales de la Asociación de Trabajadores del Estado (ATE) Gran Buenos Aires Sur, y "El Galpón Cultural", un grupo barrial de Claypole.

Al principio sólo se realizaba una producción de audio con diez minutos de duración que se distribuía a 16 radios de la zona de Lomas de Zamora y Almirante Brown. Durante 1996 se amplió la red de receptores a periódicos y organizaciones de base, y se les empezó a entregar además el guión del informativo radial, a modo de gacetilla de prensa. Ya para marzo del ´97 cubríamos alrededor de 60 medios locales y realizamos una serie de informes especiales sobre organizaciones sociales y conflictos.

Debido a una mayor inserción de Red Acción en grupos de base, empezamos a recibir una gran cantidad de materiales producidos por ellos, como revistas, comunicados, volantes, etc, lo cual nos impulsó a incluirlos en la distribución. Aquí surge el "Sobre de Redacción" con el objetivo de fomentar la comunicación entre organizaciones sociales y brindarle más información a los magazines diarios de las radios zonales que, generalmente, cuentan con escasa producción.

Para mayo del ´98 llegábamos a 150 receptores habiendo ampliado nuestra zona de distribución, incluyendo parcialmente a Esteban Echeverría, Presidente Perón, Quilmes y Florencio Varela. En esta etapa comenzamos a entablar relaciones con otros medios de comunicación alternativa y comunitaria del país participando en encuentros de organizaciones sociales y de medios alternativos. Como resultado de estos encuentros comenzamos a coordinar con grupos de otras provincias o zonas para que realizaran experiencias similares. Así surgieron Red Acción Rosario (que duró cinco o seis meses), Red Acción La Plata (que se encuentra en su segunda época, luego de caer y resurgir) y Red Acción Capital (que comenzó cubriendo conflictos en las villas de Capital y derivó en la realización de producciones radiales sobre historia o problemas sociales).

Entre 1998 y 2000 probamos varios formatos, entre ellos el de un periódico mural que fue abandonado por problemas de costos y algunas dudas sobre su efectividad. También ampliamos la tirada de las gacetillas, que aumentó de 500 a 1000 números: una parte iba en los sobres y con el resto se armaban paquetes de 50 ejemplares que se les entregaban a algunas organizaciones para ser distribuidas en sus bases. Y llegamos a realizar un promedio de entre 40 y 50 copias de cassettes porque en cada radio, aparte del noticiero oficial, lo entregábamos a los programas que los solicitaban.

El período 1998-2000 fue una prueba para nosotros. Se agudizaron los conflictos en fábricas por despidos, como ocurrió en Diasa, Insys y Alpargatas (del cordón industrial de Florencio Varela), Baesa (Quilmes), Fruehauff (Lanús), Cristalux (Avellaneda), Firestone (Llavallol), entre otros. Asimismo, el constante ajuste a los trabajadores del Estado (despidos, flexibilización y rebajas salariales) hacía que la lucha de los maestros, los auxiliares de escuelas y trabajadores de la salud fuera cada vez más dura. Y comenzaban a tener más peso las incipientes organizaciones de trabajadores desocupados, que se fortalecían en la relación con organizaciones barriales y vecinales. Red Acción cubrió cada una de estas luchas y acompañó, en esa etapa, el crecimiento del movimiento piquetero.

En 2001, con la agudización del conflicto social, la agencia comenzó a tomar otras tareas. Si bien ya se habían formado grupos autónomos de trabajo en Capital Federal y La Plata, Red Acción no dejaba de tener un carácter estrictamente local, lo que limitaba sus análisis y su proyección política. Fue entonces cuando, junto con la publicación de Red Acción Sur, comenzamos a realizar la "hojita ANRED", en la que se abordaban, por un lado, las disputas dentro del campo de la burguesía, y por el otro, las luchas del campo popular, con insumos informativos provenientes de corresponsales, diarios y agencias de noticias nacionales.

Ya en el 2002, luego de haber publicado más de diez números de la hoja ANRED, damos un paso importante al desdoblar nuestras tareas: por un lado, fortalecimos el trabajo de Agencia de Noticias, formalmente bautizada como ANRED, difundiendo comunicados de prensa de conflictos protagonizados por organizaciones populares (CTD Aníbal Verón[2], obreros de Brukman, Zanón, y de las Minas de Carbón de Río Turbio, etc.); por el otro, comenzamos a editar el periódico mensual *Red Acción*, que aborda hechos del orden nacional, cubre la lucha de las organizaciones populares, planteando una lectura crítica que intenta confrontar con la mirada que ofrecen los medios masivos.

Al mismo tiempo, comenzamos a extender nuestras tareas vinculándonos con las organizaciones de base tratando de aportar algunas herramientas que puedan resultar útiles al desarrollo de su comunicación interna y externa. De esta manera comenzamos a tener una participación activa junto a las áreas de prensa de algunos movimientos de trabajadores desocupados. En esta tónica colaboramos con los MTD de Almirante Brown, Solano, Lanús, Lugano y participamos del espacio de coordinación de sus áreas de Prensa.

En términos generales, ANRED se define como una agencia alternativa de noticias que sigue el desarrollo de la lucha social de los trabajadores y el pueblo. Actualmente su labor comunicacional se desarrolla en tres niveles:

1) La publicación de un periódico mensual de la agencia y, paralelamente, de gacetillas zonales (en Zona Sur, La Plata, y recientemente en la Patagonia) que, con un funcionamiento autónomo entre sí, articulan Redes de Comunicación Comunitaria en las cuales se reparten los "Sobres de Redacción" que hoy llegan a más de 180 organizaciones sociales y diversos medios de comunicación.

---

2   N. de E.: CTD Aníban Verón, hoy MTD Aníbal Verón.

2) La realización de comunicados de prensa para difundir los conflictos que protagonizan las organizaciones populares.

3) La colaboración con movimientos sociales en el desarrollo y fortalecimiento de sus ámbitos de prensa y comunicación.

Como forma de financiamiento tratamos de desarrollar una estrategia de autogestión a partir de la venta del periódico, aportes de los integrantes de la agencia y colaboraciones desinteresadas de organizaciones con las que compartimos el trabajo militante. De tanto en tanto, realizamos fiestas o actividades destinadas a juntar fondos y cubrir los "baches" financieros.

Por su parte, desde los inicios de Red Acción, el gremio ATE Sur colabora solidariamente en el mantenimiento de la agencia, aportando tanto recursos económicos como infraestructura imprescindible para su funcionamiento.

Desde que empezó a salir el periódico, mayo del 2002, los costos se incrementaron pero pudimos mantener la distribución gratuita de un tercio de los ejemplares a través de la Red de Comunicación Comunitaria, y en los MTD, quedando únicamente el resto para la venta "a colaboración". Este criterio de distribución genera que ANRED se encuentre en una situación financiera de "penuria crónica".

Una experiencia comunicacional en busca de su marco teórico

Definir ANRED como una experiencia de Comunicación Alternativa (CA) nos obliga, en primera instancia a precisar qué entendemos por CA. En este sentido, consideramos que la CA es, esencialmente, un concepto dinámico, un entramado de múltiples dimensiones, factible de ser abordado desde diversas perspectivas. En primer lugar, podríamos decir que las experiencias de CA se definen básicamente por su vinculación con un proyecto político de transformación social. Sin embargo, esta vinculación por sí misma no agota la definición de *alternatividad*, ya que ésta incluye también, al menos como perspectiva, la democratización de las instancias de producción y recepción de mensajes. En otras palabras, tender a la horizontalización de la producción y circulación de dichos mensajes, facilitando y difundiendo las herramientas y los conocimientos que permitan una multiplicación de los actores que construyen sus propias experiencias comunicativas[3]. La posibili-

---

3 En el campo de la comunicación la relación entre "emisores" y "receptores" es objeto de encendidos debates. Sobre este punto, consideramos que los receptores poseen una capacidad activa en la interpretación y producción de sentido, pero que distan bastante de ser los receptores *todopoderosos* que gustan presentar las "teorías de la recepción". Al momento de resignificar los mensajes, los sujetos ponen en juego sus capacidades interpretativas en un determinado marco material y simbólico que ofrece posibilidades pero impone severas restricciones. La reinterpretación existe, así como la resignificación, sin embargo éstas se desarrollan dentro de los límites que marcan las relaciones sociales de dominación, dentro de las cuales los medios imponen los parámetros de lo legítimo e ilegítimo, de acuerdo a los intereses de las clases dominantes en su conjunto.

dad de esta construcción generalmente parte de una práctica política que incluye a los actores que la llevan adelante; que múltiples voces silenciadas puedan hacerse oír depende, a su vez, de la consolidación de lazos organizativos que le den sustento y les permitan desarrollarse.

Toda perspectiva comunicacional realiza un recorte de la realidad y plasma —explícita o implícitamente— sólo uno de los tantos enfoques posibles. Pero en el marco de un sistema social estructurado en torno al conflicto entre grupos sociales antagónicos, las experiencias de CA deben apuntar a reforzar los procesos organizativos de los sujetos sociales involucrados en la transformación del orden establecido. Es decir, construir un proyecto alternativo de comunicación no es sólo mostrar cómo se organiza el pueblo sino participar como militantes, aportando desde nuestra praxis para potenciar su organización.

En contraposición, los medios masivos del bloque de poder (MM)[4] construyen un enfoque discursivo donde las luchas populares aparecen fragmentadas, sin historia, con intereses meramente corporativos. Los MM que legitiman el sistema de dominación esconden lo que se encuentra bajo la superficie —tal como el fetichismo de la mercancía oculta las relaciones de explotación. En su abordaje, presentan a las organizaciones del campo popular de forma estereotipada, maniqueísta, responsabilizándolas del "caos" que nos rodea, ocultando de esta forma que las demandas expresadas por esas organizaciones son el producto de un sistema injusto que sumerge en la miseria a una gran parte de la clase trabajadora y los sectores populares.

Pensamos a ANRED como un proyecto de comunicación alternativo a los medios del bloque de poder, en tanto experiencia comunicacional que pretende poner en crisis el orden establecido y en relieve el conflicto social, mostrar las crecientes organizaciones, las posibles salidas, así como las acciones del poder hegemónico para acabar con estos intentos (represión, intimidación, mentira mediática). En consecuencia, ANRED pretende contribuir al desarrollo de soportes que se conciban desde su inicio como tribunas de los proyectos populares y aporten a la consolidación de sus organizaciones.

El campo popular, al igual que el "bloque de poder", es una alianza de grupos sociales esencialmente móvil y ANRED, en cierta manera, pretende dar cuenta de esos alineamientos y realineamientos. La dinámica de la lucha social suele ser contradictoria, con avances y retrocesos, y nuestro colectivo no se halla por fuera de esos movimientos. ANRED intenta ser un "cronista" del campo popular que, sin ocultar su afinidad con la experiencias organizativas que construyen la autonomía política de las mayorías trabajadoras —y plantean la necesidad de un profundo cambio social— es respetuoso de las distintas tradiciones de la lucha del pueblo.

---

4   Entendemos por "bloque de poder" a la alianza de clases dominantes que lleva a cabo las tareas de la hegemonía económica, política y cultural.

¿Medios alternativos versus fisuras mediáticas?

En ocasiones se tiende a presentar como una disyuntiva excluyente la opción entre desarrollar medios alternativos o aprovechar determinadas "brechas" que presenta el conglomerado mediático. De esta manera, pareciera que no cabe otro posicionamiento que elegir una u otra opción, y no se visualiza que, planteada en esos términos, constituye una falsa disyuntiva.

En el plano comunicacional, las organizaciones populares deberían asumir el desafío de impulsar medios alternativos, a la par que buscar vincularse inteligentemente con los MM y los zonales. Plantearse la transformación social como objetivo político obliga a las organizaciones populares a desarrollar, con todos los recursos a su alcance, sus propias herramientas comunicacionales que sirvan a la multiplicación de sus prácticas y discursos. Pero al mismo tiempo es fundamental que se den una estrategia de intervención ante los medios comerciales (masivos y zonales), con el objetivo de dar la batalla política y simbólica, en función de sus estrategias de cambio social, en el complejo terreno del "sentido común". En otras palabras, utilizar las herramientas que éstos ofrecen enmarcándolas dentro de los requerimientos de la propia construcción política.

Porqué la prensa sirve para romper el aislamiento y evitar el aniquilamiento

Además de las tareas informativas que la Agencia de Noticias Red Acción (ANRED) desarrolla desde hace siete años, también distribuye comunicados de prensa a las redacciones periodísticas nacionales. Los comunicados están escritos igual que cualquier cable de noticias, tratan de reproducir en términos periodísticos lo que está ocurriendo en el lugar de los hechos y apuntan a romper el aislamiento que sufren diariamente las organizaciones de base que desde tiempos inmemoriales son silenciadas de la agenda informativa por la desinformación, la censura, la deformación de lo sucedido, el anonimato de sus protagonistas y el desinterés endémico o malintencionado de los responsables de las mesas informativas del país.

Desde los comienzos de Red Acción todos los trabajos emprendidos han ido orientados a ese propósito: que diferentes organizaciones que luchan cotidianamente por transformar la realidad, sepan que en otro lugar del mismo tejido social hay semejantes que llevan adelante tareas similares y enfrentan prácticamente los mismos obstáculos.

En esta perspectiva el trabajo que realizamos sobre la prensa tradicional pretende aprovechar los resquicios que puedan tener las redacciones de los medios nacionales, quienes poseen una infraestructura de la que carecen los medios alternativos. Nuestra tarea no está inspirada en un oportunismo mediático que busque sacar provecho de las disputas políticas que cotidianamente ocurren en la prensa nacional, sino por el contrario, busca establecer los lazos que impidan el aislamiento y el creciente despliegue de las operaciones oficiales, policiales y de la derecha, para silenciar la protesta social en todos los canales informativos de la prensa masiva.

Si bien la experiencia acumulada nos ha permitido colaborar con otras organizaciones, esta tarea surgió con la necesidad de que las protestas impulsadas por la Coordinadora Aníbal Verón —uno de los protagonistas más dinámicos de la protesta social— puedan ser publicadas en la prensa tradicional. Para esto ha colaborado el hecho de que la Coordinadora se destaque con claridad por los métodos con que construye su organización, lleva adelante sus reclamos y canaliza los intereses de los trabajadores desocupados que se organizan allí.

El trabajo comienza difundiendo la información a las agencias de noticias nacionales y a los canales de noticias por cable y aire. Una vez que logramos instalar con precisión que determinada cantidad de trabajadores desocupados de tal organización, con tales características y tales reclamos, están cortando tal ruta por determinado tiempo, nos preocupamos de que los canales traten de mandar algún móvil. Esto se puede lograr actualizando la información, sumando novedades si hay negociación, si se suma más gente a la protesta, si hay peligros de desalojo. Para esto garantizamos que los cables de agencia sean precisos, que en los canales digan las cosas como son y no se basen en las versiones policiales y en los voceros ministeriales, provinciales y comunales que generalmente tratan de quitarle importancia, volumen o trascendencia a la protesta. En el caso de la policía es mucho peor porque minimiza a cero la presencia de las columnas en la calle y siempre brinda información que sirve para distorsionar.

Luego comienza el trabajo con las ediciones vespertinas de los diarios para que tengan en cuenta la noticia. Cumplida esta etapa con *Crónica* y *La Razón* —aunque *La Razón* cierra su edición a las 12 del mediodía—, seguimos actualizando información y al comenzar la tarde nos encargamos de los editores de los diarios nacionales que empiezan a evaluar las noticias que van a publicar al día siguiente. Ahí tratamos que se encuentren con una buena cantidad de cables, que vean la información en algún vespertino y que puedan percibir en la tele las dimensiones de la protesta. No hay que olvidar que son medios nacionales y que en su mayoría no le dan mucha importancia a los cortes. Para muchos editores y buena parte de los redactores todos los desocupados son lo mismo y los cortes de ruta ya son parte de una rutina informativa que no consideran vendible.

Mientras distribuimos información a los medios nacionales también procuramos que las corresponsalías de la prensa extranjera tengan todo lo que ocurre y a eso sumamos antecedentes históricos sobre los conflictos para que comprendan algunas particularidades, aunque hemos comprobado que muchos corresponsales prestan más atención a los conflictos sociales que el más ducho de los especialistas vernáculos. En el caso del asesinato de nuestros compañeros Darío Santillán y Maximiliano Kosteki el 26 de junio de 2002, durante la salvaje represión planificada en el Puente Pueyrredón, mantuvimos un trabajo intensivo sobre la prensa extranjera que hasta hoy sigue dando sus frutos y que en ese momento nos permitió reflejar declaraciones y datos que en las primeras horas la prensa nacional no tuvo en cuenta.

Día a día luchamos con la línea editorial de cada diario que impone restricciones a las posibilidades de que se sepa la verdadera magnitud y dimensión de la protesta y cuáles son los puntos de vista, los intereses, los deseos, los objetivos y los reclamos de la mayor parte de la población que encuentra en la organización de los desocupados un canal de expresión. Independientemente de que los MTD Aníbal Verón tengan una nota más o una nota menos, el hecho palpable es que poco se sabe de las actividades que realizan. Aunque este escenario continúe, nosotros no dejaremos de trabajar para insertar en la agenda informativa diaria los hechos políticos que generan las organizaciones que luchan.

Al calor de un trabajo de constante difusión en la prensa nacional se ha ido rompiendo el aislamiento de organizaciones como la Aníbal Verón. Desde el comienzo de este año se ha podido saber lo que ocurre en los Movimientos de Trabajadores Desocupados, se supo que esos trabajadores desocupados desarrollan proyectos autogestivos y autoorganizados que funcionan colectivamente y que desafían día a día la humillación y opresión más insoportables. Se ha podido saber que a esos hombres y mujeres que viven con lo mínimo indispensable, los reprimen, los persiguen y los amenazan las rémoras de la derecha anticomunista argentina financiadas por los intendentes del conurbano bonaerense.

Antes de que iniciáramos esta tarea, el espacio que hoy ocupamos con la difusión de la información generada por los propios protagonistas de los hechos, lo ocupaba la información ofrecida por la policía y el gobierno. Desde ese entonces el proceso de confrontación con la fuente policial ha ido creciendo al calor de la profundización de los conflictos en las rutas, en los barrios y en las fábricas. Antes de que las distintas organizaciones de base tomaran conciencia del valor de insertar su propia información en la prensa tradicional, la policía y las oficinas oficiales tenían el trabajo servido: podían distorsionar y desinformar a su gusto. Cuando en una oportunidad había 3000 compañeros de la Aníbal Verón cortando la Autopista Buenos Aires-La Plata, los boletines informativos inundaban las redacciones de radios, diarios y canales diciendo que "cerca de 200 personas de la CCC (Corriente Clasista y Combativa) mantenían un corte que causaba serios incovenientes a los vehículos que trataban de sortear ese corredor". Si este obstáculo prolifera en cada corte de ruta, en casos de represión o intervención parapolicial la situación puede ser mucho peor, hasta conformarse en la primera ventaja operativa de cualquier estructura represiva del Estado para alcanzar satisfactoriamente su objetivo de intimidación, disciplinamiento y disminución de la protesta a través del miedo y la coerción.

En la medida que el estado de derecho sea más precario por la profundización del ajuste, y crezcan y maduren las luchas populares para evitarlo, la posibilidad de insertar nuestros cables y comunicados quizás disminuya sensiblemente, pero hasta el momento hemos encontrado verdaderos nichos por donde colar el punto de vista de los propios protagonistas de las luchas, impidiendo que lo hagan otros con fines absolutamente opuestos.

Prensa y seguridad

Ante el estado incipiente de las organizaciones de base, el Estado y todas sus estructuras represivas vienen afianzando la vieja estrategia del silenciamiento informativo para garantizar el aislamiento y crear las condiciones para el aniquilamiento político. La lucha cotidiana que libran las organizaciones en los barrios, en las calles y en las fábricas se traslada a la prensa tradicional. Somos conscientes de antemano que este conflicto tiene grandes perspectivas de configurar una derrota para el campo popular: históricamente se ha reproducido un profesionalismo cómplice y genuflexo en las redacciones que es el principal responsable de un cerco informativo muchas veces infranqueable.

Nunca debemos perder de vista la dimensión de esta desventaja inicial y aunque el horizonte se prefigure complicado, cada trabajo que realizamos sobre la prensa tradicional responde al objetivo de impulsar el siguiente nivel de conciencia en cualquier organización que pretenda preservarse y cuidar a sus compañeros: la prensa es el primer nivel de seguridad que debe mantener cualquier organización política que se precie de tal y nunca puede permitir que el enemigo lo aísle mientras existan condiciones para impedirlo.

En esta línea, y debido al estado incipiente de la prensa alternativa, nadie puede soslayar que cualquier herramienta de prensa al servicio de las luchas populares debe enfrentar el aislamiento informativo, porque es uno de los primeros golpes que soportan los protagonistas de la protesta. Este golpe cuando es certero no deja huellas físicas, pero inicia el silencio letal que abre paso a la represión impune. Si consideramos que el principal protagonista de las luchas populares es el principal ausente en las redacciones de los medios nacionales, no podemos permitir que con o sin inserción en algún medio, las organizaciones no tengan una política para sostener este frente informativo.

Esto no se logra de un día para el otro y lo desarrollamos colaborando con las organizaciones de base y trabajando junto a ellas. A través del intercambio de experiencias con quienes llevan adelante los cortes de ruta, las tomas de fábricas y las diferentes luchas, podemos fortalecer estas tareas de prensa e impulsar la utilización de herramientas eficaces para romper el aislamiento informativo.

Al calor de nuestra experiencia hemos descubierto que estas concepciones sólo se construyen con el trabajo de hombres y mujeres que no creen todo lo que leen, que día a día abren los diarios, escuchan la radio o miran la tevé y comprueban que muchas injusticias que ocurren ante sus ojos nunca son reflejadas, que la protesta que ayer protagonizaron no salió en ningún lado y que donde salió, fue relatada tan mal que mejor ni la hubieran nombrado. Esos compañeros saben que la prensa no legitima sus luchas ni su compromiso, pero cuando ven bien reflejados sus reclamos, sus reivindicaciones y sus pequeñas victorias sienten la satisfacción de haber impedido que los voceros oficiales y las fuentes policiales disfracen y oculten la protesta social.

Del otro lado, del lado de las redacciones de los medios nacionales, aquél que escribió, que dijo las cosas como ocurrieron, que leyó el comunicado y que no silenció a los protagonistas quizás sienta la sutil, breve y discreta satisfacción de la que hablaba Rodolfo Walsh cuando decía en los despachos de la Agencia de Noticias Clandestina (ANCLA): "Difunda esta información, sienta la satisfacción moral de un acto de libertad".

ANEXO
UNA EXPERIENCIA ZONAL

Red Acción Berisso-Ensenada-La Plata nace en el año 1998 a raíz del contacto entre Red Acción Zona Sur y dos agrupaciones estudiantiles de la facultad de Periodismo y Comunicación Social de La Plata. En esta primera etapa el proyecto funciona durante un breve tiempo. En octubre del año 2001 otro grupo, mayoritariamente estudiantil, retoma el proyecto, habiendo publicado hasta julio de 2002 y de forma mensual, dos boletines radiales y seis boletines gráficos, con información de organizaciones y conflictos correspondientes al campo popular de la zona de La Plata, Berisso y Ensenada.

El boletín gráfico tiene una tirada de 500 ejemplares y el radial llega a diez radios zonales. En un sobre tamaño oficio se distribuyen dichas producciones en aproximadamente 50 organizaciones sociales, como centros y agrupaciones estudiantiles, sindicatos, asambleas barriales, organismos de Derechos Humanos, radios y centros culturales, muchas de las cuales entregan gacetillas de prensa, volantes o publicaciones para difundir en el sobre. De esta manera se genera la red, que tiene por objetivo ayudar a difundir y articular a las organizaciones entre sí.

Este colectivo decidió funcionar y financiarse de manera autónoma mediante fiestas, rifas y colaboraciones de los integrantes de la red. Red Acción La Plata es un colectivo de trabajo, donde los contenidos de las producciones son decididos y discutidos por el conjunto de los compañer@s que aportan según sus tiempos, posibilidades y su inserción como militantes políticos al enriquecimiento del colectivo.

El formato gráfico consta de cuatro páginas y de secciones más o menos fijas: Editorial (que sintetiza y contextualiza los conflictos más importantes del mes), Estatales, Universidad, Asambleas barriales, Derechos Humanos, Sindicales, Movimientos de Desocupados.

En las notas se suele utilizar la cita directa (frases textuales del entrevistado), como un recurso interesante para permitir que los procesos sean contados por sus mismos participantes, con sus propias palabras; acompañadas con datos contextualizadores: antecedentes históricos, estadísticas, etcétera.

Actualmente se están evaluando los alcances, las limitaciones y posibilidades de esta herramienta comunicacional, ya que cuesta definir el por qué de la elección de determinadas organizaciones como destinatarias, así como también si el formato utilizado es o no el más efectivo para los objetivos planteados.

El contenido de Red Acción, así como su lenguaje, son de carácter masivo, aunque no así su margen de llegada, por eso se considera importante solucionar esta cuestión mediante la salida del formato radial.

La radio es sus consecuencias

COLECTIVO LA TRIBU[1]

Acostumbrarse es morir

Durante todo el 2001, repetimos cada media hora al aire esta frase inspirada en una de Girondo: "la costumbre nos teje diariamente una telaraña en las pupilas". Frase que intentaba ser movilizadora, intentaba sonar indignada, lograba ser un testimonio de nuestra cólera contra un sistema y contra la complacencia de muchos de nuestros contemporáneos con él.

En 1997 los piqueteros interrumpían la circulación de autos y camiones porque el sistema interrumpía sus vidas. En 1996 los hijos marcaban a los que asesinaron a sus padres para poder imponer ese mismo sistema. En 1990 los campesinos santiagueños formaron una organización para luchar por sus tierras y para construir maneras dignas de vivir.

Mientras tanto, muchos, demasiados, caminaban con la telaraña de la costumbre en los ojos por una senda confortable. Hasta que se tropezaron.

Los que elegimos a la "comunicación" como espacio de nuestra práctica política construimos durante años medios de "comunicación alternativa": radios, diarios, revistas, películas, propaladoras, agencias informativas, páginas en internet, televisoras que desde el contenido, la ideología, los valores, la estética, la gestión, intentaron recordar constantemente, por medio de la denuncia, la vigencia del capitalismo y sus consecuencias y dotar, por medio de la construcción, a las luchas contra ese sistema de la posibilidad de comunicarse. Al mismo tiempo, estos medios "alternativos" nos propusimos construir "otra comunicación" o, para ser más exactos, la "verdadera comunicación": espacios dialógicos y horizontales en lo que respecta a la relación emisores-receptores, los lenguajes, las agendas, la propiedad y la no finalidad de lucro. Con mayor o menor capacidad de influencia en la sociedad, con mayor o menor reconocimiento por parte de un público consumidor acostumbrado a los grandes diarios argentinos. Con mayores o menores capacidades de articulación con los movimientos sociales.

---

1   Colectivo La Tribu, Buenos Aires, septiembre de 2002.

Dentro de algunos años podremos hacer un análisis de cómo fueron en la Argentina las relaciones de los medios de comunicación alternativos con los movimientos sociales y con la sociedad en general durante la década del noventa y en qué medida esas relaciones se transformaron a partir de la agudización y extensión de los conflictos sociales que vivimos desde diciembre de 2001. Por el momento, podemos esbozar, y en ciertos casos confirmar, algunas hipótesis.

La alternatividad comunicacional no se construye con independencia de los procesos económicos, sociales y culturales dominantes ni de las dinámicas de los movimientos sociales de transformación. Por lo tanto, no resulta posible otorgarles una dimensión a sus potencialidades de transformación al margen de los procesos sociales hegemónicos y de las estrategias de las resistencias. En este sentido, podríamos volver a decir que, tal como hace más de veinte años lo señalaban Mattelart y Piemme, "la creación de una alternativa de comunicación está más vinculada que nunca a la producción de nuevas relaciones sociales. Adelantamos esto pronunciándonos en contra de toda ilusión que espere la transformación social de una comunicación salvadora pero también en contra de toda mitología que hace creer que sólo la llegada de la Gran Noche podrá engendrar una comunicación nueva"[2]. La comunicación alternativa no garantiza la emergencia de nuevas formas sociales ni emerge naturalmente de situaciones de transformación social: "una y otra se ponen a prueba paralelamente en un mismo lento y prolongado esfuerzo de construcción de una cultura popular"[3].

La comunicación alternativa integra las dinámicas de las luchas y se articula con los actores que cuestionan las relaciones sociales de dominio y las formas capitalistas que las organizan. En todos los casos, como también se sostiene desde hace años, la comunicación alternativa se opone a toda relación desigual ya sea económica, política, cultural y/o comunicacional. En ciertos contextos, estas acciones pretenden desmontar la construida naturalidad e inevitabilidad de la dominación. En otros contextos, la comunicación alternativa es parte de las construcciones de espacios sociales no capitalistas. En otros, la comunicación alternativa es arma de lucha contra un régimen. En todos los casos, el medio elegido abre, potencia, difunde o multiplica un proyecto de sociedad y las luchas o construcciones que éste orienta. Sin embargo, nuestra historia nos muestra que, muchas veces, esos valores que, se sostiene, deben ser las bases de la sociedad no se llevan adelante en el interior de esas mismas prácticas. Es decir, se pregona desde un micrófono una sociedad de iguales y se construyen al mismo tiempo relaciones asimétricas entre el medio y los receptores o encontramos en el interior del medio la división del trabajo propia del sistema que se pretende destruir.

---

2   Mattelart, Armand y Piemme, Jean Marie. *La televisión alternativa*. Barcelona, Anagrama, 1981.
3   Ídem.

Por lo tanto, la alternatividad comunicacional no se reduce a la multiplicación de un programa ideológico ni a la difusión de un discurso contrahegemónico. Está claro que los discursos son acciones pero concebimos a la comunicación alternativa en un contexto de actuación social, política y cultural porque creemos que sólo se pueden multiplicar utopías propias construyendo prácticas sociales propias.

De esta manera, la "alternatividad" es una construcción en frentes simultáneos. Desde ya, en el cruce entre las definiciones políticas y los aspectos comunicacionales que hacen a la agenda, a la relación entre emisores y receptores a la que hacíamos referencia, a las voces que integran el relato del mundo que se construye, a los lenguajes, a la música. Pero también en las dimensiones organizacionales y económicas en las que se juegan aspectos como las formas organizativas adoptadas, la propiedad y gestión del medio o las fuentes de financiamiento. Esta perspectiva supone, claramente, que la alternatividad en este campo, y en todos, es un proceso y no un estado, en tanto lo "alternativo" no es un modelo sino la construcción de espacios de comunicación en una dinámica atravesada por tensiones permanentes cuyas resoluciones marcan tendencias en cada uno de esos espacios.

Para los que deseamos una transformación de la sociedad y además nos hemos imaginado una y mil veces el mundo y las relaciones que deseamos, las cosas no han cambiado tanto. El orden de las cosas demuestra su capacidad ilimitada de profundizar la miseria. Aún así, podríamos decir que algunas costumbres se rompieron. El hambre es un tema de conversación. La conformación del espacio público está en discusión. La autoorganización brota en nuevos espacios y da lugar incluso a la reflexión sobre sí misma. Después de años de telarañas parece ser que reaparece la posibilidad de ver no sólo la desigualdad persistente sino también de dialogar sobre otro mundo posible y de desarrollar acciones que van desde la discusión del programa al salvataje de aquellos que ya ni siquiera pueden sobrevivir.

Al mismo tiempo, los multimedios se consolidan. Algunos son mensajeros orgánicos de los sectores dominantes, otros muestran una realidad que excluye a las organizaciones sociales emergentes y a los conflictos y confrontaciones que se dan en todo el país, otros, algunas veces los mismos, convierten en tapa el hambre y hacen campañas de bien público como si el hambre que denuncian y el modelo que defienden no fueran causa y consecuencia. Pero, entre esas rupturas que se dieron, se comenzó a sospechar de los medios de difusión comerciales. Hasta no hace mucho, la lectura en clave de "manipulación mediática" era descartada por anacrónica para volver ahora, de la mano de la fractura de ciertos consensos que se produjo en determinados sectores sociales, como elemento de comprensión del funcionamiento de las empresas mediáticas.

En este mismo período, alguna vez sabremos si fue causa o consecuencia, se produce una nueva emergencia de medios de comunicación alternativos. Después de diciembre de 2001 reaparece con fuerza el concepto de contrainformación de la mano de nuevas agencias de información y denuncia.

Surgen nuevos colectivos y los existentes parecen adquirir nuevas fuerzas, consolidar sus vínculos con la comunidad o lograr mayores niveles de incidencia. La "comunicación alternativa" es tema de charlas en las universidades y en las asambleas al mismo tiempo que los medios de difusión comerciales son objeto de escraches y denuncias. El lugar de los medios en la consolidación o transformación del sistema económico, político, cultural está, por lo menos, en discusión.

Ya se ha dicho, no existe una definición de lo alternativo con la que medir experiencias. En cambio, podemos afirmar que los términos "comunicación alternativa" expresan, en sí mismos, una lucha. Cada una de las prácticas existentes o emergentes realizan sus acciones orientadas por discusiones diferentes o se plantean problemas a resolver disímiles. En conjunto, estas prácticas, que podríamos empezar a llamar de "comunicación" a secas y desentendernos del adjetivo que hemos tenido que inventar en la batalla, en las que podemos incluir a los medios y a todos los espacios de intercambio para el cambio pretenden, en principio, transformar lo dominante en situaciones abiertas. Es probable que si miramos cada acción en sí misma percibamos una transgresión aislada o un acto sin mayores consecuencias. Pero en la medida en que los espacios de resistencia, insumisión y construcción de diversos colectivos y organizaciones formen redes, se incrementan las posibilidades de construir en el presente la sociedad que deseamos.

En algún momento, los sujetos tienen deseos más fuertes que sus costumbres y eso les permite modificar lo que dicen y lo que hacen. En una sociedad en la que las relaciones de poder se reproducen en todos sus espacios, también emergen prácticas cotidianas para ejercer poder sobre la propia vida. La Tribu acciona para fugarse de las gramáticas del poder, para multiplicar las prácticas colectivas no capitalistas, para extender las potencialidades de transformación de los movimientos. La Tribu hace sus prácticas en el espacio comunicacional-cultural en el que se cruzan la circulación de ideas, el relato de la realidad, lo que se considera "información", la música, el arte, las identidades culturales, la generación cultural, la multiplicación de herramientas para la acción comunicacional. Con prácticas explícitamente "políticas" y con prácticas que van más allá de la idea de que la intervención sólo es políticamente efectiva cuando es acompañada de un discurso explícito que le otorga un sentido "ideológico". Para nosotros la práctica política no significa la difusión de una ideología sino el accionar que se produce en los ámbitos en los que está en juego la reproducción o la transformación de las relaciones de dominación.

Llegado el momento de relatar una de nuestras acciones, los corresponsales, pretendemos hacerlo sin encerrarla en una exagerada sistematización. Porque es una práctica reciente, porque se gesta de manera paralela a la agudización de la crisis social argentina y por lo tanto podríamos decir que sigue sus ritmos, porque la estamos transitando y, sobre todo, porque es una acción pensada y hecha por una cantidad en aumento de personas.

Apagá La Tribu y hacé tu radio

El 19 y el 20 de diciembre los hombres y las mujeres que hacemos La Tribu fuimos parte de la movilización en la calle y en el aire. El móvil de la radio se convirtió en escudo, en ambulancia y en nuestras voces agitadas con fondos de disparos. La construcción cotidiana de un proyecto colectivo se puso en juego en un escenario que si bien podía resultar previsible, nos desencajaba a medida que pasaban las horas.

Nos preguntamos desde entonces cómo redefinir las prácticas de intervención de La Tribu en el marco de la agudización de la crisis social y económica y de la visibilidad que adquirieron los procesos de lucha y transformación social. La pregunta no es nueva, porque las luchas no lo son, pero volvió a emerger con fuerza. Los hechos nos invitaban, otra vez, a repensar nuestras acciones al mismo tiempo que nos impedían detenernos, reflexionar y después actuar. Necesariamente, discusiones y acciones tenían que ser prácticamente simultáneas, nunca sentimos la famosa "instantaneidad del medio radiofónico" con tanta claridad.

Durante trece años,[4] la construcción del relato del mundo y de la agenda de los problemas de nuestra sociedad, dos de los aspectos centrales que se juegan en la dimensión informativa de un medio, se basó en algunas líneas orientadoras. En principio, en la idea de no contrabandear información. Es decir, partimos de una posición editorial clara para todos —para nosotros y para las audiencias—. Esto supone una construcción diferente a las habituales "operaciones de prensa", es decir al hecho de que un medio dice algo para lograr alguna otra cosa en algún espacio de poder. Al mismo tiempo, implica una relación igualitaria con los oyentes en tanto éstos no son la "opinión pública a manipular".

En términos más generales, porque orienta toda una programación y no únicamente lo "informativo", la comunicación no es una mercancía y, en este terreno, la información o la "noticia" tampoco lo son. Es decir, no convertimos hechos en noticias porque esto suponga un aumento de algo (oyentes, cotización de las acciones, rating). Este es un aspecto en el que no se suele profundizar al analizar los medios alternativos: se trata de espacios en los que lo que está en juego no es la producción de mercancías sino la construcción de relaciones comunicacionales no capitalistas. Esto, trasladado a un nivel más cotidiano, supone que la decisión de que algo sea o no tematizado al aire de la radio no depende de intereses económicos, empresarios, electorales o gubernamentales sino de las ideas, valores, convicciones y preguntas del colectivo que integra La Tribu y de las líneas editoriales que se derivan de ellos.

Tercero, y también en relación con toda la programación, el relato radiofónico que hacemos se propone multiplicar las condiciones de acceso a la po-

---

4   FM La Tribu comenzó a salir al aire en junio de 1989.

sibilidad de emitir mediáticamente a aquellas organizaciones sociales, colectivos, individuos, movimientos que sostienen prácticas de transformación social. Y que este acceso sea lo menos mediado posible por nosotros, que la voz de la radio, la que llega a la casa del oyente, sea la voz de muchos que acceden a ese medio de multiplicación.

Estas definiciones, introducen algunas tensiones propias de la alternatividad que giran en torno a preguntas: ¿A quién le hablamos?, ¿somos una radio para los convencidos?, ¿queremos ser una radio masiva?, ¿se puede ser masivo sin extender demasiado las negociaciones? Las respuestas no se convierten en definiciones eternas sino en la manera de ir resolviendo en el día a día y en base a una lectura del contexto el carácter de nuestra práctica comunicacional. Para acercarnos a la red de corresponsales, podríamos decir que hasta antes de su existencia los espacios de resistencia, las organizaciones sociales, los conflictos y las represiones violentas de los mismos integraban el aire de La Tribu de maneras un poco más "convencionales": entrevistas, informes, cesión de espacios a organizaciones, adhesiones, radios abiertas, campañas. La red supone un cambio en esa manera de construir el relato de nuestros días y de proponer una agenda de temas a nuestra comunidad. Un cambio generado a partir de las nuevas condiciones que parecían emerger en el pasado verano porteño. Si las luchas adquirían nuevas dimensiones, la represión de las mismas recrudecía, las condiciones de vida de los argentinos eran puestas en discusión, ciertos paradigmas parecían resquebrajarse, nuestra manera de relatarlos tenía que cambiar.

No se trata de algo nuevo: radios comunitarias y alternativas argentinas y latinoamericanas han conformado sus redes de reporteros. Entre ellas, La Ranchada en Córdoba, Alas en El Bolsón, Los Cumiches en Nicaragua. Algunos de nosotros conocimos muy de cerca a los corresponsales del programa Protagonistas a fines de los ochenta, otros leímos las crónicas de los corresponsales que llamaban por teléfonos públicos desde cualquier lugar de la ciudad a las radios libres italianas, la descripción de las cabinas radiofónicas de los campesinos ecuatorianos o, en otro medio, el plan de "un corresponsal en cada fábrica" de Walsh.

Las discusiones previas a la primera convocatoria actualizaban muchas de las tensiones históricas de la comunicación alternativa. Los procesos sociales por los cuales alguien deviene en un "emisor". El problema de "¿cuál es el límite al pluralismo editorial?". La tensión entre estética y contenido. La financiación. La construcción de una agenda propia. La relación entre los individuos y el trabajo colectivo. Todas las dimensiones de la alternatividad se nos hacían presentes otra vez para volver a ser pensadas. ¿Convocamos a militantes de organizaciones y movimientos sociales o a individuos que no pertenezcan a organizaciones o movimientos? ¿El corresponsal es un corresponsal de La Tribu en una organización o es el corresponsal de la organización en La Tribu? ¿Cómo mantener la perspectiva editorial respetando la diversidad? ¿Cómo financiar los gastos de transporte y teléfono? ¿Cómo articular el trabajo individual del corresponsal con el trabajo colectivo? Al mismo tiempo, si la red iba a ser un proyecto colectivo necesitábamos construirla, diseñarla, pensarla y hacerla junto con los futuros corresponsales.

A pesar de una modesta convocatoria con carteles, correos electrónicos y el boca en boca, a principios de marzo más de veinte personas tuvimos el primer encuentro de lo que sería la red. Estudiantes, vecinos, asambleístas y un integrante de La Colifata[5] compartimos expectativas, motivaciones, ideas, propuestas y acordamos la necesidad de salir cuanto antes a la calle y al aire. Desde entonces, en diversos horarios de la programación del 88.7 de FM se escucha "Corresponsalías populares. La ciudad por las bocas desemboca". Ese es el pie a las voces en vivo que por medio de un teléfono celular o público salen desde movilizaciones, marchas, tomas y actividades callejeras y a los informes con entrevistas grabadas presentados en el piso por los mismos corresponsales.

Las y los corresponsales trabajan insertos en organizaciones sociales y asambleas siguiendo de cerca sus reivindicaciones, construcciones y conflictos, dan cuenta de los problemas que plantean, las soluciones que encuentran y de la represión de la que son objeto. Al mismo tiempo, cubren movilizaciones, actos, reuniones, tomas, escraches, recuperaciones que se producen en la Capital y en el conurbano bonaerense. Las corresponsalías atraviesan la programación de la radio con salidas en directo o se elaboran en informes que se emiten dentro de los programas, según lo requiera la información tratada.

Muchos de los corresponsales iniciaron su militancia en la red en la marcha del 24 de marzo. Para algunos, no se trató sólo de su primera experiencia periodística sino también de su primera participación en una marcha. Algunos nunca habíamos realizado entrevistas o salido al aire al punto que las crónicas decían que en la plaza había "mucha, mucha gente", tanta que alguno calculó que en ese momento albergaba "unas 500 mil personas". Pasamos el 1° de mayo en la calle multiplicando los reclamos y reflexiones de los trabajadores y los desocupados. Hicimos guardias en la puerta de la empresa Brukman ante las amenazas de desalojo. Estuvimos el 26 de junio en los cortes de puentes y calles, día que empezó con la represión ordenada por el gobierno nacional y terminó con el fusilamiento de Maximiliano Kosteki y Darío Santillán. Sacamos al aire a muchas de las asambleas barriales que realizaron actividades en toda la ciudad el 9 de julio y que culminaron con una marcha nuevamente hacia Plaza de Mayo.

El funcionamiento de la red que acordamos implica un grupo coordinador que organiza los informes y las salidas al aire, distribuye entre los corresponsales la información que llega a La Tribu, mantiene un contacto periódico con cada uno y orienta los plenarios. En el rol de la coordinación de la red emergieron más tensiones: ¿cómo mantener el equilibrio entre corresponsales autónomos y el proyecto comunicacional de la radio tanto en rela-

---

5   Radio de los internos del Hospital Neuropsiquiátrico José T. Borda.

ción con los contenidos como con las relaciones con las audiencias y con los movimientos?, ¿cómo guiar algunos procesos —entre otras cosas, por la necesidad de estar en el lugar y en el momento justo— sin inhibir las potencialidades individuales o las decisiones de cada uno?

El ámbito en el que se consensúan las formas de trabajo son las reuniones periódicas de toda la red en las que las formas de organización son tan discutidas como la dimensión comunicacional para avanzar sobre criterios de trabajo colectivos. Desde la selección de los temas a cubrir y las voces que tienen prioridad para nosotros hasta la agenda de los medios del sistema. Desde la decisión de que los corresponsales trabajamos en parejas hasta la necesidad de mantener abierta la posibilidad de incorporarse a la red.

A pesar de que desde el inicio la red de corresponsales permaneció abierta a la incorporación de nuevas personas, durante los primeros meses el número de integrantes no aumentó. Cuando a principios de junio estaba consolidado un grupo activo de diez corresponsales acordamos la necesidad de abrir una nueva convocatoria más amplia por medio de la radio, de afiches en las distintas facultades de la Universidad de Buenos Aires y en la Universidad de Madres de Plaza de Mayo, de los talleres que se realizan en La Tribu y de nuestros vínculos con los distintos movimientos sociales. Se contactaron con nosotros alrededor de sesenta personas en tres semanas, de las cuales llegaron a la primer reunión veinte nuevos corresponsales. Tuvimos respuestas de la mayoría de los lugares donde centramos la convocatoria y de algunos integrantes de la audiencia de la radio que querían dejar de ser oyentes para ser también emisores.

A los que respondieron interesados les enviamos la síntesis de nuestra acción que habíamos construido hasta ese momento. Transcribimos algunos fragmentos de la convocatoria para la red de corresponsales populares de La Tribu:

> La diferencia entre emisores y receptores no es propia de los medios de comunicación. Es sostenida por medio de medidas económicas y administrativas.
>
> La Tribu es una radio y el espacio de un intercambio que no petrifica las relaciones. Que va más allá de las mediaciones tecnológicas. Que no hace del lugar de la emisión la guarida del poder. No queremos oyentes. No queremos un sólo lenguaje ni un único código. No queremos hacer de la comunicación una mercancía. No queremos sonidos artificiales. No queremos seguridades acústicas.
>
> Queremos interlocutores. Queremos prácticas comunicacionales que son siempre prácticas políticas. Queremos testimonios y transformaciones. Queremos construir autonomía colectiva en la manera de leer y contar la realidad.
>
> No somos micrófonos de un lado y parlantes del otro. Ni una manera de hablar. Ni una manera diferente de construir un espacio comunicacional y cultural. Somos las mujeres y los hombres que hacemos de nuestra fuerza colectiva uno de los tantos espacios de construcción, en el presente, de las relaciones que deseamos y del diseño de un futuro colectivo que pueda pensarse más allá de la reproducción planificada de la injusticia.

Y luego:

> La red de corresponsales populares de La Tribu es una experiencia colectiva basada en el trabajo voluntario que busca generar un espacio de comunicación y articulación entre las distintas voces, proyectos y luchas que mujeres y hombres gestamos y renovamos diariamente.
>
> Los corresponsales populares toman los micrófonos de La Tribu y los sacan a la calle, allí donde las historias se cuentan, donde las luchas se juegan.
>
> Cualquier persona de Buenos Aires y Gran Buenos Aires puede ser un corresponsal popular, no necesita tener experiencia en radio ni en otros medios de comunicación, sino compromiso con los procesos de transformación que vive nuestra sociedad.
>
> Además de atravesar la programación de La Tribu, la red de corresponsales populares se encuentra periódicamente para reflexionar y debatir sobre los medios, la comunicación, la cultura y la política. Desde esas discusiones vamos construyendo y reconstruyendo los objetivos y criterios que hacen al trabajo del corresponsal.

Además de enviar el texto, pedíamos a los interesados que nos contaran por qué querían participar y cómo imaginaban que sería el trabajo a llevar adelante. Tanto el texto como las preguntas fueron pensados para disuadir a muchas de las personas que se acercaban buscando engrosar su curriculum y porque preferíamos evitar el desgaste que ocasionó en la primera convocatoria el hecho de que los objetivos de la red no estuvieran claros desde el principio.

En algún momento, algunos corresponsales escribieron por qué se habían acercado a la red: "Cuando me enteré de la convocatoria a la red por un correo electrónico, no dudé mucho en ir. En la primera reunión confirmé lo que leí en el correo: el proyecto difundiría la lucha social que mucha gente entablaba hace tiempo para no perder lo poco que en este país nos queda. Desde asambleas vecinales, piquetes, escraches, paros y movilizaciones; en las que se pedía tanto condiciones dignas de acceso al sistema de salud público, o la lucha de los empleados de una fábrica de ropa para lograr autogestionarla, hasta concurrir a un paro nacional, marchas de repudio a los asesinatos del 20 de diciembre y de protesta por las muertes de los jóvenes de Floresta, hasta cubrir el trabajo en asambleas vecinales".

El problema de la búsqueda de las fuentes de la información reaparece al ponerse en funcionamiento la red, acentuado en el marco de la crisis de representatividad y legitimidad que atraviesan muchos movimientos sindicales, partidos políticos, sectores sociales y los mismos medios de comunicación. Volvía la pregunta acerca de las voces que integran la programación de la radio y la manera en la que lo hacen. La acción informativa busca en las decisiones que va tomando en el día a día respuestas a esta y otras preguntas. ¿Cómo resignificar los valores de la información? ¿Cómo repensar la selección de las fuentes? ¿Quién puede ser considerado fuente de información válida en la crisis de representatividad de la dirigencia? ¿Cuáles serán los hechos considerados noticias? Las movilizaciones sociales, ¿quedarán en la letra de los diarios sin ser recreadas como interrupciones de tránsito o hechos policiales? ¿Circularán en la televisión debates masivos que aporten conceptos para la construcción colectiva? ¿Se escucharán crónicas sobre las compras comunitarias de una asamblea popular? ¿Vamos a leer como salió la primera producción de una empresa recuperada por sus trabajadores? ¿Terminarán las operaciones de prensa y los servicios de inteligencia en programas de televisión?

La corresponsalía puede reducirse a un aspecto "informativo" en el sentido en el que relata algo que sucede. Sin embargo aparecen, en este caso, algunas diferencias. En primer lugar, no se trata de profesionales de la noticia sino de militantes, es decir, personas que eligen la comunicación, y la radio, como ámbito de su intervención política. Es decir que parten de considerar que las luchas sociales también se dan en el espacio de los medios de comunicación y la construcción simbólica y deciden intervenir desde ahí en la transformación de la realidad.

En segundo lugar, la corresponsalía es más que un método para traer información al aire en tanto supone la construcción de vínculos sociales: entre los espacios de lucha y nuestras audiencias, entre las organizaciones entre sí, entre esas organizaciones y otros colectivos. La corresponsalía es, además de un formato radiofónico, un espacio de articulación de individuos, colectivos y organizaciones. Los vecinos descubren una empresa recuperada y se acercan a ella, las asambleas difunden sus actividades y sus discusiones sin ser convertidas en un pintoresco invento porteño, los movimientos de desocupados trascienden la barrera de la General Paz o los estudiantes universitarios comprueban que hay otros horizontes posibles más allá de ser empleados de una punto com.

Por supuesto, la red de corresponsales no es independiente de las demás líneas de acción de La Tribu en donde estas articulaciones se consolidan o se abordan en otras dimensiones. De esta manera, las asambleas participan de talleres sobre comunicación comunitaria, las empresas recuperadas de otros espacios de capacitación, los comedores de campañas o algunas organizaciones sociales tienen sus propios programas radiales en un intento de articulación de las prácticas existentes de manera políticamente efectiva. Es decir, de promover confluencias en las que cada espacio aporta sus potencialidades y revierte en el intercambio sus debilidades pero, sobre todo, multiplica sus capacidades de transformación del presente.

En tercer lugar, la red de corresponsales populares es una de las tantas tácticas que intentan promover otra de nuestras repetidas frases. Se trata, ahora más que nunca, de "apagar La Tribu y hacer tu radio". Más que nunca porque pareciera que muchos dejaron de considerar que la organización de esta sociedad es algo de lo que no participamos, que todo está y estará allí mientras nuestra vida cotidiana transcurre sin conciencia de la medida en la que contribuye a la reproducción de los órdenes. Como la política en sentido limitado, como la economía, como la cultura, los medios de comunicación pueden ser espacios de una consentida reproducción o de deliberados intentos de transformación. Las corresponsalías populares son un ámbito abierto a aquellos que decidan intervenir en el relato de nuestros tiempos.

Ninguna de estas ideas es una respuesta final. Las reflexiones están antes, durante y después de las prácticas para los colectivos que también evitamos reproducir sin más nuestras propias costumbres. La comunicación alternativa es sus consecuencias. En el camino, entre la lucha y la danza, entre las palabras que denuncian, los cuerpos que se enojan, las risas del aire y los deseos que fuerzan la realidad, nos preguntamos: ¿Qué habrá cambiado? ¿Qué cambiará? Tal vez, sepamos algún día si estas acciones entre muchas sirvieron para remover algunas de las telarañas que quedan en tantas pupilas o si ayudaron para ganar alguna batalla de alguna de todas las luchas de este tiempo.

FM ALAS:
En el aire con los pies en el valle

Rodrigo Tornero[1]

Hasta 1987 El Bolsón, provincia de Río Negro, sólo contaba con una emisora. LRA 58, Radio Nacional fue el primer refugio de los proyectos comunicacionales que recorrían el aire del valle. Los pobladores del lugar habían comenzado a ver llegar desde distintos puntos del país las ideas que inspiraban a quienes andaban en busca de una relación más directa con la naturaleza e imaginaban la tranquilidad de la pre-cordillera en la Comarca Andina del Paralelo 42°. Los emigrantes traían consigo la necesidad de una convivencia menos agobiante que en las grande ciudades y se encontraban con los primeros y verdaderos dueños de las tierras, los Mapuches.

La composición social del lugar comenzó a caracterizarse por la diversidad de los habitantes y por lo tanto, la diversidad cultural. Esto no significó que las deudas históricas con los sectores más postergados fueran resueltas: el pueblo Mapuche continuó siendo relegado y expulsado de sus tierras, con la consecuente pérdida de su identidad cultural y forma de vida; los campesinos y pequeños productores que carecían, como hoy, de algún tipo de apoyo o incentivo para sostener la vida en el campo, malvendían sus tierras para pasar a engrosar los barrios más pobres, sin contar con los servicios básicos ni oportunidades de empleo. Por ejemplo, aun en estos días, el 65 % de las viviendas no disponen ni de agua corriente ni de cloacas y por alguna causalidad bien digitada, la mayoría de los habitantes de los sectores más pobres son Mapuches o descendientes.

Frente a esta realidad, era necesario ampliar los espacios donde la comunidad pudiera expresarse, era inminente que las voces vuelen amplificadas por los barrios y se reproduzcan las discusiones. Las lenguas inquietas querían ponerle voz a la naturaleza para que reclame el respeto que se merece, querían cantar la música de los paisanos para que la escuchen los recién llegados, querían nombrar las necesidades para que las conozcan sus

---

1   Asociación Civil Alas para la Comunicación Popular.

responsables y gritar las alegrías para compartirlas. Las palabras ya tenían ALAS, siempre las tuvieron, pero necesitaban volar más allá, por eso la gente parió su radio.

FM ALAS empezó sus transmisiones en el 89.1 del dial cubriendo apenas un par de cuadras a la redonda. El transmisor fue construido por los fundadores de la radio y poco después mejorado. La gente comenzó a conocer la experiencia y a sumarse al proyecto renovando y construyendo una historia que ya tiene 15 años. Desde el comienzo costó lograr una base sólida en lo económico ya que las características del medio no concordaban con los fines comerciales que persiguen los potenciales anunciantes. Esta característica fue un impulso para los participantes del proyecto que debieron buscar formas alternativas de sostenimiento. La experiencia comenzó a expandirse más allá de la Radio, se fue transformando en una confluencia de actividades culturales, políticas y comunicacionales. La necesidad de subsistir amplió las fronteras, movilizó las ideas y transformó las acciones.

Poco a poco fueron naciendo nuevos modos de sostenimiento económico no convencionales, como por ejemplo: Club de Radioparticipantes de Alas; construcción colectiva de un espacio físico destinado a usos múltiples (espectáculos, talleres y seminarios, elaboración y venta de comidas, proyección de videos, eventos especiales), socios de la Asociación Civil que comenzaron a hacer aportes voluntarios ocasionales. El trabajo voluntario es uno de los mayores pilares aunque uno de los más cambiantes, ya que la mayoría de los colaboradores entienden el espacio como suyo pero a su vez tienen que cumplir con otras actividades para el mantenimiento económico en la vida personal.

Club de Radioparticipantes de ALAS

Podría ser denominado Club de Oyentes, si no fuera por algunos detalles que tienen que ver con la política que se establece en el marco comunicativo de FM ALAS. La participación es una realidad activa en lo cotidiano tanto como en la re-definición del proyecto a nivel estratégico. El sostenimiento funcional del espacio con el aporte de muchos de sus miembros y allegados en tareas hasta ahora no rentadas es un claro ejemplo de lo que los radioparticipantes están dispuestos a hacer pese a que muchas veces no alcance. Quienes escuchan la radio también son responsables de la producción periodística. Los temas que se tratan en los programas están directamente influenciados por la participación de la gente. Un llamado telefónico, un comunicado, o la presencia espontánea de algún vecino pueden reconstruir la agenda sobre la marcha. También en la musicalización existe una política de apertura hacia lo que quieren escuchar y difundir los radioparticipantes. No es extraño que sean los propios vecinos quienes definan la música para "Radio con todos", el programa de la mañana de la Radio.

A través de los años FM ALAS ha dedicado su esfuerzo a producir íntegramente programación basada en los acontecimientos de carácter local y regional. La propuesta tiene que ver con incentivar el desarrollo social, económico y cultural de los habitantes del lugar; ser además de un medio para la información, formador de opinión basado en una actitud crítica, favoreciendo y promoviendo la participación social y comunitaria; generando una acción intensa de comunicación con los que antes eran sólo "audiencia". Se fueron integrando a la programación Juntas Vecinales, Organizaciones Indígenas, Instituciones Intermedias, Escuelas, Músicos y Cantores Populares, jóvenes, artesanos, abuelos...

Así se va forjando un espacio donde se comparte la alegría, la discusión, las denuncias, las propuestas alternativas, las actividades colectivas y comunitarias.

Este espacio no se ganó gratuitamente; tanto en el ámbito institucional como personal, la tarea cotidiana implica compromiso permanente con la gente y sus necesidades, estando a disposición de lo comunitario, y particularmente de los sectores que padecen desde siempre las políticas de desintegración social aplicadas por los gobiernos.

La palabra y la acción

La experiencia mostró en diversas situaciones que cuando es la gente la que se apropia del medio para ejercer su derecho a la información y a la libre expresión, se tiene directa incidencia sobre hechos concretos, por ejemplo:

1) Desde la radio se rescata la cultura alimentaria de la zona con micros conducidos por mujeres campesinas; así mucha gente que hoy vive en los barrios periféricos volvió a utilizar alimentos económicos y muy nutritivos, mejorando la calidad en su dieta y recuperando parte de su identidad cultural.

2) A través de la radio se conformó la Agrupación de Músicos Populares, que por primera vez nucleó a numerosos vecinos de los barrios y el campo, que nunca habían tenido la posibilidad de difundir su música y su poesía, ni de presentarse en un escenario. Este hecho posibilitó el reconocimiento y valorización por parte de la comunidad.

3) Hoy la Agrupación de Músicos Populares es convocada para participar de espectáculos y algunos de sus integrantes ya realizaron sus primeras grabaciones semiprofesionales.

4) Creación de nuevas Juntas Vecinales, Multisectorial contra la Impunidad, grupos de vecinos a través de la utilización del medio, no sólo para convocar sino también como lugar de reunión.

5) En los momentos más difíciles que atravesó El Bolsón y la Comarca Andina del Paralelo 42º , como inviernos que sepultaban las casas más humildes bajo la nieve, inundaciones o la falta de protección en los bosques que derivaban en incendios forestales con las consecuencias que esto implica en la población, FM ALAS transmitió ininterrumpidamente con móviles instalados en los lugares más afectados. Integrantes de la emisora llegaban a los lugares de más difícil acceso incluso antes que los bomberos y Defensa Civil. Lo hacían cruzando ríos a caballo con la asistencia de baqueanos del lugar y

mientras transmitían lo que estaba pasando ayudaban a los pobladores a salir de las zonas de mayor peligro o los asistían con elementos acumulados en la emisora por la solidaridad de los vecinos.

6) Cuando se dio el auge del hantavirus en la zona, se organizó y convocó desde FM ALAS a diversos espacios de discusión e información con organizaciones sociales, con las autoridades sanitarias y del hospital de zona e incluso se exigió la participación del intendente de El Bolsón para delinear junto a los vecinos los pasos a seguir ante el problema.

7) Cuando la radio sufrió el intento de cierre, en 1998, más de doscientas personas se autoconvocaron en las puertas del edificio para defenderla, y no permitieron que los funcionarios de la Comisión Nacional de Comunicaciones se llevaran los equipos, que quedaron precintados bajo la custodia de los integrantes de la emisora hasta que se logró mediante actuaciones legales, que se dejara sin efecto la medida. Durante el cierre de la emisora, los vecinos no aceptaron el silencio y organizaron radios abiertas, consiguieron espacios en otras radios para continuar con parte de la programación de ALAS y gestionaron la obtención de un transmisor de emergencia con el que emitieron sin habilitación para exigir que se devuelva la frecuencia original, 89.1 Mhz.

La resistencia y un paso más

Que los radioparticipantes hayan puesto el cuerpo para defender FM ALAS, resistiendo durante horas en la puerta de la radio, fue uno de los mayores incentivos para la continuidad del proyecto. Se consolidaron los objetivos que ya tenían raíces bien plantadas a lo largo de los años y la porfía de la organización comunitaria impidió que otro espacio de organización se sume a la lista de silenciados. El transmisor fue recuperado al comprobarse las irregularidades cometidas por los funcionarios de la Comisión Nacional de Comunicaciones durante el procedimiento y se organizó un festival con la presencia de músicos, actores, integrantes de comunidades Mapuches, la "Murga Guacha" y los vecinos para "desprecintar" los equipos.

La murga es también una organización que lucha desde la alegría del encuentro callejero y la música. Cuando se plantó frente a la radio para impedir el paso de quienes pretendían llevarse los equipos, el canto que se escuchó en las voces sin micrófono decía: "Primero el hantavirus y la malaria, más tarde se vino la inundación. El discurso político hace agua, solo la radio nos presta información. Vivan las radios, las radios populares, viva la gente y su organización. Vivan las radios, las radios populares que son el fiel reflejo del pueblo y su pasión".

En la resistencia hacia la recuperación de la frecuencia 89.1 de FM ALAS también se presentaron en El Bolsón Eduardo Galeano, escritor uruguayo, la actriz mapuche Luisa Calcumil —madrina de la radio—, Julio Lacarra, Vicente Zito Lema y muchos otros amigos de la radio que ya se había convertido en Asociación Civil ALAS para la Comunicación Popular.

Hacia dónde ir

Los horizontes del proyecto se trazaron con los aportes de cada una de las personas que fueron apropiándose del espacio y creando otros nuevos. Los momentos de discusión en busca de caracterizar la experiencia se fueron fortaleciendo a través de la capacitación de los integrantes en distintas áreas: pedagógicas, comunicacionales, etc.

Los acuerdos en la definición de los objetivos dieron como resultado algunos puntos:

1) Elaborar, desarrollar y utilizar técnicas y tecnologías de comunicación social, especialmente todas aquellas referidas a la radiodifusión comunitaria, para estimular, difundir y apoyar acciones de desarrollo social, promoción humana y defensa irrestricta de los derechos humanos.

2) Crear y desarrollar espacios que permitan nuclear y potenciar actividades de nuestra comunidad (rescate de la cultura popular, campesina e indígena; talleres de comunicación; seminarios y otras actividades no sólo en el edificio de la radio sino también en espacios públicos).

3) Fortalecer canales de expresión popular con una concepción abierta y participativa.

4) Organizar y apoyar acciones de capacitación a distintos niveles, contribuyendo a la formación teórico práctica para el análisis crítico de las personas.

5) Contribuir al afianzamiento de las instituciones democráticas, organizaciones sociales, culturales, vecinales, de Derechos Humanos y todas aquellas que impulsen la construcción social desde la defensa de excluidos y marginados.

6) Realizar acuerdos de apoyo mutuo con organismos, personas e instituciones ligadas a la comunicación social y al desarrollo de los sectores sociales más postergados.

La capacitación al alcance de todos

Las herramientas para la formación son parte de uno de los objetivos fundamentales de ALAS. Sus integrantes entienden que para la democratización de la comunicación y la información es necesario promover acciones de formación accesibles a todos.

Así es que se han desarrollado cursos y talleres de capacitación en operación técnica para radio, corresponsales barriales, formatos radiofónicos, producción, con excelentes resultados: hoy muchas de las personas que se.capacitaron forman parte activa de la programación de la radio; otros están actualmente trabajando en medios de la región.

También se promueven jornadas y encuentros de reflexión abiertos a la comunidad sobre diversas temáticas: violencia contra la mujer; derechos indígenas; encuentros de escritores; música popular patagónica; cultura campesina; periodismo.

Por otra parte, ante la necesidad de mejores sistemas para la comunicación en diversas localidades de la Patagonia, sobre todo aquellos pueblos más alejados de los grandes centros urbanos, FM ALAS comenzó a elaborar proyectos para la instalación de radios que sirvan como medio para facilitar los espacios de construcción entre los vecinos y para fortalecer las herramientas pedagógicas desde un marco teórico conceptual de profundo respeto a la cultura y los conocimientos propios de los habitantes.

Las escuelas rurales, donde los alumnos pasan largo tiempo sin poder ver a su familia debido a las distancias y los problemas que surgen durante el invierno con las fuertes nevadas, fue uno de los primeros objetivos. Así se realizaron proyectos para la instalación de radios con las que los chicos pudieran comunicarse desde las escuelas con sus padres y se dictaron cursos de capacitación radiofónica para que, tanto los docentes como los alumnos, pudieran elaborar los contenidos de sus programas. El resultado fue directo sobre la participación e integración de la comunidad educativa. El énfasis puesto en las relaciones humanas desde la comunicación diaria y su reflejo a través de la radio afianzó el entusiasmo de los alumnos y estrechó la interacción con los docentes.

También los integrantes de la emisora realizan talleres habitualmente para renovar las técnicas de capacitación y los contenidos. Esto es posible gracias a las relaciones institucionales.

FM ALAS integra el Foro Argentino de Radios Comunitarias (FARCO), es socia e integra la Red de Mujeres de AMARC, Asociación Mundial de Radios Comunitarias, forma parte de la Asociación Latinoamericana de Educación Radiofónica (ALER), integra la Red Patagónica de Derechos Humanos y Organizaciones Sociales. A través de la participación en estas instituciones se aporta a la identidad de las radios comunitarias como garantía del cumplimiento del derecho a la comunicación; intercambio de capacitación, producción, información, generando así espacios alternativos de profesionalización y difusión.

Lograr el reconocimiento legal de la existencia de las radios comunitarias, populares y ciudadanas por parte del Gobierno Nacional, exigiendo se legisle al respecto. Incentivar la relación con otras redes, asociaciones, entidades e instituciones.

El desafío

Alterar, alternar. Construir con las diferencias objetivos comunes, realidades comunes. Democratizar la palabra para democratizar la sociedad. Que todas las voces se escuchen y se respeten. Que la naturaleza también tenga voz y reclame. Que la defensa de los Derechos Humanos guíe la labor periodística. Que los pobladores nativos hablen por radio en su propio idioma. Que nadie censure la opinión de nadie.

Porque hay 20 millones de pobres, de los cuales casi la mitad, son indigentes.
Porque hay casi un 30 por ciento de la población activa sin trabajo.
Porque más de dos millones tienen que vivir de una limosna oficial de 150 pesos que genera dependencia y servidumbre política.
Porque la realidad siempre es más cruel que los números.
Porque han abandonado la salud pública y la educación.
Porque siguen robando y abriendo las puertas a los capitales especuladores y depredadores.
Porque continúan amenazando y reprimiendo.
Porque en este país que es el octavo productor de alimentos del mundo, se nos siguen muriendo de hambre los chicos y los ancianos y vamos por la tercera generación de desnutridos.
Porque han entregado millones de hectáreas de las mejores tierras agrícolas, instalando una agricultura sin agricultores.

Por eso y por muchas razones más es necesario generar espacios de pensamiento que puedan romper con la inmovilidad del discurso único digitado con toda crueldad desde los sectores del poder. Mientras las estrategias de exclusión sistemática se repiten hasta el hartazgo con las leyes del mercado, poniéndole precio a la vida y dejando las palabras sólo en boca de quienes tienen la panza llena de la desesperanza de los demás; desde abajo, desde donde el aire se hace alimento porque es el aire lo que queda, se articulan nuevas formas para nombrar la vida. Porque nombrarla es comenzar a hacerla, es traducir en palabras los sueños que siempre van por delante de la realidad, es diseñar las posibilidades para concretar el cambio urgente. Es armar una estructura matizada con los silencios de los que dicen y no con la muda agonía de los silenciados. Porque los silencios anuncian las palabras con pausas interrogantes y los silenciados son una constante pausa de la historia, de la memoria. Porque sin palabras no hay análisis. Sin análisis no hay comprensión. Y si no podemos interpretar la realidad, tampoco podemos cambiarla.

Grupo de Cine Insurgente

FERNANDO KRICHMAR[1]

*En ninguna de las artes tradicionales hay como en el cine un abismo
tan grande entre lo que puede hacerse y lo que se hace. El cine ejerce
una influencia directa sobre el espectador. Para el espectador los personajes
y las cosas sobre la pantalla poseen una vida verdadera. En la oscuridad
queda aislado por ellos de su atmósfera psíquica habitual. Basado en estas
cualidades, el cine tiene la capacidad de espantar al espectador como
probablemente ningún otro arte. Pero, como ningún otro arte,
puede entontecerlo. La mayoría de los filmes actuales parecen perseguir
exactamente ese objetivo. Prosperan moral e intelectualmente en un vacío total.
Imitan mal a la literatura. Rumian impertérritos las mismas historias.*

Luis Buñuel, Comentarios sobre Viridiana, 1978

Primeros pasos

Me acerqué a la realización en video a partir de la sospecha de que era imposible pensar los noventa (y las mutaciones que trajo aparejadas) sin entender el papel de los medios masivos sobre la subjetividad social. El cinismo y la desmovilización con que gran parte de las masas recibieron el
proyecto sistemático de destrucción del país no podía explicarse sin el efecto de la TV sobre las consciencias y los cuerpos del pueblo. En una palabra,
Carlos Menem no podía entenderse sin Marcelo Tinelli.

En esos mismos años, los institutos de formación cinematográfica se habían convertido en reproductores de una supuesta industria que sólo podía
subsistir de manera lumpen reemplazando la falta de espectadores con una
verdadera vampirización de los fondos del instituto de cinematografía esta-

---

1   Fundador del Grupo de Cine Insurgente. Entre otros, dirigió el largo *Diablo, Familia
     y Propiedad* (1998), sobre los crímenes del Ingenio Ledesma, en Jujuy. Estudió en la
     Escuela de Cine y Televisión de Rosario, después de terminar la carrera de Psicología
     en la UNR. Es docente en la Universidad Popular de Madres de Plaza de Mayo. Ac-
     tualmente se desempeña como coordinador de la Cátedra de Dirección de la Escuela
     Internacional de Cine y Televisión de San Antonio de los Baños, Cuba.

tal (INCAA), encubriendo los negociados con el argumento de que había que salvar al cine argentino. A nadie se le ocurría preguntarse las causas del vacío en los cines y se proponía un modelo de traficante de influencias para el productor y de pretencioso realizador de ficciones festivaleras al director. El documental era una especie de Cenicienta perdida en algún cuatrimestre de compromiso y en algunos casos directamente se lo ignoraba. En medio del auge de los equipos livianos de video y del surgimiento de la tecnología digital, se desaprovechaban las potencialidades del documental para ligarse con un público que estaba ausente de las salas, del consumo cinematográfico y, lo que es peor aún, de las pantallas como protagonista.

El principio de Fernando Birri[2], según el cual una película debe comenzar en la realidad para terminar en la realidad, se desconocía en aras de un proyecto tecnocrático en el cual se pedía a los acomodados que estudiaban cine (en el mayor de los casos a gran costo) que crearan personajes de ficción sin haber conocido otra que su estrecha realidad social. En ese marco realizamos nuestro primer corto, en una de las pocas escuelas que mantenía los lineamientos de Birri, la Escuela de Cine y Televisión de Rosario. Titulado *Hermanados con la muerte*, el documental retrataba la vida de los trabajadores del cementerio municipal La Piedad, última morada de los pobres rosarinos. Entonces evitamos la voz en *off* y el relato era llevado por los protagonistas, convencidos de que un locutor explicando lo que ya se veía era una tautología que despreciaba al público predigiriendo lo que las imágenes y testimonios contaban por sí mismos.

"Te diré que alguna gente no estaba de acuerdo con que no incluyéramos una narración... argumentaban que había que ubicar con datos la situación para que fuera mejor comprendida. No tenían confianza en la imagen, en las posibilidades del cine"[3], ya señalaba el cubano Tomás Gutiérrez Alea a propósito de su documental *Asamblea general*. Creíamos haber descubierto la pólvora pero ya estaba descubierta.

A partir de este primer documental hicimos varios cortometrajes para afilar nuestro conocimiento del lenguaje hasta que una serie de casualidades nos permitió hacer nuestro primer largometraje, *L'Hachumyajay*, voz wichi, "nuestra manera de hacer las cosas". Un viejo amigo, Agustín "Bocha" Fernández, había viajado a las comunidades en torno a Misión La Paz, en el chaco salteño. Allí tomó contacto con las comunidades wichi, chorotes, chulupíes, tobas, chané y chiriguanas, con las que estuvo colaborando en tareas solidarias y en la lucha por la tierra. Allí conoció a Leda Kantor, antropóloga de la UBA que estaba viviendo hace tres años en Misión La Paz. Este recorrido nos per-

2   Cineasta, Fernando Birri creó la Escuela de Cine Documental de la Universidad Nacional del Litoral, cerrada durante la última dictadura militar. Junto a Gabriel García Márquez, Julio García Espinosa y otros intelectuales Latinoamericanos, fundó en 1986 la Escuela Internacional de Cine y TV de San Antonio de los Baños, Cuba.

3   Gutiérrez Alea, T., citado en Oroz, Silvia, *Tomás Gutiérrez Alea: los filmes que no filmé*, Ediciones Unión, La Habana, 1989. Pp. 34 y 35.

mitió presentar un proyecto en la Secretaría de Cultura de Salta para la realización de un material audiovisual que diera cuenta de la vida en las comunidades. El proyecto fue aceptado de palabra y se comprometió la entrega de 3000 pesos por parte de la provincia para la realización, de los cuales sólo se hicieron efectivos 500 al tomar la edición final una clara posición en contra de la política criminal del gobierno salteño hacia los pueblos originarios.

La realización corrió por cuenta mía y de Adrián Diez, a quien había conocido en la escuela de Rosario. Nuevamente evitamos la voz en off y le dimos la palabra a los compañeros. Evitamos cuidadosamente la mirada "antropológica" y permitimos que los mismos protagonistas cuenten sobre su cultura y los motivos de sus luchas. Pero más allá de las proyecciones en ámbitos académicos y pequeños festivales, lo que más nos llamó la atención fue la experiencia de exhibición en Tartagal, con mayoría de población aborigen. Allí lo pasó la TV local y las llamadas obligaron a pasar el documental seis veces. Los comentarios que nos llegaron hablaban de que por primera vez se veían ellos mismos hablando largamente de sus problemas en la televisión.

Si bien no existía todavía el Grupo de Cine Insurgente, algunas de las experiencias de distribución de entonces comenzaron a marcarnos el camino a seguir con posterioridad a *L´Hachumyajay*. Este video, rodado en 1996, fue la preparación para el siguiente y nos convenció de la necesidad de formar un grupo que garantizara el proceso completo, desde la realización hasta la distribución de los materiales, basándose en un acuerdo político. A estas alturas ya habíamos explorado la obra de Raymundo Gleyzer[4] y su grupo, Cine de la Base, y profundizado sobre sus reflexiones teóricas, que se anticipaban lúcidamente a los problemas que se agudizarían con la generalización del video y de las tecnologías livianas y relativamente accesibles.

"Nosotros cineastas —sostiene Gleyzer en su "Autocrítica a *Los Traidores*"— podemos hacer el guión de un film, la foto, el montaje y hasta la proyección, aunque fuera para nosotros mismos: desarrollamos una característica autosuficiente en el trabajo. No necesitamos de nadie, apenas un camarógrafo. Podemos hacer solos todo. Es así como se gestan en nosotros el autoritarismo e individualismo más nocivos y si entramos a trabajar en el seno de la clase llevando con nos la ideología del proletariado (que los obreros por distintas causas no tienen la posibilidad de estudiar, o la sociedad se lo impide) pero aportando nuestra metodología pequeño burguesa, estamos haciendo un trabajo a medias muy peligroso, porque nuestra propia configuración como individualistas puede llegar a desviar el trabajo y metodología proletarios que son fundamentalmente en equipo"[5].

Luego continúa: "Hemos visto que el obrero de la fábrica, que está vinculado al proceso de la producción y se pasa ocho horas por día en un traba-

---

4   Cineasta desaparecido durante la última dictadura militar. Entre otros, realizó *México, la revolución congelada* y *Los traidores*.

5   Gleyzer, R., en AA.VV., *Raymundo Gleyzer*, Cinemateca Uruguaya, Montevideo, 1985. Pp. 55 y 56.

jo específico (digamos en una fábrica de autos colocando puertas) tiene conciencia plena de que trabaja con un grupo, de que individualmente no puede realizar el producto, no podría finalizar el auto. No entremos a discutir ahora si el trabajo es alienante, lo que ocurre es que esa puerta no sirve para nada si otro no pone una rueda, etc., es decir que el proletariado surge del producto de su trabajo, de su metodología y de su práctica: sabe lo que es el trabajo de proletarización, lo que es el trabajo de grupo, de equipo y lo vive todos los días"[6].

Hacia la formación de un colectivo

La primera experiencia como grupo surgió a raíz de una reunión en la Universidad Nacional de La Plata convocada en 1997 por el grupo Contraimagen, donde se acordó la creación de un colectivo que se llamaría Noticiero Obrero y la realización de un noticiero que diera cuenta de las crecientes luchas de resistencia contra el menemismo. Con un pequeño grupo de asistentes a esa reunión, decidimos trabajar sobre lo que serían los primeros cortes de la Ruta 3 en La Matanza[7], impulsados por quienes después se conocerían como "piqueteros". De modo que nos ligamos a un grupo de compañeros y fuimos la noche anterior para trabajar el corte desde adentro, para registrar la lucha por ganar la calle desde el punto de vista de los protagonistas de los hechos.

En aquella oportunidad la policía bonaerense reprimió con la ferocidad acostumbrada; pero al formar parte del corte con una tarea específica pudimos registrar la resistencia y posteriormente retirarnos junto a los compañeros, llevando siempre la cámara encendida. En el montaje combinamos los cortes con las intervenciones de Hebe de Bonafini, presidenta de la Asociación Madres de Plaza de Mayo, reivindicando a los compañeros y denunciando la durísima represión del entonces gobernador de la provincia de Buenos Aires, Eduardo Duhalde[8].

Si bien el corto terminado llevó la firma de Noticiero Obrero, este primer intento de construir un colectivo de trabajo audiovisual fracasó por profundas diferencias políticas, fracaso que se repetiría cuatro años después en el colectivo Argentina Arde. De todos modos, este traspié nos permitió montar los diferentes materiales grabados junto con otro corto que hicimos ese año sobre la 17ª Marcha de la Resistencia, que las Madres de Plaza de Mayo convocaron bajo la consigna "Libertad a todos los presos políticos del mundo y cárcel a los responsables del hambre"[9].

---

6   Idem. Pág. 55.
7   Estos cortes coincidieron con un paro "matero" organizado por la CGT y la CTA junto a su brazo político, la recientemente nacida Alianza.
8   Años después, en 2002, Duhalde se adueñó fraudulentamente de la presidencia de la Nación. En junio de ese año, ordenó la violenta represión a los piqueteros que cortaban el Puente Pueyrredón, una cacería humana que terminó con la vida de Maximiliano Kosteki y Darío Santillán.
9   El material se tituló *La Resistencia* y se terminó en 1997.

El video, si bien tenía la imperfección de la urgencia y había sido realizado con los más elementales medios técnicos, cumplía con la función que queríamos: su contenido expresaba la idea de que la única forma de enfrentar el proyecto proimperialista de liquidación del país era profundizar la lucha en las calles y la organización que emanaba de ella, y no con alianzas electorales o con eternos y abstractos llamados a huelgas generales como si el pensamiento y la acción de Marx, Lenin y los bolcheviques fuera una especie de metafísica inmutable o una receta a aplicar en cualquier formación social y en cualquier momento histórico.

Teníamos entonces el material y estábamos en la misma encrucijada que planteaba Gleyzer en su "Autocrítica a *Los Traidores*": "En suma, nos dimos cuenta de que con quien teníamos que tomar contacto era con el pueblo, ese pueblo que estaba combatiendo en la calle y ese contacto no lo teníamos"[10]. Así que decidimos realizar pequeñas proyecciones, a veces en televisores en blanco y negro y otras en verde y amarillo. El impacto fue grande y se produjeron interesantes debates que llevaron a distribuir diez copias más que fueron "gastadas" por los compañeros y proyectadas innumerables veces en los barrios del Gran Buenos Aires.

Diablo, Familia y Propiedad

Estábamos preparados para una nueva película; además, el protogrupo de cine comenzaba a dibujarse de manera más nítida. Durante la filmación de *L'Hachumyajay*, el Bocha Fernández nos había hablado acerca de una leyenda del norte argentino según la cual los dueños de los grandes ingenios azucareros tenían un pacto con un diablo, llamado El Familiar. Este pacto consistía en entregar determinada cantidad de trabajadores por cosecha para alimento del Familiar y a cambio tendrían prosperidad en sus negocios[11]. El Bocha sostenía que esto podía estar conectado a la represión de los setenta, con la desaparición de personas.

También nos había llamado la atención la mezcla de fascinación y horror con que los viejos caciques recordaban las migraciones masivas desde los montes a los ingenios, durante su juventud allá por los años cuarenta, y por reflexiones que se transmitían oralmente desde el siglo XIX. Teníamos referencias de un sindicalista de los setenta, Jorge Weizs, un militante de Vanguardia Comunista que organizó el clasismo en el Ingenio Ledesma, en Jujuy, y que era conocido en la zona como el hombre que el Ingenio no había podido comprar.

El hecho es que siempre habíamos querido realizar una película que diera cuenta del genocidio de la dictadura militar. La mayoría de los filmes sobre el tema (tal vez con la honrosa excepción de *Juan como si nada hubiera suce-*

---

10 Gleyzer, op. cit. Pág. 52.
11 Luego de terminada la película supimos que Octavio Getino, coautor de *La Hora de los Hornos* (de Cine Liberación) había realizado en los setenta una ficción llamada *El Familiar*; pero hasta el día de hoy no hemos logrado verla).

dido, de Carlos Echeverría) o bien eran comerciales de explotación temática o bien contrabandeaban la teoría de los dos demonios, según la cual hubo unos "guerrilleros sanguinarios" a los cuales se le opusieron unos milicos más sanguinarios todavía. O, en una tercera variante, las películas sobre el tema mostraban impúdicamente el horror y el martirologio, generando una inacción absoluta en un aterrorizado espectador: nosotros queríamos lograr un largo que reivindicara a estos compañeros como una generación heroica, que anclaba su combatividad en las mejores tradiciones de lucha de nuestro pueblo.

Esta idea, además, tenía que aportar a la película los nuevos retos formales que nos permitiera la modesta tecnología SVHS con la que contábamos. Así que nos rodeamos de un equipo más profesional, haciendo nuestra la frase de Bertold Brecht "para nuevas ideas, nuevas formas". Con la consigna de Glauber Rocha, el gran cineasta brasileño fundador del Cinema Novo, "una idea en la cabeza y una cámara en la mano", y sin un peso en el bolsillo, nos hicimos a la ruta.

El rodaje llevó dos años y el material lo organizamos tratando de no dar por supuesto un público conocedor de los aspectos centrales de la teoría marxista, como la lucha de clases, de modo que buscamos contarla a través de un resorte simbólico que era el gran subjetivador del Valle de San Francisco: la ficción del Familiar. Así nació *Diablo, Familia y Propiedad*, parafraseando el famoso lema de los fascistas autóctonos (Tradición, Familia y Propiedad)[12].

En los últimos 15 minutos incluimos los cortes de ruta de 1997 en Libertador General San Martín, Jujuy, donde luego de tres días de resistencia el pueblo expulsó a la gendarmería que actuó con la impunidad y criminalidad con la que se cebaron durante tantos años de ser los perros de presa de las familias Blaquier y Patrón Costas, dueñas de los ingenios Ledesma y Tabacal, respectivamente.

El final era un debate abierto con los reformistas y llorones que sólo hacen hincapié en el dolor de la represión y que siempre olvidan el ejemplo combatiente y las razones de los caídos y cómo éstas vuelven a aparecer en las nuevas camadas combativas. El cierre con el "Perro" Santillán acusando a los Blaquier y reivindicando la resistencia piquetera y el tema todavía no estrenado de la Bersuit Vergarabat, *Se viene el estallido*, era un abierto desafío a quienes habían hecho de los derechos humanos su pequeño negocio y consecuentemente agitaban esperanzas en Chacho Alvarez, Graciela Fernández Meijide y su "nuevo" jefe, el conservador Fernando de la Rúa.

El estreno del primer corte fue a beneficio de los organizadores de la marcha en conmemoración de la Noche del Apagón[13], y al año siguiente

---

12 La película, realizada en 1998/1999, dura 90 minutos.

13 El 27 de julio de 1976, 40 camiones con el logotipo de la empresa Ledesma irrumpieron en el pueblo de Libertador General San Martín y secuestraron a más de 400 personas después de cortar la luz. De ellas, 33 no volvieron a aparecer. El operativo, dirigido por las FFAA genocidas, siguió la lista que habían entregado los dueños del ingenio. Esa noche se conoció como "la noche del apagón".

acordamos proyectar la película en la plaza del pueblo, al finalizar las actividades: grande fue nuestra sorpresa al encontrar en Libertador General San Martín pintadas que decían: "¡Aguante Diablo, Familia y Propiedad!". Luego de la proyección, se distribuyeron más de 40 copias y empezó la circulación de mano en mano entre aquellos que habían sido con sus luchas los protagonistas del film.

Ya a esa altura y mediante un canje de un trabajo privado habíamos logrado digitalizar la película y estábamos listos para el cine. Luis Vainicoff, dueño del Cine Cosmos, se ofreció a estrenarla. Para entonces el grupo se había consolidado con la incorporación de Alejandra Guzzo, productora de *Diablo...*, que había creado de la nada el Centro de Estudiantes del ENERC, la escuela del Instituto de Cine dirigido en ese momento por el folclorista conservador y menemista Julio Maharbiz. El hecho era que hacía más de diez años que nadie se recibía por falta de fondos para filmar las tesis, mientras el INCAA gastaba 150 mil dólares en invitar a la veterana estrella italiana Gina Lolobrigida al Festival de Cine de Mar del Plata[14].

Así llegamos al estreno de *Diablo...* con un pequeño grupo unido y en lucha, y diseñamos una campaña de calle con afiches que hacían eje en la complicidad de la oligarquía y el imperialismo con el genocidio y en la continuidad histórica de las actuales luchas piqueteras con las mejores tradiciones combativas de tantos héroes anónimos de nuestro pueblo. Sabíamos que el mero hecho de que la película estuviera en la cartelera no atraería de por sí a un público acostumbrado a un tipo de cine de "industria" y propaganda del modo de vida capitalista, asi que organizamos una función de prensa y obtuvimos elogiosas críticas de todos los diarios excepto de *Ámbito Financiero* y la revista *El Amante*. Repartimos miles de volantes de mano en mano en todos los actos de cierre de campaña de los partidos de izquierda y pegatineamos más de veinte veces la avenida Corrientes desde el Abasto hasta el Obelisco, más los centros de concentración de las masas obreras y populares como las estaciones de trenes suburbanos de Once y Constitución.

Junto a esto, pusimos una mesa en el cine donde exponíamos y vendíamos nuestras producciones y las de los talleres que desde 1996 veníamos coordinando en la FM La Tribu. En la mesa dispusimos una urna y repartimos una encuesta sobre la película, en la cual obtuvimos la respuesta de un público deseoso de ser escuchado y tener un canal de comunicación con un cine de nuevo tipo.

La película se mantuvo en cartel cinco semanas, superando los dos millares de espectadores (cifra bastante respetable para una película de costo casi cero y sin ningún aparato propagandístico detrás). Sin embargo fue a partir de su bajada de cartel que se vio en más de doscientas exhibiciones y

---

14 Gracias a la acción de los compañeros nucleados en el Centro de Estudiantes del ENERC, entre ellos Alejandra Guzzo y Fernando Roca, hoy las tesis se filman en 35 mm y se realizaron concursos con jurados limpios por primera vez desde la fundación del CERC.

se difundió a través de más de mil cassettes distribuidos. *Diablo...* no sólo circuló por el país sino que también participó en 107 exhibiciones en el extranjero, siendo seleccionada en más de diez festivales internacionales entre los que se destacó su participación en la selección oficial del 22° Festival del Nuevo Cine Latinoamericano de La Habana.

El escrache a la Blaquier

Uno de los aspectos más interesantes de la experiencia de *Diablo, Familia y Propiedad* fue su intervención activa en un debate concreto en el campo político, generando acciones o impulsos a la acción en algunos de sus espectadores. Tras el estreno, la agrupación H.I.J.O.S. nos propuso realizar un escrache a Nelly Arrieta de Blaquier, dueña del Ingenio Ledesma y escrachada por sus propios dichos en el reportaje que le hicimos para la película. Esta "respetable" señora ocupada en el filantrópico cargo de Presidenta de la Asociación de Amigos del Museo Nacional de Bellas Artes era miembro de la comisión directiva de la empresa Ledesma S.A. en el momento en que se decidió el secuestro masivo de trabajadores del Ingenio. Seguía siendo una de las principales accionistas y era la segunda coleccionista privada de arte del país, y como tal participaba activamente en las nefastas políticas menemistas hacia el sector.

El escrache se realizó simultáneamente en Ledesma y en el Museo Nacional de Bellas Artes, donde participaron entusiastamente los estudiantes que hacía meses tenían tomada la Prilidiano Pueyrredón y varios grupos de arte combativo como Etcétera y el GAC (Grupo de Arte Callejero). En Ledesma, mientras tanto, la marcha que todos los años terminaba en la plaza del pueblo, sin pasar por el ingenio, terminó en la puerta de la mansión de los Blaquier, ante las iras del reformismo que hizo todo lo posible para parar el escrache o limitarlo a cánticos inocentes.

Este cierre fue el final de un ciclo que nos demostraba la corrección del presupuesto con el que nos veníamos manejando hacía años: era posible intervenir con un producto audiovisual en la lucha por reconstruir una subjetividad combativa. Volvíamos a encontrarnos, así, con el Cine de la Base, en su afirmación de que "el cine es un arma de contrainformación, no un arma de tipo militar. Un instrumento de información para la base. Éste es el valor otro del cine en este momento de lucha"[15].

En verdad, hacía ya años que estábamos formando gente en los talleres que realizábamos en la FM La Tribu y en la Casa de la Amistad Argentino Cubana, y por lo tanto decidimos con los compañeros que se iban incorporando al grupo sacar la propuesta de crear una Red Audiovisual Alternativa Raymundo Gleyzer. Ya habíamos organizado dos muestras de video alternativo en FM La Tribu y allí habíamos tomado contacto con el Grupo Alavío, el

---

15 Gleyzer, R., op. cit. Pág. 59.

Grupo Ojo Obrero y el Grupo Boedo Films, entre otros, y creíamos que era el momento para largar una propuesta para coordinar esfuerzos en la difusión de nuestros materiales.

La idea era generar una red de distribución ligada a las organizaciones de base. Bibliotecas populares, centros vecinales, clubes, sindicatos, agrupaciones de solidaridad, organismos de derechos humanos, movimientos piqueteros o locales partidarios, trabajando para generar un canal de circulación alternativo a los medios del sistema, un circuito de exhibición y producción donde los protagonistas de las luchas populares pudieran participar de una nueva forma de producir y difundir los materiales audiovisuales. Es decir, exhibición, debate, formación, producción y retroalimentación de la red. El espectador en este proceso pasaba de ser un sujeto pasivo a convertirse en un productor activo.

Un cine que no lame las botas

En este marco y a través de la Escuela Internacional de Cine y Televisión de San Antonio de los Baños, Cuba, pudimos organizar en Buenos Aires, junto con el crítico Luciano Castillo, el primer ciclo de cine cubano de ficción[16]. La muestra presentaba títulos fundamentales del cine cubano, entre los que se destacaban *Memorias del subdesarrollo*, *La última cena* y *Los sobrevivientes*, de Tomás Gutiérrez Alea; *Lucía*, de Humberto Solás, y *La primera carga al machete*, de Manuel Octavio Gómez, entre otras.

El ciclo, titulado "Un cine que no lame las botas" en alusión a una frase de Fidel que caracterizaba al gobierno de Fernando de la Rúa como "lamebotas de los yanquis", fue un éxito total y permitió conocer a más de 3500 espectadores el pujante cine surgido en la isla socialista al calor de la revolución del '59. Las películas no sólo se mostraron en Argentina por primera vez en 35 mm en las pantallas del Cine Cosmos, sino que también se llevaron muestras en video a los barrios populares de Quilmes, La Florida, La Plata, Córdoba y Mataderos: el impacto que nos causó el conocimiento de lo que se puede hacer desde el poder revolucionario con una herramienta como el cine, fue compartido con miles de compañeros[17].

Desde el inicio de la Revolución Cubana, los más importantes comandantes revolucionarios destacaron el desarrollo de una cinematografía independiente. La primera ley cultural, a menos de tres meses del triunfo, fue la

---

16   El ciclo pudo verse en el año 2001. Al finalizar este artículo llevábamos adelante la segunda muestra de cine cubano en el Cine Cosmos, 2003.

17   En este marco, en efecto, se empezó a trasladar equipos artesanales de video para generar en los mismos barrios castigados por la crisis proyecciones a la manera del dispositivo cinematográfico —algo que ya se venía practicando de manera aislada y fragmentaria—, con los ricos debates que producía este tipo de material entre los verdaderos actores del mismo. Nos referimos, por ejemplo, a la llegada del Ciclo de Cine Cubano al barrio de San Francisco Solano por iniciativa conjunta con el Grupo Alavío.

creación del Instituto Cubano del Arte y la Industria Cinematográfica. Según Tomás Gutiérrez Alea, "Camilo Cienfuegos, que dirigía el ejercito Rebelde en ese momento, tuvo la idea de crear dentro del mismo una dirección de cultura con un departamento de cine. Nos llamó a Julio García Espinosa y a mí para hacer películas documentales con temas urgentes. Estábamos felices. El proyecto satisfacía nuestras ansias de hacer un cine útil. Organizamos ese departamento en medio de un gran fervor, de una gran efervescencia. Eso fue en los primeros meses después del triunfo. Se dormía un promedio de tres o cuatro horas por día: no queríamos perdernos nada de lo que estaba pasando"[18].

Luego agrega, en referencia al Che: "Era lógico que él dedicara parte de su tiempo a hablar con nosotros debido a la importancia que los dirigentes de este país dieron al cine... Aquí se estaba dando un cambio radical y era importante rescatar la memoria de estos hechos directamente de sus protagonistas. Así que nos pasamos una noche entera con el Che, que contó una anécdota detrás de otra"[19]. "Su visita fue de casualidad: estaba en Cuba su madre... y él la llevó a la Sierra para que conociera los lugares donde había combatido. Pero la coincidencia va más allá: al día siguiente teníamos que filmar una emboscada, y cuando se lo dije al Che, él nos contó que había hecho una en ese mismo lugar. Nos asesoró militarmente y realmente fue él quien compuso esa parte del guión con su experiencia"[20].

El cine piquetero

Durante el año 2001, la lucha popular se fue generalizando ante el visible deterioro del gobierno de Fernando de la Rúa, que había debutado asesinando piqueteros en Corrientes durante su primer semana de gobierno. A partir del fracaso de las elecciones parlamentarias con el aluvión de ausentismo, votos en blanco y votos repudio (con su profusión de fotos de Clemente, Bin Laden o el Che), la caída del gobierno "socialdemócrata" era para cualquier observador atento cuestión de días.

En este marco, la dirección del INCAA llamó a una reunión de documentalistas con el objetivo de discutir una nueva reglamentación y una posible política para el sector; más allá de las buenas intenciones de algunos funcionarios, esta reunión no era más que una maniobra para que aceptemos una reglamentación que perpetuaba la tradicional corruptela según la cual sólo se podían hacer tres documentales de 600 mil dólares al año quedándose la "casa productora" con la parte del león. Cine Insurgente planteó que no se podía confiar en un gobierno masivamente repudiado por las luchas y por los votos y advertimos que la única "casa productora" existente acapararía con sus amistades todo el financiamiento estatal para el documental, por lo que

18 Gutiérrez Alea, T., en Oroz, S. Op. cit. Pág. 31.
19 Idem, pág. 45.
20 Idem, pág. 49.

propusimos dividir el dinero en producciones de bajo presupuesto que favorecieran el surgimiento de una verdadera corriente de nuevo cine documental, propiciando la formación de Adoc/Argentina (Asociación de Documentalistas de Argentina) para pelear cooperativamente por nuestros derechos y tener un marco para discusiones estéticas y políticas.

Paralelamente, aprovechando el éxito obtenido en el Cosmos con *Diablo, Familia y Propiedad*, impulsamos la realización del "Ciclo de cine piquetero" entre el 6 y el 13 de diciembre de 2001. Invitamos a participar del ciclo a todas las producciones que conocíamos sobre este movimiento que estaba llenando de combate las calles argentinas. Así, contamos con materiales de nuestro grupo y de otros tan diversos como Ojo obrero, Boedo Films, El cuarto patio, Alavío, Contraimagen, Grupo Primero de Mayo, Adoquín Video, etc. Más de diez largometrajes y unos veinte cortos se exhibieron durante una semana, en un ciclo donde muchos de los protagonistas de las películas ingresaron por primera vez a una sala cinematográfica.

Cabe destacar que el ciclo se realizó en medio de la debacle del gobierno de la Alianza, con el anuncio del "corralito" que impedía (a quienes no habían girado "sabiamente" sus depósitos al exterior) sacar los ahorros de los Bancos: el "uno a uno" (un peso igual un dólar), que había sido el sustento económico del gigantesco saqueo de los activos del Estado por las multinacionales con sus fabulosas ganancias en dólares basadas en el crédito de la banca internacional, se derrumbaba junto con su factótum, el ministro de Economía por Menem y por la Alianza Domingo Felipe Cavallo. Por lo tanto, el ciclo se daba en medio de una terrible depresión de la pequeña burguesía expoliada (ahora llamada "clase media") y de la desesperación de aquellos que veían desaparecer el dinero de la calle: vendedores ambulantes, recolectores y recicladores de basura, limpieza de parabrisas y todo el "tire dié" de los noventa que tan magistralmente retratara Pablo Ramazza en su film *Los chicos de la película*[21].

Los eufemismos con que se había tratado de manipular la subjetividad de los noventa empezaron a caer. Donde decía "globalización" volvíamos a ver imperialismo; donde decía "daños colaterales" volvía a sentirse el crudo olor al napalm de Vietnam; donde decía "costo social del ajuste" volvíamos a ver a los niños desnutridos en el país de los alimentos; donde decía "búsqueda más estética" volvíamos a leer paja intelectual y donde decía "cine industrial" volvíamos a ver el latrocinio de las mismas camarillas de inútiles incapaces de llegar a nadie con su cine[22].

---

21 Esta película, que formó parte de la muestra del Cosmos, indagaba sobre el destino de los personajes y el barrio de la mítica obra de Fernando Birri, *Tire dié*.

22 Esta "industria" descubrió dos semanas antes del corralito que cobrando dos pesos la entrada la gente iba al cine. En realidad, se ampliaba el espectro a los que no podían acceder pagando los ocho pesos / dólares que cobraban tanto las cadenas transnacionales como los cines nacionales; pero igualmente quedaban afuera casi un 70 por ciento de la población que ya hacía años estaba fuera de lo que en el lenguaje tecnocrático de los noventa se llamaban "consumos culturales".

El estallido anunciado por el final de *Diablo, Familia y Propiedad* apenas meses antes de asumir el gobierno de la Alianza nos encontró entonces a los distintos grupos de video en un proceso de unidad para la lucha en el INCAA, en la búsqueda de estrategias de exhibición y en procesos de colaboración productiva, como por ejemplo nuestro apoyo para *El rostro de la dignidad*, de Alavío, o para el trabajo de prensa de *Matanza*, del Grupo Primero de Mayo. El permanente intercambio de materiales de una película a otra para ser usados como archivo sin cobro de derechos es, de hecho, una práctica frecuente entre los grupos de cine que participaron del ciclo.

Por un nuevo cine en un nuevo país

En diciembre de 2001 se convocó a la formación de Adoc/Argentina, en una asamblea que nucleó a más de 60 realizadores. Si bien los grupos contenidos dentro del Ciclo de cine piquetero éramos mayoría, el nuevo espacio se abrió a la participación de compañeros que habían hecho trabajos sobre ecología, cultura o antropología, por un lado, y a otros, como Humberto Ríos, que venía de haber trabajado junto con Raymundo Gleyzer en los años sesenta. El estallido se avecinaba y ya las masas, cercadas por el hambre, estaban recuperando mercadería en algunos barrios. Incluso, algunos de estos procesos estaban siendo registrados por compañeros que no pudieron asistir a esa asamblea, como Pedro Acuña, que registró los hechos de Concepción del Uruguay y la sangrienta represión de la policía provincial.

Cuando el gobierno, en la misma sintonía que su policía, decretó el estado de sitio, estábamos en la calle en el barrio de Congreso y empezamos a caminar por Rivadavia. Empezaba el cacerolazo del 19 de diciembre. Sumados a la marcha, llegamos al Congreso y ya se habían definido las consignas que serían el *leiv motiv* de las históricas jornadas: "Que se vayan todos, que no quede uno solo", "qué boludos, qué boludos, el estado de sitio se lo meten en el culo". La composición social era casi enteramente de clase media, aunque también en otros barrios se movilizaron sectores incluso más acomodados. Por eso no dejaba de sorprender que los manifestantes espontáneamente tomaran los métodos piqueteros y encendieran barricadas con basura y elementos que se hallaban dispersos por las calles: luego de semanas de depresión colectiva, la gente exteriorizaba una alegría casi carnavalesca y dionisíaca.

Al llegar a la Plaza de Mayo, la represión lanzó gases lacrimógenos; todo parecía indicar que la gente se replegaría pero contrariamente a eso empezó a echar mano a cuanto elemento contundente encontrara para enfrentar a los criminales de uniforme que defendían a los criminales de traje y celular. Esta sería la tónica del combate con el agregado de otros sectores sociales que se sumarían al combate el día 20. En un trabajo posterior del grupo de Cine Insurgente, un joven entrevistado resumiría la increíble composición de este ejército ad hoc: "En un árbol había un punk y abajo había un tipo de traje, los dos tirando piedras". Pero la lucha era desigual, de un lado un ejército desarmado con piedras y palos y del otro las fuerzas represivas de un sistema que siempre premió a los represores. El resultado previsible fueron 35 compañeros muertos en todo el país y los policías sin un rasguño.

Teníamos muy buenas tomas de la rebelión, y también había otros compañeros que habían participado en la fundación de Adoc y habían estado en el centro de los conflictos. Con estos materiales y otros de compañeros independientes nos dispusimos a montar un material de la Asociación: con la colaboración de Myriam Angueira, realizamos un corto que iba a contramano de la línea de los medios del sistema, que después de verse desbordados por la situación, se reacomodaron para mantener el estado de las cosas.

En efecto, durante la cobertura en vivo (la teníamos grabada de casi todos los canales) se dio la paradoja de que la necesidad de la cobertura y el descrédito de un gobierno que ya no podía unificar ni a sus propios medios hizo que sobre todo los movileros transmitieran un vivo bastante cercano a lo que estaba pasando, ya que lo generalizado de la represión afectaba también a los medios que tradicionalmente buscan cobijo tras la policía. Esta transmisión potenció el acercamiento de muchas personas indignadas por la carga con caballos sobre las Madres de Plaza de Mayo, por ejemplo, en la mañana del 20. Pero, caído el gobierno, comenzaron el proceso de editorialización que antes no habían tenido tiempo de diseñar por la rapidez y la masividad de los acontecimientos: asambleas populares, cacerolazos, fábricas ocupadas y piqueteros, en fin, el pueblo movilizado, decía —como siempre— ausente en las pantallas.

Así, el montaje de *Adoc, por un nuevo cine en un nuevo país* priorizó la necesidad de discutir las causas de la caída del gobierno de la Alianza, cuya política se entroncaba con la sucesión de traiciones y agachadas de los gobiernos "democráticos" que hacían ya casi inexistentes sus diferencias políticas y económicas con la dictadura; y poner en evidencia que la movilización autoconvocada respondió al repudio del Estado de Sitio y no a que "le habían tocado el bolsillo a la clase media", como recitaban los periodistas oficiales[23].

Esta tarea de contrainformación popular tuvo su contraparte, también, en cientos de videos distribuidos y más de trescientas proyecciones populares. Un trabajo que venía siendo artesanal se convertía, ahora, en un trabajo masivo, ante la gran toma de consciencia de los límites de los medios del sistema. Las posibilidades que se abrían eran enormes. Así que, ante el vacío informativo y la tergiversación por parte de los medios de las moviliza-

---

23 Siempre sostuvimos que las Madres son el más alto ejemplo de principios y lucha por la recuperación de las ideas de sus hijos. Durante el año 2001, convocados por la Universidad Popular para dar un Taller de Televisión Alternativa, avanzamos en el trabajo de formación de documentalistas comprometidos con la lucha social y política. Más tarde, con materiales propios y otros registrados por los alumnos, montamos el corto *Las madres en el 19 y 20*. El material, en la misma línea argumental de Adoc, hacía hincapié en la actuación de las Madres en aquellas jornadas y su empecinada determinación combativa que les hizo volver a marchar a su plaza luego de ser ferozmente reprimidas por la caballería el 20 de diciembre.

ciones contra la Corte Suprema de Justicia y el proceso de toma de fábricas en todo el país, más la convergencia del movimiento piquetero en un verdadero verano anárquico, decidimos llamar —junto a Contraimagen y Ojo Obrero— a una nueva asamblea con la consigna "Vos lo viste, vos lo viviste, no dejes que te lo cuenten".

Ese volante, repartido en las movilizaciones casi diarias, llevó a la creación de un nuevo espacio que iba a reunir a documentalistas, periodistas, militantes, fotógrafos, artistas, gente que había salido el 19 y el 20 de diciembre con una cámara en la mano. Fundada un mes después de la rebelión popular, Argentina Arde se caracterizó como un colectivo de contrainformación comprometido con los movimientos sociales y con todos aquellos que luchan contra el sistema.

El colectivo, con sus diferencias y consecuentes rupturas, fue sin embargo una experiencia interesante de participación en el proceso de lucha que dio origen a un movimiento asambleario inédito en nuestro país. La producción de los video informes, donde se recuperaba parte del fallido intento de los Noticieros Obreros, junto con el periódico y las muestras fotográficas, recorrieron asambleas, plazas públicas, cacerolazos y piquetes, generando siempre el debate y la participación.

Final abierto

Con este breve recorrido del trabajo de Cine Insurgente esperamos aportar a la reflexión y a la práctica de un nuevo cine militante, convencidos de la necesidad de impulsar espacios que contrarresten el discurso único de los multimedios del sistema. El problema que aparece a simple vista, sin embargo, es la enorme diferencia de tamaño, poderío y alcance que existe entre un sistema de cinco canales de aire, cientos de canales de cable, distribuidoras cinematográficas con cientos de salas, el Instituto Nacional de Cinematografía y Artes Audiovisuales, las salas oficiales y por el otro lado una pequeña red que funciona mediante el compromiso militante. Ahora, que la diferencia sea abismal no invalida, sino que hace necesario y hasta urgente, la exigencia de librar esta lucha en apariencia tan desigual.

La televisión y los medios audiovisuales en general son el aparato de subjetivación más formidable que los poderes económicos tienen a mano. El papel que cumplió la iglesia en la Edad Media, la filosofía racionalista y la palabra escrita durante la modernidad, hoy lo cumplen los medios audiovisuales. Justamente, uno de los mecanismos que utiliza el poder televisivo es el monopolio del saber audiovisual, que genera una manera uniforme de recortar la realidad y ofrecérsela a un espectador pasivo que va construyendo sus ideas, opiniones y valores a partir de este recorte previamente digerido por la gran maquinaria simbólica del poder.

Consecuentemente, cada vez quedan menos resquicios para introducir documentos audiovisuales realizados desde puntos de vista distintos a los de los grandes intereses económicos del sistema. Todo hecho político que se salga de las reglas del juego es rápidamente acallado o encapsulado dentro de la lógica de sus medios. El desafío, por lo tanto, es grande; pero los sectores populares ya comenzaron a transitar un camino que permite pensar y llevar a la práctica nuevas formas de producir, difundir y consumir materiales audiovisuales, materiales alternativos, que comuniquen la propia identidad. Allí los documentalistas estamos al pié de las barricadas, junto a los que luchan y combaten al sistema. Existe una experiencia y sobre ella se avanza.

Hoy el Grupo de Cine Insurgente está compuesto por más de 15 compañeros que funcionan orgánicamente en la producción, la enseñanza y la distribución, no sólo en Argentina sino en distintos países del mundo. Hemos fortalecido nuestros lazos con el cine cubano con la exitosa muestra "El cine de la revolución" (entre el 4 y el 17 de setiembre de 2003), además de continuar en la Escuela de San Antonio de los Baños, en Cuba, donde coordinamos con Alejandra Guzzo las cátedras de Producción y Dirección. Todo el material forma parte de la videoteca de la Universidad Popular Madres de Plaza de Mayo, multiplicándose semanalmente en muestras en video en lugares excluidos del circuito comercial del cine. Junto con esto, tenemos cuatro proyectos documentales en distintas etapas de producción.

La nuestra, entonces, es una apuesta a la persistencia, como un repiqueteo que horada la piedra del entontecimiento audiovisual. Una apuesta a la multiplicación de los canales alternativos, una apuesta a seguir registrando para hacer carne aquella frase de Glauber Rocha que retrata al nuevo cineasta y da sentido a nuestro trabajo: "con una idea en la cabeza y una cámara en la mano".

Bibliografía

Argentina Arde, "Argentina Arde, colectivo de contrainformación". Documento presentación, Buenos Aires, mimeo, 2002.

Cine Insurgente, "Red audiovisual de información popular Raymundo Gleyzer". Mimeo, 2001.

Gleyzer, Raymundo, "Presentación y autocrítica en forma de diálogo con Tomás Gutiérrez Alea". En AA.VV. *Raymundo Gleyzer*, Cinemateca Uruguaya, Montevideo, 1985. Pp. 48-64.

Oroz, Silvia, *Tomás Gutiérrez Alea: los filmes que no filmé*, Ediciones Unión, La Habana, 1989.

Luz, cámara, acción directa

La Conjura TV[1]

El proyecto de La Conjura TV comienza en 1998 en la ciudad de Rosario y se conforma como un colectivo de gente proveniente de diversas experiencias y disciplinas, con un interés común que es el de crear nuevos y propios mecanismos de difusión, atendiendo la necesidad de conformar medios realmente independientes y alternativos de comunicación. La Conjura fue pensada como un canal de televisión usando el video (VHS) como soporte. De esta forma, no hay transmisiones sino múltiples reproducciones, aprovechando la presencia avasallante del electrodoméstico televisión en el espacio público. Donde haya una tele y una videocasetera se puede emitir La Conjura, transformándose en una presencia dentro del espacio público: es en relación con éste que se piensa su estructura formal.

Desde un inicio nos sedujo la idea de que alguien entrara a un bar, pidiera una ensalada mixta y mirara La Conjura como si fuera televisión; una emisión de La Conjura no necesariamente tiene que ser un evento, el espectador no necesita estar prevenido. Esta idea nos llevó al hecho de que un espectador puede ver un fragmento (5, 10, 30 minutos) y no una Conjura entera, motivo por el cual hay una pretensión de proponer una estructura formal lo suficientemente plástica como para mezclar producciones de géneros diversos (documental, ficción, animación, experimental, etc.), tratando a su vez temas muy distintos e intentando lograr que el conjunto se integre de manera dinámica y atractiva visualmente, sin por ello descuidar que las pequeñas producciones tengan una unidad propia además de la unidad general, un pedacito tiene que ser comprensible (¿entretenido?) por si solo sin necesidad de apoyarse en el todo. Siendo la televisión fragmentaria, planteamos que tal vez puede utilizarse el zapping narrativamente.

Nunca existió la intención de imitar a la televisión, sino que se propone la utilización de elementos estandarizados como vehículos de significación y crítica. En este sentido se experimenta con estructuras televisivas: animadores, separadores, publicidades, programas, apuntando a producciones que

---

1   Para contactar con La Conjura, pueden escribir a nuestras direcciones de correo laconjuratv@hotmail.com o laconjuratv@iespana.es

sean de fácil decodificación. El montaje es complejo, La Conjura no es una torta, no es una cantidad de producciones pegadas una atrás de la otra, cada Conjura es una totalidad y cada trozo que la compone es una pequeña totalidad. Así trabajamos las significaciones en dos planos, uno autónomo, propio de cada producción, y otro relacional entre los elementos que componen una Conjura. Desde esta perspectiva no se trata de la puesta en práctica de una teoría ya existente, tomamos lo que nos parece útil, y lo usamos como nos convenga. Entre el proyecto de La Conjura y su puesta en práctica hay una constante dinámica, podríamos decir que la práctica busca su teoría y la teoría se va realizando en la práctica. La ausencia de teorías prefabricadas y la continua construcción teórica producto del hacer cotidiano, suponen una mutación constante de La Conjura en general y en especial del uso que se hace del lenguaje audiovisual, constituyéndose necesariamente en un espacio de experimentación.

El trabajo se divide en dos etapas: realización y difusión, estando abierta la posibilidad de participación en cualquiera de ellas. Nuestra intención es que la participación sea lo más numerosa posible, si la gente no participa el proyecto no existe, simplemente seríamos un grupo de personas que hacen video. Mientras más somos más producimos, mientras más producimos más rápido sacamos Conjuras y de esa manera podemos trabajar con elementos coyunturales. Hoy se encuentran trabajando alrededor de 20 personas que conforman lo que podríamos denominar el núcleo de producción, número que se duplica con la salida de cada Conjura. Mucha gente participa por temporadas. Lo que sí queda claro es que ante un estreno los grupos que trabajan en el proyecto se revitalizan, incrementándose el número de participantes.

Desde un inicio el proyecto supuso la construcción de redes de difusión: asambleas, bares, centros culturales, fábricas tomadas, casas okupadas, clubes, domicilios particulares etcétera, es decir, todo espacio donde haya un televisor y una videocasetera. Creamos una red de difusión de manera tal de poder ir sistematizando los días, horarios y lugares en donde se emite La Conjura, de manera de poder publicarlos, crear referencias, lograr regularidad, creando un canal de televisión participativo y descentralizado. Esta parte sistematizada se completa con proyecciones espontáneas y con un elemento importantísimo: la copia pirata. Instamos a los espectadores a copiar nuestros videos, a que los pasen de mano en mano, a que los sigan difundiendo.

El tema de la financiación podría no parecer pertinente pero retrata el contexto en el que se produce. En La Conjura nadie cobra sueldo. No se venden los casetes, se cambian, de ser posible dos a uno, el excedente es para los grupos que no pueden pagarlos. Cuando sale una conjura nueva se hace una fiesta y con lo recaudado se compran casetes. Con el dinero de las donaciones nos manejamos con la siguiente lógica: si nos dan plata no debe ser por una buena razón, necesitamos dinero, es innegable, los videos salen plata, los equipos salen plata, arreglar los equipos sale plata; ahora, la postura nuestra es la siguiente, las donaciones tienen que potenciar nuestro trabajo, no volverlo mas frágil. Supongamos que un proyecto recibe donaciones por 1.000, 2.000, 100.000 o lo que sea, manejando su presupuesto mensual en relación a ello, y supongamos que se cortan las donaciones, que el proyecto ya no puede funcionar sin esa plata, podemos concluir entonces que nos hicieron mierda, que el proyecto no funcionó, sumando así frustraciones, reinando el escepticismo, y perdiendo la confianza en este tipo de proyectos. Estas suposiciones son un ejemplo artificioso de cómo el dinero puede volvernos más vulnerables antes que contribuir a un desarrollo genuino del proceso, en especial en experiencias que todavía no están maduras. Como antibióticos contra esta posibilidad consensuamos algunas políticas; como que nadie cobre sueldo, que el dinero se use para comprar equipos que nos permitan producir más, invertir en cursos de reparación de equipos para algunos miembros, comprar sólo aquello que no podemos conseguir gratis.

En síntesis La Conjura es, entre muchas cosas, un proyecto colaborativo y participativo, no jerárquico e independiente. Es decir que el proyecto se construye entre todos los potenciales participantes que se acerquen a trabajar, sin que se creen estructuras de rango o poder. La premisa de que no haya autores sino creadores que se manifiesten en sus creaciones, implica que nadie tiene autoridad sobre el proyecto. La Conjura se piensa como un proyecto experimental y experiencial constante, que se constituye en la práctica, mediante actos performativos y no basándose en un plan programático trazado con anterioridad. Esta supuesta falta de una estructura clara (o más bien clásica) de organización, es parte fundamental en el proceso, invitando a participar desde roles no preestablecidos de antemano, sin más compromiso que el propio asumido y el deseo de participar.

Igualmente, existe un espacio formal de carácter "asambleario", que son las reuniones generales que se realizan una vez por semana. A ellas se invita a todos los participantes y se encuentran abiertas a todo aquel que quiera acercarse a trabajar, definiendo en las mismas las líneas tentativas de producción de cada Conjura, las que se van ajustando a medida que la producción avanza. Debido a que estas reuniones suelen sufrir un alto índice de ausentismo, aquellos que finalmente llevan adelante la edición consultan individualmente a todos los que pueden, invitándolos a participar en la animación, en el guión, etcétera. (A veces implorando, a veces "amenazando".)

Algunas características de la dinámica grupal ayudan a entender cómo se toman en definitiva las decisiones: La Conjura, como conjunto de personas, no asume compromisos, todos los compromisos se asumen individualmente, nadie se hace responsable de un compromiso que asumió otro, nadie asume compromisos que no quiere y, por alguna razón, todos son extremadamente responsables con los compromisos que asumen. En consonancia con esto, una característica bastante distintiva es que todo el proceso de realización es placentero, si no lo es no se hace. Los compromisos, antes que nada, los asumimos con nosotros mismos.

Hasta el momento se han producido nueve Conjuras. La primera se "estrenó" en octubre de 1999 y recién a partir de 2001 se comenzó a perfilar una regularidad de trabajo que nos permite plantearnos ahora una edición trimestral. Lo más importante es que desde ese año todo el material que aparece es producido específicamente para La Conjura, si bien se siguen difundiendo materiales de otros realizadores aunque no se intente hacerlos parte de una edición. Lo que sí sucede y es bastante estimulante, es que cada tanto amigos colegas de otros lados arman algo puntualmente para La Conjura.

En este momento de desarrollo del proyecto el mayor punto de conflicto es de orden técnico, el volumen de producción permitiría salir como mínimo todos los meses, pero los equipos no dan abasto para ello. Este es otro de los motivos (el de nuestra pobreza técnica) por el cual no se han comenzado a complementar las redes de difusión con transmisiones por antena, si bien existe la capacidad de producción y la gente para afrontar el desafío, es difícil conseguir los equipos que permitan sostener las transmisiones con regularidad.

Con lo hasta aquí expresado, estamos en condiciones de decir que La Conjura no sólo es un modelo diferente de medio de comunicación, sino también un conjunto de procesos de organización colaborativa y de formación permanente de herramientas audiovisuales, hechos que en alguna medida nos permiten sostener el carácter alternativo de una experiencia que aún se encuentra en pleno desarrollo.

Compromiso y realización documental: punteo para el debate

Grupo Alavío[1]

En los últimos tiempos se dio el fenómeno de la aparición pública de una cantidad de películas documentales realizadas tanto por nuevos documentalistas como por realizadores experimentados. Unas corresponden a producciones individuales, otras son firmadas por colectivos de trabajo. Todas tienen en común reflejar la temática del conflicto social —fruto de la crisis del sistema capitalista—, las luchas de los movimientos sociales y de las organizaciones de trabajadores.

Estas películas tienen en común, a nuestro entender, el valor de un gran compromiso de los realizadores tanto con su obra en todas las etapas de producción (incluyendo la exhibición y difusión), como con los procesos sociales y luchas que reflejan.

En los colectivos de realización audiovisual es habitual debatir sobre la necesidad del compromiso político, ético y estético del realizador documental, y lo más frecuente es pensar que este aspecto se refiere meramente a la selección de los temas y los contenidos. Pero la apreciación de este aspecto, al visionar las obras, alcanza una mayor complejidad, y en términos prácticos este compromiso asume algunas características que nos parece importante mencionar:

1. Tendencia a la participación activa en la lucha de clases, aportando desde lo audiovisual.
2. Participación desde la realización como constituyente de subjetividad, recreando simbólicamente representaciones del mundo desde la óptica e intereses de la clase trabajadora.
3. Aportes técnicos, tanto a través del tratamiento del lenguaje audiovisual como con la apropiación de técnicas y tecnologías, poniéndolas a disposición de las luchas. Un aspecto importante es la posibilidad de generalización y difusión de estas herramientas con la consiguiente democratización de la producción audiovisual, hoy monopolizada por la burguesía,

---

1 El presente texto es una versión corregida de la ponencia presentada por el Grupo Alavío en el Festival de Cine de Tres Continentes, Argentina, 2002.

y la valorización de la diversidad de miradas, intentando que los propios protagonistas puedan narrar sus propias historias.

4. Integración a procesos sociales en un doble sentido: por un lado, la necesidad de fundar espacios colectivos del oficio de narradores audiovisuales, fenómeno que ha ocurrido profusamente en los últimos años; por otro lado, la participación activa de los realizadores en los movimientos sociales en lucha, asumiendo militancias que exceden largamente el mero hecho audiovisual.

5. Una de las riquezas de estar integrado plenamente a los procesos sociales y sus actores, es que permite discutir las agendas específicas de las organizaciones, de modo de ampliar la temática tradicional que imponen la prensa y los medios de comunicación de la burguesía. Se descuenta la disponibilidad de los realizadores ante las demandas de las organizaciones, como la variedad de usos de los registros en formatos de presentación y motivaciones diversas. Por ejemplo, nuestra experiencia fue que los mismos materiales fueron usados tanto como respuesta rápida de tipo periodística de contrainformación como de prueba contra aparatos represivos del Estado; para intervenir en debates internos de las organizaciones como para aportar en la preparación de acciones directas; para la evaluación de las acciones como para la motivación en jornadas de educación popular; y sólo después fueron presentados como informes del tipo película documental, si los mismos lo ameritaban y tras cumplirse el tiempo de maduración y crecimiento de las historias a contar.

6. Investigación y experimentación en el campo de las formas más propicias para narrar cada historia, búsqueda estética imprescindible para contar las nuevas temáticas.

7. Necesidad de profundizar en los tratamientos de las narraciones que superen lo meramente descriptivo, intentando eludir el estado de fascinación por lo nuevo y espectacular. Para esto, es imprescindible abordar las contradicciones en el propio campo del pueblo que impiden o dificultan la lucha emancipatoria. Resulta fácil contar solamente las cosas favorables a nuestros pareceres o que resulten simpáticas a nuestros espectadores/interlocutores. Ni que hablar cuando la temática política se transforma en apología acrítica.

8. Esto no significa dar la palabra al fascismo, recurso fácil, con la pretensión de amplitud o de pensar que es la forma de contrastar así actitudes o morales, siendo que represores, patrones y gobernantes tienen a disposición todos los medios para darse a conocer por ellos mismos y no usan muchos subterfugios.

9. Tratar de encontrar y proponer a los compañeros algunas preguntas significativas para allanar el debate y reflexionar sobre nuestros problemas.

10. Interactuar y crear un diálogo con los protagonistas del proceso de producción audiovisual. Que sin perder la mirada personal del realizador, permita constatar nuestras propuestas de primera mano, como incluir

en el proceso creativo a los propios actores sociales. Compartir la visión de cortes de trabajo con los compañeros, pedir sugerencias, preguntar cómo contaría cada uno determinada historia, son prácticas muy valiosas. Resulta sumamente útil tener en cuenta un público particular destinatario de la producción, sea una organización o un grupo de compañeros, hasta alguna persona en particular, constituido en espectador-actor. Esto genera un diálogo interior en el realizador en la búsqueda de procesos de identificación a través de las representaciones de imágenes y testimonios que se universalizan sólo desde el rescate de las particularidades.

11. Una de nuestras experiencias, por ejemplo, con *El rostro de la dignidad. Memoria del MTD de Solano* (2001), fue la elección del plano secuencia como recurso narrativo. En cada toma pensábamos cómo se verían a ellos mismos los compañeros y cuánto tiempo les gustaría que duraran las imágenes. Esto hizo que el propio ritmo narrativo de la película fuera influido notoriamente por esta práctica, como un intento de ser parte del proceso de subjetivación a favor de la lucha de clases.

12. Creación de espacios nuevos, no mercantiles, para la difusión y valorización de las producciones. Priorizando las exhibiciones en el marco de procesos de lucha e intentando promover el debate posterior a las proyecciones. El ideal que perseguimos es que los propios materiales que producimos puedan motivar que la gente asuma la necesidad de la lucha como herramienta de libertad.

13. Acompañar las realizaciones en la etapa de difusión. Una de las actividades más placenteras y gratificantes.

14. Perder el control de las producciones en la medida en que las mismas son adoptadas como propias por los compañeros y las organizaciones en lucha.

15. Generar nuevas formas de financiamiento que no condicionen en ninguna etapa de la realización/exhibición la obra.

16. Tratar de ser un nexo que supere la dispersión de las expresiones de resistencia anticapitalista, intentando dar cuenta de los lazos y motivaciones que las unen.

17. Una compañera preguntó hace poco si a pesar de los años que venimos registrando el conflicto social, y por consiguiente encontrándonos a diario con hechos maravillosos de abnegación y entrega como con momentos terribles, esto no había afectado nuestra capacidad de emocionarnos. Esta pregunta motivó un debate sobre el tema, en donde concluíamos que es imposible conmover sin antes no haber sido uno mismo conmovido y sorprendido por los hechos que registramos y luego montamos en un determinado sentido.

18. Por otro lado, un aspecto fundamental del compromiso del realizador tiene que ver con los intentos por superar el temor por la exposición física. En términos del riesgo que implica la radicalización de las luchas, en donde defender el punto de vista de los trabajadores que las animan, como perspectiva de subjetivación, tiene que ver entre otras cosas con una

posición, es decir, de qué lado nos encontramos en el enfrentamiento y a qué distancia estamos realizando las puestas de cámara.

19. Intentar superar el estereotipo que la división del trabajo impone a la narración como un mero ejercicio intelectual.

20. Y, por último, tener en cuenta la posibilidad de que la propia conciencia y/o la determinación de nuestros colectivos de referencia consideren que en determinado momento nuestro rol de registro pueda ser cambiado, si es necesario, por cualquier otro que haya que cumplir en cada situación, no pensando que la vida pasa por el visor de una cámara o por una pantalla de proyección.

OTROS TÍTULOS DE NUESTRO CATÁLOGO

Todo lo que usted quiso saber sobre
La deuda externa y siempre
se lo ocultaron.
Quiénes y cómo la contrajeron
ALEJANDRO OLMOS
Prólogo: NORBERTO GALASSO

La protesta social en la Argentina
(1990-2004)
Fábricas recuperadas - Piquetes -
Cacerolazos - Asambleas populares
GUILLERMO ALMEYRA

Che Guevara. El pensamiento rebelde
GUILLERMO ALMEYRA - ENZO SANTARELLI

Política británica en el Río de la Plata
GUILLERMO ALMEYRA - ENZO SANTARELLI

El hombre que está solo y espera
RAÚL SCALABRINI ORTIZ

Historia de los ferrocarriles
RAÚL SCALABRINI ORTIZ

Política británica en el Río de la Plata
RAÚL SCALABRINI ORTIZ

La formación
de la conciencia nacional
J. J. HERNÁNDEZ ARREGUI

Imperialismo y cultura
J. J. HERNÁNDEZ ARREGUI

Qué es el ser nacional
J. J. HERNÁNDEZ ARREGUI

Nacionalismo y revolución
J. J. HERNÁNDEZ ARREGUI

Evita. Imágenes de una pasión
Fotobiografía
Textos: MATILDE SÁNCHEZ

Pase libre. La fuga de la Mansión Seré
CLAUDIO TAMBURRINI

Qué son las asambleas populares
R. BIELSA - M. BONASSO - S. CALLONI y otros

Mundo glogal ¿Guerra global?
SUBCOMANDANTE MARCOS -
J. STIGLITZ - A. BORÓN y otros

La patagonia trágica
JOSÉ MARÍA BORRERO
Prólogo: OSVALDO BAYER

Operación Cóndor. Los años del lobo
STELLA CALLONI
Prólogo: ADOLFO PÉREZ ESQUIVEL

Contrainformación.
Medios alternativos
para la acción política
N. VINELLI - C. RODRÍGUEZ ESPERÓN y otros

La tasa Tobin. Tres años de historia
SUSANA MERINO

El compadrito y el tango
ANDRÉS M. CARRETERO

El tango. Su historia y evolución
HORACIO FERRER

Quereme así piantao (1967-1971)
HORACIO FERRER - ASTOR PIAZZOLA

El loco bandoneón (1972-1994)
HORACIO FERRER - ASTOR PIAZZOLA

Romancero canyengue
HORACIO FERRER
Prólogo: ALEJANDRO DOLINA

Tango. Testigo social
ANDRÉS CARRETERO

Cinco dandys porteños
PILAR DE LUSARRETA

La novela de la Argentina
EDUARDO S. CALAMARO